天津市地方志编修委员会办公室资助出版

天津地情资料丛书

天津老商业

曲振明 著

天津社会科学院出版社

图书在版编目（CIP）数据

天津老商业 / 曲振明著. -- 天津 : 天津社会科学院出版社，2021.12
（天津地情资料丛书）
ISBN 978-7-5563-0792-0

Ⅰ. ①天… Ⅱ. ①曲… Ⅲ. ①商业史－天津－近代
Ⅳ. ①F729.5

中国版本图书馆CIP 数据核字(2021)第275911号

天津老商业
TIANJIN LAO SHANGYE

出版发行：天津社会科学院出版社
地　　址：天津市南开区迎水道7号
邮　　编：300191
电话/传真：（022）23360165（总编室）
（022）23075303（发行科）
网　　址：www.tass-tj.org.cn
印　　刷：天津午阳印刷股份有限公司

开　　本：787×1092　毫米　1/16
印　　张：22.75
字　　数：305千字
版　　次：2021年12月第1版　2021年12月第1次印刷
定　　价：78.00元

总　序

盛世修史是中华民族的优良传统,史志文化是中华民族光辉灿烂文化的组成部分。习近平总书记指出:“历史是最好的教科书”,强调“要高度重视修史修志”;李克强总理提出:“修志问道,以启未来”。为新时代史志工作指明了方向,也提出了新的更高的要求。

津沽丰饶,人杰地灵。天津是我国历史文化名城,是高人巨匠聚集之地,有着独特的历史发展轨迹和地域人文气质。“天津地方史研究丛书”和“天津地情资料丛书”坚持以马克思列宁主义、毛泽东思想、邓小平理论、“三个代表”重要思想、科学发展观、习近平新时代中国特色社会主义思想为指导,坚持辩证唯物主义和历史唯物主义的立场、观点、方法,从社会生活不同的角度观察天津城市发展脉络和不同历史阶段特征,在不同领域的发展演进中感受天津沧桑变迁的历史逻辑。以史为鉴,开创未来,深入挖掘和传承天津优秀文化,讲好天津故事,总结天津发展的规律,推进天津改革开放和社会主义现代化建设,阔步新时代,续写新篇章。

天津市档案馆(天津市地方志编修委员会办公室)以挖掘天津历史文化资源,繁荣城市文化和学术研究为职志,资助出版这些书籍,意在贯彻落实市委市政府文化强市战略、贯彻落实中国地方志指导小组要求及

《天津市地方志工作办法》,大力整合社会资源,推动天津地方史研究深入发展。我们要以“天津地方史研究丛书”和“天津地情资料丛书”编辑出版为新的起点,继续做好此项工作,希望广大史志工作者持之以恒予以支持,贡献更多的精品力作,为繁荣天津史志研究,推进天津地方志事业高质量发展,把天津建设成为社会主义现代化大都市贡献智慧和力量。

天津市档案馆

(天津市地方志编修委员会办公室)

2021年10月

前　言

现代化国际大都会天津，拥有六百多年的历史，从运河边上一座军事要塞，逐渐演变为中国北方的工商贸易中心和航运中心。天津的成长与繁荣，可谓因商而兴。商业是城市经济发展的重要标志，了解天津的历史，不能不对商业发展有所认识。

天津旧称天津卫，早年是一座“兵民杂居”的军事要塞，商业活动主要发生在集市。最初天津城内只有宝泉、仁厚、货泉、富有、大道五个集。明弘治年间又在城外增设通济、丰乐、恒足、永丰、宫前五个集和安西市，演变成十集一市。每集三天，天津几乎天天有集。清代初期，天津商业经济由集市转向了街区，这与钞关、盐关设在天津密切相关。天津是南北漕粮的转运地，也是长芦盐的生产地，历史上漕运与盐业是推动天津经济发展的两个轮子。康熙四年（1665），钞关由河西务移驻天津，因其在天津所有税关中规模最大，且位于城北，故俗称北大关。北大关与崇文门、临清、淮安、扬州、浒墅、北新并称运河的七大钞关。钞关主要征收船税，以载运商货的船户为课税对象，为此北大关附近的南运河停泊了大量南来北往的商船，因而有了各种商业贸易，也形成了竹竿巷、估衣街、宫南宫北大街等商业街区。康熙十三年（1674）竹竿巷口，有了中和烟铺（1940年前后更名为五甲子老烟铺），说明此时形成了一些商店。康熙十六年

(1677),长芦盐运使由沧州移驻天津,加强了盐业的税收。到了乾隆时期,城北、城东沿河一带已经十分繁华了,这不仅在《潞河督运图》上皆有体现,而且在举人杨一崑的《天津论》中,更有“繁华热闹胜两江”的赞誉。据道光年间《津门保甲图说》记载,经商的铺户在东门外和东北角有 3416 户,北门外和西北角有 4084 户,说明商业十分发达。此时形成了商业富户天津“八大家”。

1860 年《北京条约》签订后,天津被迫辟为通商口岸。从此天津成为北方贸易港口和工商业城市。为了满足对外经济贸易的需要,清廷在天津设立了三口通商大臣(后改为北洋大臣)和津海关道。1870 年,治理“畿辅”的直隶总督兼任北洋通商大臣,并加授钦差大臣关防,此后中国的对外交涉中心由上海转移到天津。随着政治、经济地位的提升、中外贸易的加快、九国租界的建立、洋务运动的兴起,天津城市发展揭开了崭新的一页。

开埠第一年,有 13 个外国商人来到天津,他们将洋行开设在天津城东边与东浮桥一带。随着紫竹林租界的开发,洋行陆续进入紫竹林地区,1890 年,天津各国洋行达到 47 家。天津逐步成为中外商品进出口集散中心,与对外贸易有关的货栈、运输和报关等行业相继兴起与发展,为进出口服务的金融机构,如传统的票号、外国的银行、保险公司等纷纷在天津建立。1864 年到 1900 年,不到四十年,天津的进出口贸易量翻了 40 倍。

清末洋务运动及袁世凯发起的北洋实业新政,一大批新型厂矿企业、轮船铁路、邮政电报、学校医院等纷纷创立,开风气之先,使天津成为对外开放的窗口和中国近代经济发展的引擎。近人金钺在《天津政俗沿革记·序》中言:“数十年来,国家维新大计,擘画经营,尤多发轫是邦,然后渐及于各省,是区区虽为一隅,而天下兴废之关键系焉。”由此说明天津经济发展对近代中国社会影响巨大。

外国租界的开辟,构建了新的商业街区和新型的商业模式。1900 年,八国联军入侵天津,接管市政,设立都统衙门,又把西方城市管理的模式引入天津。都统衙门根据《辛丑条约》拆除天津城墙,修建了东西南北四条马路，同时对海河河道裁弯取直，修建租界与老城的沿河公路等，改善了交通，方便了贸易，刺激了城市商业的发展。随着租界的商业繁荣，天津商业中心逐步由旧城向英、法、日租界区转移。

1912 年后，大量的清代遗老和落魄军阀政客流落天津，形成天津新的商业投资主体，促进了天津商业的活跃。在 20 世纪 20 年代和 30 年代前期，英、法租界畸形繁荣，银行、工厂、商店、医院、影院、货栈、学校层出不穷。1928 年，东北易帜，南北统一。天津由县改为特别市，行政地位的提升使城区得以扩大，城市建设有了较快发展，工商资本纷纷涌向日、英、法租界。尤其是中原公司、劝业场等商业综合体的建立，商店、饭馆、影剧院、舞厅等鳞次栉比。此时形成了旭街、梨栈大街、小白楼、南市、东马路、鸟市、北马路等商业轴心，涌现出一大批商家、字号。据不完全统计，20 世纪 30 年代天津商贸行业，市区范围华界（中国地）有 14 类，128 个；租界（外国地）有 18 类，132 个，零售商店合计 25400 多家，从业人员超过 10 万人，约占当时天津从业人口的一半以上，由此可见天津商业的繁荣。

回顾天津商业成长的历史，加深了我们对天津的认识。在天津商业发展的历史进程中，遗留下无数生动的故事，这就是《天津老商业》的主要内容。《天津老商业》分成“老商圈”“风气之先”“洋商谋利”“商界风波”“品牌传名”“名人经商”“生财有道”“老字号”8 个部分，涉及 80 多篇文章，每篇文字不长，展示了天津商业历史的不同侧面。许多文章内容都是根据当时报纸及资料进行整理得出，还有一些参考了当事人的回忆，具有一定的文献价值。为了能使读者直观了解商业历史，书中还配有 236 幅图片，其中有老照片、老商标、老发票、老报纸和老广告，图文并茂，相得益彰。

天津商业浸润着丰富的历史文化，当我们徜徉在五光十色的商业街上，穿行在色彩斑斓的商店之间，挑选购买中意的商品之余，进一步了解天津商业的历史和故事，不仅能够加深我们对这座城市的认识，还会有所思索与感悟，进而增强发展天津、繁荣天津的信心和勇气。

目　　录

老商圈

风气之先

洋商谋利

商界风波

品牌传名

名人经商

生财有道

老字号

老商圈

早期商贸中心——竹竿巷

早年间，天津商贸中心在北大关一带，即北门外大街一带，其包括竹竿巷、针市街、估衣街、锅店街、侯家后大街、洋货街等，道光年《津门保甲图说》称这一带“运河逶迤其间，商旅辐辏。屋瓦鳞次，津门外第一繁华区也”。

为什么这一带如此繁荣呢？这与早年的历史、交通、地理位置等密切相关。天津卫设于明永乐二年(1404)，早年的卫城内地势较低，居民稀少，而城外东北两面地势高，俯临河道，交通便利。明天启年间，天津巡抚李邦华记述“环视城外，商贾辐辏，骈填逼侧；而熟阅城中，屋瓦萧条，半为蒿莱”。到了清代康熙四年(1665)，运河上的钞关由河西务迁到天津城北(即北大关)，城北靠南运河一带停靠大量等待过关纳税的货船，还有的

《潞河督运图》中南运河北大关附近商业繁荣的景象

船家索性就在河沿卸货、装货。商家的逐渐增多，使这一带迅速繁荣起来，正可谓“热闹繁华胜两江，河陆码头买卖广”。

竹竿巷东临北大关，全长360米，路面铺设青石板。巷子宽窄不一，中间宽5米，两端仅3米。巷子两侧商店多是青砖结构，高大的门额上镌刻着字号，大漆门窗，透着气派。穿堂入内，是宽敞的四合院，其形式布局颇似江南的街市。为何叫竹竿巷？据父老相传，小巷西口为南运河的码头，早年南来的竹子在这里卸船，巷内还有一家德记竹竿店的老字号。实际上，竹竿巷是运河商埠的标识之一，不仅天津，杭州、济宁、临清都有竹竿巷。

竹竿巷东口的中和烟铺是天津最老的商店，建于康熙十三年(1674)，这说明竹竿巷那时已有商铺了。当年竹竿巷十分热闹，乾隆年间，天津举人杨无怪在《天津论》中描写混混儿来到竹竿巷：“说着来到竹竿巷，上林斋内定上房。高声叫跑堂：‘干鲜果品配八样。绍兴酒，开坛尝。’有要炒鸡片，有要溜蟹黄，有要泡肚烧肠，伙计敬菜十几样，还嫌寂寞不欢畅。把相公宝玉、小红叫来同欢赏，进门请安坐在旁，豁拳大声嚷，不住的灌蜜汤，渐渐入醉乡。吃完了，把账抢，到柜上，乱嚷嚷，谁赌咒，就写谁的账。”由此看出，乾隆年间竹竿巷不仅商业繁荣，饮食娱乐业也十分红火。

竹竿巷地理位置优越，巷东口与估衣街西口相对，直通锅店街、归贾胡同、侯家后、单街子一带。竹竿巷北靠南运河南岸，毗邻针市街，西口与茶店口、曲店街、缸店街相通，可谓四通八达。早年间，潮州、福建、广东、山西、伊犁、深州、冀县的著名客帮，都住在临近竹竿巷的针市街附近的潮义栈、隆顺里、晋义栈、闽粤会馆。他们经销南方运来的食糖、西北运来的中草药以及新疆运来的皮毛等土特产品。

竹竿巷虽小，却隐藏着具有代表性的商业富户，如天津著名“八大家”中的穆家、石家、卞家和“棉布业八大家”的金桂山、潘耀庭、卞润吾、胡树屏、孙焴轩、范竹斋、乔泽颂、纪卫瞻，还有大总统冯国璋以及章瑞廷、魏信臣、孙樾桥、赵仲山、赵聘卿等人经营的棉纱庄、银号、杂货商、茶叶铺、麻袋庄、姜厂、烟叶铺等。其中棉纱庄有24家，乡祠卞家经营的隆顺号仁记棉纱庄创办于嘉庆年间，是天津最早的棉纱庄。隆顺号与金桂山、潘耀庭合资的瑞兴益成记棉纱庄、范竹斋经营的同益兴棉纱庄、孙烺轩之子孙中凯经营的庆丰棉纱庄规模较大。竹竿巷中茶商有两家，即著名的正兴德茶庄与成兴茶庄，还有两家著名杂货庄，德和永杂货庄批发兼零售，专营南北杂货，以销售红白糖为大宗，还卖纸张、桐油、芝麻、花椒、大料等；万有杂货庄也称万有姜厂，由杨柳青石家石元士独自经营，以南北杂货批发为主。竹竿巷东的中和烟铺是天津烟业的巨擘。竹竿巷西的永和麻袋庄，以旧麻袋收购加工为主，由供应户部造币厂麻袋而发家，成

隆顺号棉纱庄旧址

为天津麻袋业的翘楚，业内有“麻袋王”之称。

在竹竿巷进行交易的客商、掮客众多，大宗交易都要通过银号。早年竹竿巷有8家大银号，其中以洽源银号与晋丰银号最具代表性。两家银号位于竹竿巷中间，面面相对。其中洽源银号成立于1913年，资本额10万元，是天津钱业资本最大的一家，其以存放款、代客办理收缴申汇和买卖银两为主要业务。晋丰银号由金桂山、潘耀庭、胡树屏、孙焜轩四家棉布庄合资经营，开办于1915年，资本额10万元，业务与洽源银号相同。晋丰银号资本雄厚，1934年结束时，其资本额达100万元。

竹竿巷虽商业繁盛，却不平静，在动荡的岁月中，经常发生偷盗事件。1879年9月，竹竿巷还发生了一场大火，火由永义首饰楼引起，夜间四更起，烧至五更止，大火烧至北门外大街水阁和估衣街，22家商铺遭难，1人毙命。庆幸巷内水铺云集，当夜无风，否则后果不堪设想。民国以后，社会动荡，时局不稳，竹竿巷的商业受到冲击。1912年壬子兵变，许多商户被乱兵焚烧。1931年九一八事变后，众多商号迁入租界。随着商业中心的南移，竹竿巷失去了当年的繁华面貌。

20世纪90年代的竹竿巷

繁华要算估衣街

清光绪年间，海上诗人唐尊恒曾有“繁华要算估衣街”的诗句，此诗收录在《津门竹枝词三十首》中，发表在1882年《申报》上，这说明那时估衣街已经十分繁华了。

相传估衣街前身为明代马头东街，清康熙年间设立天津钞关后，有一些商人从当铺低价收买一些赎不回来的旧衣服，在这条街上设肆出卖，受到贫民的欢迎。估衣铺越来越多，估衣街由此而得名。实际上，估衣街与竹竿巷、针市街、锅店街一样，也是运河商埠的标识，如在淮安、临清以及杨柳青都存在估衣街。天津估衣街的位置得天独厚，位于北门外南运河畔，盐、粮的货船均在南运河靠岸，往返装运各地物资运销华北，内河航运发达，陆路交通畅通，再加上人口流动的增长，估衣街的商业迅速

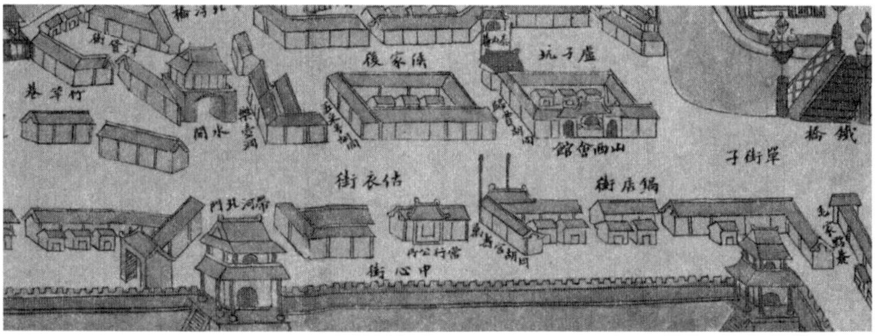

1899年《天津城厢保甲全图》中的估衣街

发展起来。

估衣街全长500多米，宽仅5米左右。其西口靠北大关，直对竹竿巷，斜对针市街；东口与锅店街衔接；南邻北马路；北靠南运河。它以估衣街金店胡同为界，西为估衣街，东为锅店街，再往东为单街子，三街相连，直贯东西。估衣街商号林立，根据1931年9月的统计，估衣街上共有19个行业，约110家店铺。

俗话说，“估衣街上估衣多”，估衣街上有估衣铺15家，比较有名的有瑞兴号、德和号、源合时等，延伸到锅店街又有27家，单街子有3家，共计45家，占全市估衣行业120余家店铺的三分之一左右。估衣铺的买卖除了依靠门市之外，更多的估衣则是批发销售给了农村乡镇。

清末民初“津埠大宗贸易，均集于估衣街”，其中以绸布棉纱业最为著名。民国《天津地理买卖杂字》云：“瑞林祥，瑞蚨祥；绫罗洋布绸缎庄。谦祥益，范永和；栏杆广货带绫罗。绸缎庄，敦庆隆，隆聚隆顺和元隆。”估衣街上有27家绸缎庄，其中门市10家，内局批发17家。号称“山东孟家”的八大祥，在街上就占了五家，即谦祥益保记、瑞蚨祥、瑞蚨祥鸿记、庆祥号、瑞林祥，还有敦庆隆、元隆、锦章、华竹、老九章等大绸缎庄。在估衣街的西端，有历史悠久的达仁堂、乐仁堂、万全堂、仁育堂等大药店，还有同泰祥、瑞昌祥、修盛魁、景华泰、聚丰号等瓷器店，以及同陞和、凤祥、清昌顺、长升号、同升义、广聚合、德丰合、晋华鑫、聚升号等鞋帽店。其中同陞和为三店连锁，估衣街上的店铺是总号。盛锡福帽庄最早的店铺也在估

民国时期的估衣街

衣街上。天津旧时有“四大家”颜料店，其中瑞昌恒与万聚恒两家在估衣街。估衣街上还有七家干鲜果品批发商，其中以义顺合规模与名气大。估衣街上南纸局也很多，经营文房四宝、图书、文具，承办名书画家笔单，其中以文美斋、士宝斋、瑞芝阁最为著名。估衣街上玉明斋和老玉明两家眼镜铺，是天津较著名的眼镜铺。另外还有制香楼大香烛店、长元合喜寿烛店。同升号工艺泥塑店由“泥人张”经营，设在估衣街中间坐北向南的一间门脸儿内。此外估衣街还有银行、票号，如五族银行、开元银号、义胜号、信成银号等，它们和估衣街上的大商号都有存放款、支信贷业务，并办理汇款、票据收解、往来调拨等。除此之外，估衣街还拥有一些饭馆、戏园、澡堂、理发馆等休闲娱乐场所，其为估衣街的繁华烘托了气氛。

农历正月十五的夜晚，是旧时估衣街最热闹的时光。那一天估衣街大小商店的门口、窗口会挂上各种式样的花灯，有绢制花篮、玻璃宝莲大灯及电灯串制作的飞艇等各种形状的灯，这些花灯五花八门，争奇斗艳。那一刻，街上一片灯海，五颜六色，耀眼辉煌。天津人都喜欢到估衣街“逛灯”，因为这里看到的花灯“极尽一时之大观”。

估衣街上的万寿宫是天津总商会的旧址。此地原为当行公所，1903 年天津商务公所在此成立，由直隶总督袁世凯委任卞煜光、王竹林、宁星普、么品

估衣街上的天津总商会议事厅

珊为总董，不久改为天津总商会。1916 年，这里召开反对法国占领老西开，维护国权国土的公民大会。1919 年五四运动爆发后，为促成总商会号召商人罢市，爱国学生领袖马骏头撞商会议事厅立柱以明志。商会在此历经 40 多年，1944 年才迁入法租界。

在旧中国，估衣街历经磨难。继 1900 年庚子事变后，1912 年又遇到壬子兵变。那一年，袁世凯在南京临时政府的“迎袁专使”到达北京时，唆使部下在京津发动政变。其中天津镇守使张怀芝的部下进入估衣街，对各家商号开始抢掠烧毁，持续了一天一夜。经过壬子兵变，估衣街商业一蹶不振，直到 20 世纪 30 年代才有所缓和。但 1931 年九一八事变后，日本帝国主义的侵略矛头又指向华北，随着战火连绵，百业凋敝。许多商人为了躲避战乱，纷纷向租界搬迁，从此估衣街商业发展不复往日。

宫南宫北的一岁货声

天津人称天后宫为娘娘宫，其建于元代，早于天津卫城。根据史料记载，明弘治年间，这里形成了宫前集。那时海河河道尚未裁弯取直，天后宫位于老三岔河口，大量南货在此卸船，船民祭拜林默娘娘的同时，顺便在此补充生活必需品，为此宫前集应运而生。宫前集又分为宫南、宫北两集，每逢农历初一、十一、二十一行集，是天津早期十个集市之一。

天津商业贸易的发展、街道的形成、店铺的兴起，渐渐改变了原有的商业模式。在宫前集的基础上，以天后宫为中心的三岔河口地区河沿地

《潞河督运图》描绘的宫南宫北大街

段，形成了粮市、银市和鱼市。宫南、宫北大街、二道街、玉皇阁大街渐渐形成。到了清乾隆年间，宫南宫北大街已成繁盛的商业通衢，店铺鳞次栉比。从创作于清乾隆年间的《潞河督运图》长卷上看，两街相交于天后宫张仙阁下。街道上的店铺均如江南建筑风格，从店铺招牌及所陈列的商品，可以认定有钱庄、酱园、米面铺、饭馆、烧锅、肉铺、药铺、布店、海味店及客栈等。街上店铺数量之多、分工之细、经营范围之广，加之穿梭的行人、商贩，流动的车、马、轿子，无不说明这里是商贸汇集的繁华街区。1860年天津开埠以后，由于这里是老三岔口码头，外国洋行多集中在宫南宫北大街一带，其中就有贩卖茶叶的俄商萨宝石洋行（后留存萨宝石胡同）。

1882年，在直隶总督李鸿章的授意下，北洋工程局得以成立，其修建了由北大关浮桥（今大胡同南口），沿海河西岸往南到马家口与紫竹林外国租界地相连的官道。这条路长约2250米，是第一条采用国外新法修建的渣石路。这条马路从天后宫戏楼前通过，对天后宫一带的商业发展起到了促进作用。1910年，宫南、宫北的商业店铺已近200余家。1911年出版的《天津指南》指出，天后宫大街"是街分宫南、宫北街，南北均自天后宫起算。商务之盛，与针市街相埒"。

天后宫的繁荣离不开庙会。南方人称庙会为香市，1877年6月13日，《申报·天后宫香市》记载："天津濒海之区，天后元君福佑海疆，故其香火最盛。郡城东门外有天后宫一所，琳宫梵宇，金碧辉煌。其最热闹之区曰宫南宫北，即天后宫之南之北也。五月朔日大开庙门，一时白叟黄童红男绿女投庙进香者不绝于道。"早年间，每到天后林默娘娘的生日，山东、河北一带的船户，"香船之赴会烧香者，许带土产，关卡并不抽税。由御河（南运河）起沿至北河（北运河）、海河，帆樯麕集，芥园、湾子、茶店口、三岔河口，所有可以泊船之处，几于无隙，可寻河上黄旗飞舞空中，俱写'天后进香'字样"。船户带来的特产可在皇会上进行交易。在皇会、庙会带动下，天后宫的繁荣一直延续下来。

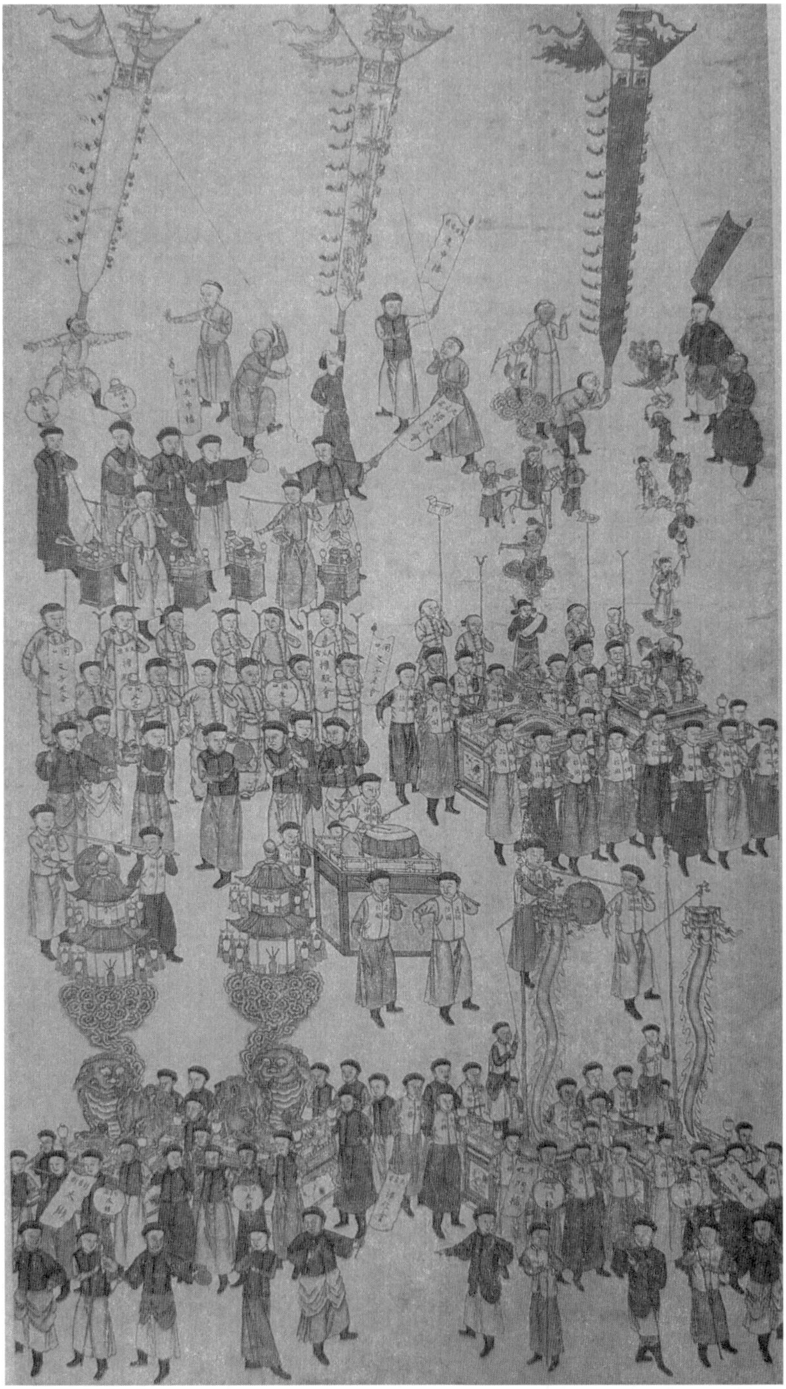

光绪年间绘制的《天津皇会图》

进入民国以后，天津人置办年货，可以不去劝业场、中原公司等大商场，但不能不去天后宫。这里的年货市场是早期庙会的升华，那时天后宫年货市场由内外两部分组成，宫外主要在宫南、宫北大街并辐射到附近街道。

旧时一进农历腊月，哪儿也比不了宫南宫北大街的繁华与热闹。在大街的墙上，到处贴满了“年年在此”的红纸字条，以示小贩每年在此售货，既告诫同行不要“抢占地盘”，又提示顾客这是常摊不会欺客。自农历“腊八”以后，卖鞭炮、麦芽糖、糖瓜和香蜡的摊贩就陆续出现，接近除夕时，天后宫年货市场便进入了高潮，俗称“上全街”，直到正月十五灯节结束。那时到娘娘宫上香许愿者众多，香烟通衢触鼻，所有经营年货的摊贩倾巢出动。宫南宫北大街的摊点一个挨一个，满眼都是红红绿绿的商品。吆喝声、讨价还价声、让路声此起彼伏。最吸引人的是天津卫传统土特产品、祭祀神灵用品、民俗工艺品、民间玩具及生活日用品等。祭祀用品集中在天后宫张仙阁附近出售，如纸马、红蜡、佛像、佛龛、束香、香馃、皇历、黄钱、供花、花糕等。工艺品中有杨柳青木版年画、魏元泰风筝，还有屈文

清末天后宫年货市场

台的“刘海”风葫芦以及脸谱“鬼脸张”“气球张”等小孩子喜欢的商品。

宫南宫北大街的年货市场，对天津人颇具吸引力，时光过去了几十年，至今许多老人提起来，仍念念不忘。

商贾云集的东、北马路

1900 年 8 月，入侵天津的八国联军成立了天津都统衙门。同年 11 月，根据《辛丑条约》约定，天津城墙被拆掉，改筑环城四条马路。拆城墙使列强觅得商机，比商电车电灯公司获取建设电车线路的合同，1906 年 6 月 2 日，环城电车线路工程完工，其线路从北大关起，分别驶向东、西两面，沿天津旧城马路环行，俗称“白牌”电车。全线共设 20 个站点，分别为：北门、商会、考工厂、北海楼、东北角、崇仁宫、东门、马棚胡同、东南角、广

民国时期的东马路

益大街、荣业大街、县衙门、南门、南门里、西南角、西门、西门北、西北角、闽粤会馆、县公署站。“白牌”线路全长5.16公里，交通的便利也带动了四条马路的商业繁荣。

四条马路的商业各具特色。民国时有一位先生将四条马路的商业特色总结一番，编成打油诗“东马路，丝绸皮革烟酒茶；西马路，青布蓝布带棉纱；南马路，锄犁锨耙车马具；北马路，洋广杂货婚丧嫁”。内容精辟，合辙押韵。

天津是个“算盘城”，南北长、东西短，北马路长于东马路。早年北马路的商业以北门为界，分为北门西、北门东。从生意上讲，北门东胜于北门西。北马路的商店上千户，涉及餐饮、影剧、文具、图书、百货、杂品、银钱、修配、蔬菜、水果等六七十个行业，可谓五行八作，样样俱全。北马路较大的商家有英商济安自来水公司、日商的正金银行和中国人办的河北省银行、大陆银行。北马路最知名的商户是爱国商人宋则久经营的中华百货售品所。早期天津著名的大商场北海楼及第一商场分别坐落在北马路北门东西侧中段，两处都是木结构的三层大楼，里边有店有摊，大部分经营洋广杂货、儿童玩具等。北海楼有北海茶社，第一商场有天晴茶楼，经常上演杂耍(包括曲艺)或文明戏(话剧)，曾轰动一时。北马路北门东侧知名商店很多，如正阳金店、润修堂刻字店、泉祥鸿茶叶庄、成记纸行、紫罗兰照相馆、天祥鞋店、祥德斋糕点铺、惠中糕点铺、起福祥羊肉铺、玉兴泰颜料店、公裕颜料店、华贞线店、怡威表行，贯昌、文仲兴、松茂、三连

民国时期的北马路

等绸布店，王麻子、汪麻子刀剪铺，还有蔚文书局、直隶书局和中华书局等。

正兴德茶庄位于东北马路交界的东北角。转过正兴德茶庄到了东马路，有五和百货店、同陞和鞋帽店、乐仁堂药店、大仁堂药店、四远香糕点店、内联陞鞋店、陈林洗染店、中法药房等，其中五和百货商场较有影响。其前身为交通鲜货铺，由于经营不善，被旁边的同陞和鞋帽店经理李溪涛兑了下来，几经商量决定经营百货，由同陞和总分店五家出资 50000 元，为此定名为五和百货店，经理为赵子久，1938 年 9 月 1 日正式开业。1939 年天津遭受特大洪水，日法租界的商业区被淹停业，东北角因地势高而免遭洪水，业务便兴旺起来。此外，五和百货商场门口还竖了个牌子标明价格，表示比别的商家货物便宜。当时上海有家五和针织厂，五和百货商场大量购进它的汗衫、背心，给顾客留下了自产自销、价格便宜的印象。东马路上的基督教天津青年会也十分著名，里面设置非常高雅，这里有中国第一家室内篮球场，还有舞厅、电影院等。东门有两家饭馆，一家

基督教天津青年会

基督教天津青年会内的室内篮球场

为恩发德，以羊肉包出名；一家是中立园，以老虎爪锅贴出名。东马路的商店有华盛顿表行、金聚楼饭庄、第一楼饭馆、欧亚皮鞋店、沙船皮鞋店、中央药房、白敬宇药房、长春堂药房、瀛西大药房、春立德车行、华兴成车行、大华车行、春祥汽灯店、椿翔汽灯工厂、恒祥泰玻璃铺、华道电料行等，这些商店别具特色，都很知名。如瀛西大药房的“平热散”“一粒丹”主治伤风感冒和小儿疾病，曾驰名中外。白敬宇药房的“瓜子眼药”也人人皆知。乐仁堂、大仁堂除售生熟药材、丸散膏丹之外，还备有羚羊角、犀角、人参、牛黄、麝香、龟板等贵重药品。东马路比北马路的经营档次要高，而且东马路与日租界旭街相连，门面整齐，买卖也较兴隆。

1937年七七事变后，天津沦陷，日军大肆掠夺物资，致使物资匮乏，物价上涨，百业凋零，商店纷纷关闭，东、北马路不复往日的繁荣景象。1945年抗战胜利后，连年内战，民不聊生，东、北马路也没有恢复昔日的繁荣景象。

热闹非凡的河北鸟市

早年间，天津人口中的河北是指南运河之北，如河北大街。而今天河北区是指金钟河以北，老天津称其为河东，即海河之东。河北鸟市居旧城东北角，距官银号一箭之遥，称为“河北”，是因为在南运河裁弯取直前地处河之北，而不是今天的河之南。这块方圆不过百亩、长不足 200 米的鸟市大街，当年天天人潮如涌，热闹非凡。

早年天津的鸟市不止一处，如西头鸟市、北城根鸟市、南市鸟市等，老城里也曾有过鸟市。但河北鸟市规模最大、名声最响。1918 年，南运河

天津早期摊群市场

实施裁弯取直工程，原在河北的直隶总督行署亦被拆除，变成一片空地，这里便成了人们遛鸟的好地方，卖鸟、卖虫的也向这里汇集。每天除遛鸟挑担的，摆摊的，卖鸟、虫、鱼的，还有卖吃食的，撂地说书的和卖艺的。由于它地处原南运河北，人们习惯称之为河北鸟市。

1920年南运河河道填平以后，江苏督军李纯家族的公司抢先在这里购地盖房，此后，陆续出现了固定的摊位和店铺，鸟市的生意兴旺起来，卖鸟的店铺一家挨着一家，鹦鹉、红脖、蓝脖、百灵、画眉、鹩哥、八哥、鸽子及各种鸟笼、鸟食应有尽有。每逢春、秋两季，挑担子的、推独轮车的蜂拥而至，山家雀、虎皮、朱点红、绞巴嘴、红子、黄雀、腊嘴等各种候鸟相继上市。也有卖小猫、小狗、鸽子和一些鸟笼之类的饲养器具的，一个摊挨一个摊。

爱鸟、养鸟、赏鸟是天津人的嗜好。究其原因，也许是离北京太近，受了清朝八旗子弟的影响。特别是民国以后，清朝的遗老遗少，北洋政府失意的政客，唱歌亮嗓的梨园名优，甚至贩夫走卒都喜欢鸟。

玩鸟也有讲究，鸟分三种：有看纹彩的，如鹦鹉、虎皮鹦哥、芙蓉、珍珠等；有听鸣唱的，如画眉、百灵、靛颏等；有观技艺的，如鹩哥、绯胸鹦鹉、黑头蜡嘴雀等。鸟笼分两类：

天津路边买鸽子的小贩

一类为“定活笼”，另一类为“行笼”。前者细，后者粗，不同的笼养不同的鸟。定活笼又分靛颏笼、红子笼、画眉笼、百灵笼和柞子笼；行笼又分南鸟笼、方笼、长方笼、亭式笼等。

1930 年前后是河北鸟市发展的全盛期。这时在鸟市常年卖鸟、虫及其用具的摊店发展到几十家。如以卖鸟为主的刘恩庆、李新田；以卖鸟笼为主的徐半年；以卖鸟食为主的刘三巴；以卖鸽子为主的李明山；以卖秋虫、冬虫、蝈蝈葫芦罐为主的冯恩荣、傅宝仁等。鸟市经营规模之大，品种之多，名扬京津及华北。

随着鸟市的日益繁荣，原来的茶摊、说书棚子、撂地打把式卖艺的，也逐渐发展成了书场、茶社和戏园子。1933 年 4 月 10 日《益世报》中萧声写的《鸟市的形形色色》称：“天津平民娱乐场所，有类乎北平天桥的，除了三不管而外，就要数鸟市了……其实亦不仅是卖鸟的在这儿集市，其他小贩和铺子亦应有尽有，如鞋袜、布匹、瓷货、旧书……的各种小摊，包子、饺子、鸟笼、鸟食罐……各种铺子，都在那里面陈设着，专候这种环境里面人们的需要，还有戏院、澡堂、茶馆、书馆，亦都很颓唐地在欢迎劳动的同胞入内，松弛他们的身心，但是摩登的

鸟市及河北电影院、聚英戏院、北方磅厂

人物们是绝不会轻易来到这观光的。”据统计，当时鸟市的书场茶社，有宝生、小华北、庆和、光荣、玉峰、金华、连记、生远、东来轩、玉茗春、同乐、双合等十几家。另外还有聚英戏院和河北电影院等。此外鸟市的饮食也是一大特色，那时固定饮食摊店就有三十余家、其中有白记饺子、全盛斋抻条面、陆记炸糕、姜记锅巴菜、德发成包子、马记切糕、柴记茶汤、丛记果子、陈记肉合子、李记炸糕、陈记冷食铺、三合成饭馆以及干鲜果铺、杂货铺等。还有卖水煎包、羊肠子、水爆肚、面茶、老豆腐、坛子肉等食物，应有尽有。在游乐之余还能大快朵颐，这吸引了不少游客到鸟市一游。

1949 年中华人民共和国成立后，鸟市依然存在。1976 年唐山大地震波及津门，鸟市一带房子震损，随着城市规划改造，这里建起了幢幢高楼，鸟市旧貌换新颜。但是，当年鸟市的景象仍留在人们的记忆之中。

休闲娱乐去南市

南市是老天津休闲娱乐的地方之一。其地处老城南面，原是一片洼地，俗称城南洼。1900年，八国联军占领天津，拆除老城墙的大量废料就倾倒在此，随着洼地渐渐被填平，这里逐渐形成了商贩聚集的南关市场。

南市开发始于20世纪初，军阀、买办、富商看到这里邻近日、法租界，有利可图，就买地填洼，大力建房，出租盈利。相传洋务派人物盛宣怀和

20世纪30年代的南市牌坊

徐润在南市买地建房较早,但规模不大。之后这里陆续成立了多家房产公司,有东兴、荣业、振德、利津、慎益、清和、广兴、福顺、永安、两益、聚福等。其中江苏督军李纯的东兴房产公司和末代皇帝溥仪岳父荣源的荣业房产公司稍具规模。当时日本东京建物株式会社负责南市规划设计,南市的马路有二十五条,多数路名如东兴、荣吉、荣安、荣业、慎益、清和、建物等,都与房地产公司或设计公司有关。由于南市北连老城厢,南邻日租界,是南来北往的要道,所以,在这片大约一平方公里的土地上,适合大众休闲消费的各色商店、饭馆、旅店、澡堂、戏园、茶社、影院、书场、落子馆、报社、印书局乃至赌场、大烟馆、妓院等,如雨后春笋般兴盛起来,为这里带来了热闹与繁华。

南市是娱乐场所集中地,这里戏院、书馆遍布各个街道。清末开业的有广和楼、中华茶园、天仙茶园(后为人民剧场)、升平茶园(后为黄河戏院)、丹桂茶园(后为南市新闻影院)、天喜茶园(后为上平安、长城影剧院)。清末小说家刘鹗曾拥有《天津日日新闻》的股份,其住在日租界旭街中孝里西口报馆,毗邻南市。刘鹗常到南市听书,日记中有在中华、同乐看戏和听书的记载,由于经常接触鼓书,刘鹗在《老残游记》中将王小玉唱书写得十分动情,应该说这与其在南市听书有关。进入民国以后,南市的娱乐场所又有了华林、权乐、大舞台、聚华、群英、庆云、燕乐等。1912 年 6 月,在北洋政府教育部任职的鲁迅到南市考察新剧,曾到过广和楼、丹桂茶园以及南马路的天乐茶园。当时鲁迅特别观看了文明戏《江北水灾

南市东兴大街

记》,由于那时的话剧十分稚嫩,鲁迅得出"勇可嘉而识与技均不足"的结论。南市的戏院、书馆造就了许多演艺界名角,如孙菊仙、白玉霜、新凤霞、王玉罄、刘宝全、白云鹏、张寿臣、常宝堃、马三立、侯宝林、郭荣起、骆玉笙、乔清秀等。

南市还是餐饮集中区。看戏离不开吃饭,南市集中了许多大饭庄,这里汇集了鲁菜、京菜、淮扬菜及清真菜等各色饭庄,其中有以京式烤鸭闻名的全聚德,有以淮扬菜闻名的玉华台,有以鲁菜闻名的登瀛楼、明湖春、同福楼、泰华楼、五福楼、天和玉,有以清真菜闻名的鸿宾楼、燕春楼、会宾楼、华兴楼、永元德等。明湖春饭庄位于广兴大街,这里肴馔精美,许多名人慕名而至,如张元济、李大钊、那桐、荀慧生、童芷苓都有到明湖春饭庄用餐的记载。天津著名的城南诗社也以明湖春饭庄为召集地,每隔半个月一聚。店主人十分仰慕城南诗社社长严修的书法与诗词,曾求其写一竖幅。严乘兴作七律一首,将"明湖春饭庄主人嘱"八字嵌入句首:"明月清风不费钱,湖莼江鲤亦尝鲜。春婆幻梦坡能说,饭颗耽吟甫可怜。庄老岂因山水退,主宾犹见阮嵇贤。人间大可厌厌饮,嘱咐更筹莫浪传。"这首诗既赞赏明湖春的美味,也被社友称为"天衣无缝,巧不可阶"的佳作。

南市还是报馆聚集地。报馆多集中在广兴大街、大兴街、荣业大街。1906 年,天主教神父雷鸣远在荣业大街创办了著名的《益世报》,1917 年其迁到东门外小洋货街(这也是天津的报馆街)。继《益世报》后,南市还有《天津晨报》《天津晚报》《天津午报》《天津评报》《旭日报》《广播日报》《兴报》《星报》《大中日报》《民风报》《新报》《小时报》《新民意报》《中南报》《大北报》《天声报》《民生日报》《现世报》等三十多种报纸。还有十几种画报,如《天津画报》《常识画报》《玲珑画报》《中华新闻副刊画报》《星期二午报画刊》《中南报星期六画刊》《百花台》《小扬州画报》《红叶画报》等。这些画报有的是独立创刊,有的是报社的副产品。1919 年五四运动期间,周恩来在荣业大街的协成印书局创办《天津学生联合会报》,这份报纸被誉

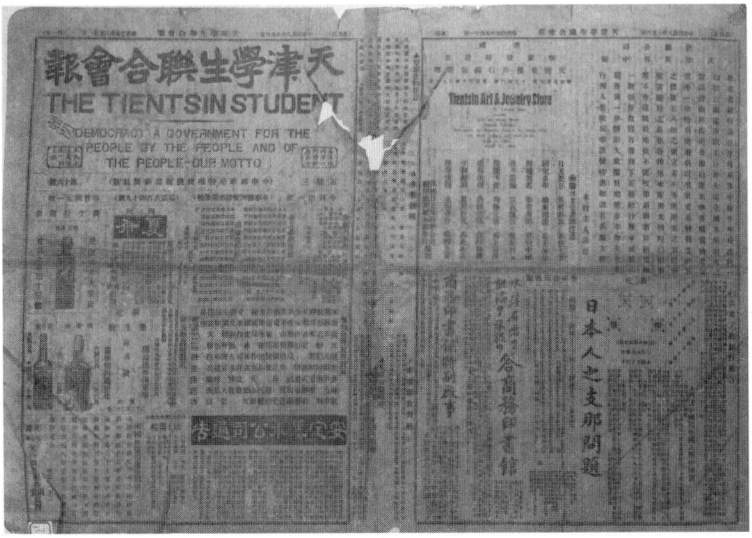
天津學生聯合會報
THE TIENTSIN STUDENT
DEMOCRACY A GOVERNMENT FOR THE PEOPLE BY THE PEOPLE AND OF THE PEOPLE-OUR MOTTO
Tientsin Art & Jewelry Store
商務印書館
日本人之支那問題

《天津学生联合会报》报影

为爱国运动的“号角和旗帜”。此外，还有中共天津地委创办的《工人生活》，顺直省委[①]创办的《好报》也在南市开办。

除了上述戏院、餐馆、报馆外，还要说说南市的“三不管”。这里是一个简陋的露天游乐场，聚集着大量的“撂地”卖艺、卖大力丸和假药者，拉洋片、耍猴、卖小吃、摆茶摊以及剃头、算卦等三教九流，武林高手霸州李（李文贞）、砸石头的穆祥凤、打弹弓见长的孙玉祥、摔跤卖大力丸的高大楞等均在此活动，因此这里也成了南市底层社会的娱乐场所。

① “顺直”是一个历史地名，大致相当于今天的河北、天津和北京三省市的区域，清代在此设立直隶省和顺天府，此后人们就用“顺直”来称呼这一地区。20世纪20年代，中共曾于此建立“顺直省委”。

十里洋场话旭街

现今和平路号称金街，旧时该路分成两段，以锦州道为界，一边为法租界 21 号路（也称梨栈大街），一边为日租界旭街。其中旭街最长，由秋山街（今锦州道）至闸口街（今辽北路）。旧时的旭街十分繁华，日本人称之为中国的银座。1922 年中国电工专家恽震到此游历，称其“几与上海南京路豪富相等”。旭街引来许多名人，1912 年在北洋政府教育部工作的鲁迅到天津考察新剧，曾逛过旭街，并在加藤洋行购买了领结与皮鞋。

旭街及加藤洋行

正在修建的旭街

由于地处日租界，旭街上的日本商店很多。日本商人来天津经商很早，如著名的武斋洋行（1886）、横滨正金银行（1899），最初都设在法租界，后来集中在闸口。1898年天津日租界开辟后，1900年日本领事馆开始制定租界规划，以旭街为中心，形成九条道路。1902年，东京建物株式会社获得第一期经营地区许可证，开始填坑、垫地、修路、建房。当时在法租界的日本商号，并不看好日租界的发展。1903年，日租界居留地经营事务所开始对旭街进行整修，日本驻天津总领事伊集园彦吉采取"招抚中国人的政策，允许设置戏场和落子馆的政策"，吸引中国人投资。旭街以福岛街（今多伦道）为界，北至闸口街称北旭街，南至秋山街称南旭街。不久，中国商人在北旭街陆续建成天仙茶园、中华茶园及大大小小的商店，北旭街成为车马络绎不绝的街区。随着中国人在北旭街的成功开发，日侨在南旭街也开设了商店、饭馆、旅馆、俱乐部、邮局等，日式建筑分布在旭街两旁，也形成早期日本侨民居住区。但是同一条旭街"西部（北旭街）的中国人街区顾客盈门，东部（南旭街）的日本商馆有寂寥之感，因此贴出出租牌的空屋以东部为多"。为了增强旭街商业气氛，日本驻津领事馆邀请日本著名商界大亨盐田真三、宅藤吉、藤田谕一等在旭街设立日本特许品陈列所，推介日本商品及各种工艺品，用以推动日本商店的经营。

不久之后，电车的出现，改变了这种情况。1904年成立的比商电灯电车公司，首先在拆除旧城后的地基上建成白、红、黄、蓝四条环城线路。1916年黄牌电车穿行旭街，由于交通方便，促进了人们的流动与出行。旭街上的日本商店早期以药品、杂货为主，药店有江头大药房、博信堂大药房、松本盛大堂药房、松平药房等，其中二兄弟大药房承办北洋官医院、各地红十字会医院以及各地陆军学校医院、陆军野战医院、陆军官医院的药品，颇具政治背景。其他商店还有销售皮件、杂货的小谷洋行，承担

四面钟与大公报馆

电器维修的京津电灯公司，专运日本木材和开滦煤炭的松昌洋行，经营乐器、钟表、望远镜的副华洋行，出售无线电短波收报机、发报机的义昌洋行等。随着旭街的繁荣，“大半为华商铺号所占”，上海的一些商号纷纷在旭街设立分庄，如 1914 年上海老九章在旭街设立分号，1917 年大纶绸缎庄设立分号。1928 年，上海先施公司商人在旭街设立中原公司，把旭街的繁荣推向极致。1930 年前旭街集中了 220 多家商店，还有一些知名报馆，如大公报馆、庸言报馆、天津日日新闻报馆等。

不同于估衣街、宫南宫北大街，旭街是现代都市街道的缩影。旭街是日租界最宽的马路，车道宽 13.75 米，人行道 4.45 米，电车穿行全街，可免步行之苦。新式商业的出现，街上不仅商铺、剧院、饭庄、旅社、影院、妓院等一应俱全，还出现了商业综合体，如 1918 年 1 月开业的三新有限公司，包括新旅社（备有中西大餐厅）、新华电影院、新园西式盆汤，集住宿、用餐、观影、洗澡为一体，而且冬有暖气，夏有电风扇。1928 年中原公司的六层商业综合体，吸引了大量的顾客。旭街上高楼林立，街景十分壮观，白天车流人流涌动，夜晚霓虹灯闪烁。街上充斥着商业广告，日本仁丹广告比比皆是，而且天津最早的霓虹灯就出现在旭街江头大药房门前，后来

还出现了许多电影明星做的商业广告。旭街最著名的广告为四面钟。四面钟实际是一栋两层楼的灰色楼房，最先为砖木结构，在楼房转角二楼顶上建有一座钟楼，由于面朝东南西北都有一块表盘，每到整点都会响起钟声，故称四面钟，后来天津人以此泛指附近的地段。四面钟这座楼，最初为德顺西药店，后来改为日商樫村洋行。樫村洋行专营钟表、照相器材，也销售欧美相机、胶卷等物，为此在楼上修了一座四面钟，既方便人们计时，也带有广告性质。

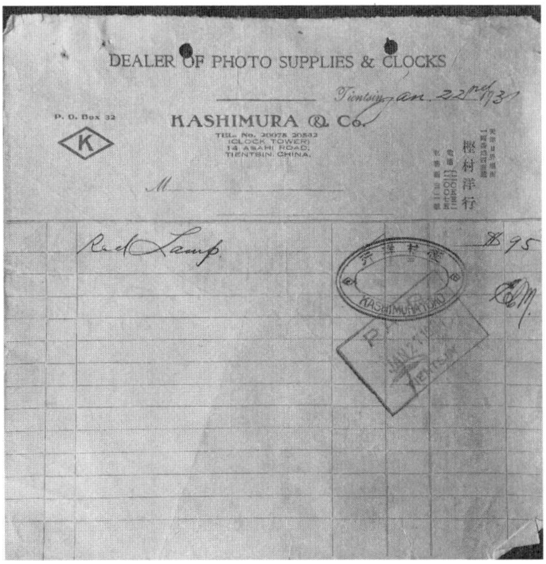
DEALER OF PHOTO SUPPLIES & CLOCKS

Tientsin Jan. 22nd 1931

P. O. Box 32

KASHIMURA & Co.

(CLOCK TOWER)
14 ASAHI ROAD,
TIENTSIN, CHINA.

樫村洋行

M

Red Lamp

樫村洋行发票

1931 年九一八事变发生之后，日本帝国主义加紧侵华，在天津制造“便衣队暴乱”，闹得商民人心惶惶，商店纷纷迁出旭街，向法租界梨栈一带商业区转移，旭街逐渐走向衰落。

梨栈大街的时尚与繁华

早年间闲暇之日，天津人都喜欢逛劝业场，感受都市的时尚与繁荣。这个逛并不是指逛特定的劝业商场，而是这一带的商圈。由于劝业场是商圈中的巨人，为此人们将它作为代表。说到这一带的繁荣历史，还须从梨栈大街说起。

早年间，法租界从现在的锦州道(日法租界分界，法租界称 31 号路，日租界称秋山街)至营口道(法租界 12 号路)这一段的和平路，被称为梨栈大街，也就是法租界 21 号路即杜总领事路。昔日这一带，最热闹的地方是海河边上的马家口，一些外乡人在此交易由各地运来的鸭梨等水果鲜货，这里形成许多水果批发货栈，其中锦记货栈以批发鸭梨最为著名，人们俗称其为梨栈。1901 年，梨栈划入法租界，人们遂将 21 号路俗称为梨栈大街，久而久之，相沿成习。后来开通北大关至海关的黄牌电车经过这里，售票员就吆喝着“梨栈到了”。日租界旭街的繁荣，也带动了梨栈大街的兴旺。1920 年前后，这里建立了一些广东帮、宁波帮开设的饭馆、妓院、旅馆、商店。此间，商人李魁元在梨栈大街与 24 号路(今大沽路以西长春道)交口开设一家天祥叫卖行，拍卖一些积压商品。1922 年第一次直奉战争爆发，许多达官贵人、富商巨贾纷纷逃到法租界。李魁元看准商机，联合商人郝墨林、张择川在天祥叫卖行基址上盖起了一座三层大楼，

劝业场(左)、天祥市场(中)与泰康商场(右)

开设天津租界里第一个大商场,并将其命名为天祥市场。1924 年,天祥市场开业后,很快就压倒了当时天津最大的商场——北海楼商场,轰动了整个天津城。天祥市场除了著名的小广寒游艺场和大观园小剧场外,旧书市场也十分闻名。那时候,旧书店皆以出租铺户或摊位的方式进驻,经营图书画册,各类书店不下三四十户,几乎占据了商场的二、三楼。商人赵一零、韩俊卿看到天祥市场的兴旺,便在马路对面盖起了三层大楼的泰康商场。泰康商场于 1927 年开业,出租店铺供商家来此做生意。商场经营也不外乎珠宝、金银首饰、呢绒绸缎、进口日用百货、花鸟鱼虫等,还附设酒楼、茶楼、游艺场等场所。随着天祥、泰康的成功,1928 年,井陉矿务局买办高星桥的劝业场隆重开业,三家商场成鼎足之势。

随后,交通旅馆、惠中饭店、浙江兴业银行等纷纷兴建,渐渐形成了梨栈大街的商圈。与其他只是一条街区的商圈不同,梨栈大街向周边外溢得比较明显。聚拢人气还要靠游乐场所,据不完全统计,20 世纪 30 年代是劝业场繁华地区形成的时期,仅影剧院、饭店、舞厅、浴池在此开业的就有近 60 家。如劝业场的八大天、天祥的小广寒、大观园、泰康的小梨园,此外还有中国大戏院、明星大戏院、春和戏院、光明社影院、西权乐影院、新欣影院等著名的娱乐场所。福禄林、梦不来兮、夜巴黎、大华等舞厅

梨栈大街

及屋顶花园使这一带歌舞升平，笙歌嘹亮。一些著名的商号如正兴德、盛锡福、稻香村、华竹、鼎章也纷纷迁至此地。商业圈内也有特殊的小商圈，天祥后门是饭店集中地，如正阳春鸭子楼、清真马家馆、万顺成小吃店等，附近还有登瀛楼饭庄、丰泽园等，中原公司也在滨江道设立分店。此外还有金店、绸缎庄、鞋帽店、钟表眼镜店、糕点食品店、中西餐馆、电影院、戏院、舞厅、浴池、照相馆、理发店、洗染店、古玩铺、高级旅馆、中西药店，乃至银行、钱庄、票号等，梨栈大街很快便发展到了饱和的程度。真可谓方寸海纳，实至名归。每天这里的游人川流不息，入夜后彩灯闪烁，一些具有天津风味的小吃摊点也相继上街营

小彩舞骆玉笙在小梨园演出

业，构成了独特的津门夜市景观。

梨栈大街的繁荣，还受到社会动荡的影响。1928 年，东北易帜，全国统一，社会趋于安定。设为特别市后，天津行政地位提升，加大了城市建设的投入。特别是电车线路的延伸，使这一地区出行更加便捷，进而促进了商业繁荣。

劝业场被称为天津繁华商业的代表，“没到劝业场，就等于没来天津”一时间成为国人的共识。几十年过去了，劝业商圈一直延续下来，始终保持着天津繁华代表的地位。

小白楼的异国风情

早年间，人们都喜欢光顾小白楼的华侨商店、友谊商店，在天津人的心目中，这具有一种时尚、洋气的意味。这里最具异域风情，不单指建筑，还包括这里的人文、饮食和商业环境。小白楼最初为美租界，由于美租界没有实际经营，临近的英租界、德租界一直觊觎这个地方。1902 年，通过美英两国协商，美租界有条件地并入英租界。从此，小白楼就属于英租界的管辖地了。

小白楼得名有一段传说。即租界开辟不久，几位英军单身士兵，在英租界南部海大道（今大沽路）与狄更生道（今徐州道）的拐角处，盖起了一座二层小楼作为娱乐场所，外墙涂为白色，人称小白楼。近代名人夏曾佑曾在天津任北洋育才馆教习，编辑《国闻报》。在其 1898—1899 年之间的日记中，有在小白楼住宿、宴客和娱乐的记载。说明小白楼不仅是娱乐场所，还具备餐饮和住宿的功能。由于小白楼是这里最显著的建筑，慢慢地便成为这一地区的代名词。

小白楼的河对面是俄租界，1901 年开辟后，俄国人多在此居住。也有一些俄国人住在英租界，那时有一座浮桥（即现在的大光明桥位置），方便河两岸的交往。俄国侨民的增加是在 1917 年俄国十月革命爆发、苏维埃政权建立后。不甘心失败的俄国资产阶级、贵族、旧官吏在西伯利亚和

小白楼早期的搭客饭店

远东组成白俄政权，经过几年内战，到1922年10月，红军取得了全面胜利。白俄政权朝两个方向撤退：一部分人走海路，前往中国的上海；另一部分走陆地，来到哈尔滨，再由哈尔滨逃到天津。天津俄罗斯侨民仅次于哈尔滨和上海，最多时达六千余人，大多集中在小白楼一带，故小白楼有“俄国城”之称。

老画片《三百六十行》中
俄国人卖毯子

俄国侨民为何居住在小白楼呢？这与俄国商人斯达尔采夫、巴图耶夫、库拉也夫开发的房地产产业密切相关。当时这三位地产商的房产主要在原美租界（今小白楼）和原德租界（后为特一区）一带。俄国侨民在小白楼一带，主要集中在开封道、徐州道、建设路、曲阜道、马场道、浙江路的阜昌里、先农里、义庆里、宝善里、江夏里、长兴里一带。英国菜市(后来的大沽路副食品商场)对面的德胜大院也住了不少俄国人。为了生活,俄国侨民在这里开设了饭店、商店、风味食品店、酒吧及服装店、美容店等大大小小的各式商店。穷一点的俄国人,就在马路边上摆摊,出售肥皂、香肠、地毯等物品。天津人有一句土话"大老俄,卖胰子(天津人将肥皂称为胰子)",就是形容落魄的俄国人。

安得列瓦酿酒厂冠元牌俄国烧酒商标

早年小白楼最热闹的地方是朱家胡同一带,这里商店林立,是天津金银首饰业的集中地。后来商店又发展到海大道(今大沽路)和克森士道(今开封道)一带,海大道上还有一座"小营市场",里面是一个挨一个的小门脸、出售鱼虾肉禽蛋及各种蔬菜。随着俄罗斯侨民增多,小白楼附近出现许多俄罗斯餐馆。俄国人喜欢喝酒,由俄国人经营的西成洋行风船牌俄斯克、白兰地、葡萄酒,安德列瓦制酒厂生产的麦穗牌50号、51号俄国烧酒,高加索洋酒酿酒厂生产的鹞鹰牌樱桃白兰地等在小白楼地区风行一时。还有俄国人开设的糖果工厂、牛奶房,俄国人经营的食品店在小白楼也比比皆是,这些食品店出售大列巴(面包)、莫斯科红肠、烤肠、罐头等。这种生活习惯对居住在小白楼一带的中国人也有一定的影响。俄国人还开设了几家旅馆,如狄更生道(今徐州道)的莎卫饭店、马场道(今浙江路)的大阔饭店等。另外,俄国人开的理发馆、美容室,以卡普利特斯卡姬规模最大,从业人员多是白俄女人,有化妆师、修指甲师、理发师和烫发师等。他们除在门店营业外,还包做利顺德、泰莱、皇宫饭店等大旅馆、大饭店的外活。

俄国人经营的百货店集中在中街(今解放南路)和克森士路。俄罗斯人经营的服装店也很多,有成衣店、皮货店、帽店等,最著名的谢福琳娜太太开设的玫瑰妇女洋服店专做妇女服装,而且是自己裁缝加工。还有专门经营皮毛杂货的商店。除了这些,俄国人还经营照相馆、眼镜、钟表、鞋店、药铺等。小白楼最著名的西餐厅为起士林餐厅。20 世纪 40 年代初,俄国犹太人普列西经营的义顺合大餐厅在原址建起四层高楼的西餐厅,取名为维格多利,由普列西和中国人齐如山、郝如久合资经营,该店规模宏大,富丽堂皇,可称为天津市唯一一家大型西餐厅(中华人民共和国成立后,改为起士林餐厅)。

小白楼平安影院一带街景

在文娱方面,小白楼附近有外国人经营的平安电影院(后为音乐厅)、蛱蝶电影院(今大光明电影院)和光陆电影院(后为莫斯科电影院),还有俄国俱乐部、犹太俱乐部(后为群众艺术馆)。犹太俱乐部成员绝大部分是俄国犹太人,这里有各式各样的赌具,白俄人三五成群地终日赌博，夜晚是通宵舞会。小白楼一带，还有起士林舞厅、光陆舞厅、巴拉利舞厅、华沙舞餐场等。

白俄人在小白楼地区的生活涉及各个方面，这里因此形成了他们自己的小天地，这客观上对这一地区的繁荣起了促进作用。天津的俄国侨民多为沙俄旧政权的臣民，他们信奉东正教，但不承认莫斯科教廷，依附流亡的塞尔维亚教廷。这些俄侨迟迟不加入苏联国籍，因此成了无国籍的居民。1945 年抗战胜利以后，信奉东正教的俄侨开始承认莫斯科教廷，一些俄侨开始加入苏联国籍，分批返回祖国。1949 年中华人民共和国成立后，在津的有钱俄侨纷纷去往北美和西欧，多数俄侨则返回了祖国，所谓“俄国城”成为了历史。

中街——天津的金融街

近年来，许多来天津旅游的人，都喜欢逛逛解放北路。由天津站西行，穿过解放桥，迎面就是解放北路。这条路不宽，两边一幢幢造型各异的西洋建筑，能够让人充分领略异国风采，这里银行、证券交易所、证券公司、投资公司鳞次栉比，因而被人们称为天津的华尔街。

万国桥与法租界中街

旧时解放北路被称为中街，分别属于法租界与英租界管辖，以今天的营口道为界，法租界这段被称为大法国路，英租界段被称为维多利亚路。随着 1860 年天津开埠，中外贸易发展迅速，外国洋行贸易额不断增长，急需银行给予货款汇兑、资金借垫、货币兑换和现金收付的支持。为此 1881 年英国汇丰银行在天津英租界设立分行。汇丰银行天津分行最初设在英租界礼士路（今营口东道）天津海关对过儿的一座小楼。别看门面小，汇丰银行却赋予其特殊的权力，汇丰银行天津负责人，享受总行代表的权力。随后德华银行、麦加利银行、华俄道胜银行、横滨正金银行、花旗银行、东方汇理银行、华比银行纷纷在津设立分行。19 世纪末开始，中国的国家银行和民族资本的银行也先后在天津设立总行或分行，从此天津的金融市场开始与国内和国际金融市场对接起来。中街是中国中资银行的中心，金城银行、盐业银行、中南银行、大陆银行是当时享誉全国的中资银行，其金融辐射功能遍及长江以北的各个地区，所以又被称为“北四行”。这四家银行中，大陆银行、金城银行的总行设在天津，其中金城银行是“北四行”的重要支柱。

汇丰银行天津分行

由于中街贯穿英法租界，直通海河和老龙头火车站，地处水路连接要道，除了银行，航运公司、石油公司、饭店、商场等也都跻身于此。如经营航运的太古洋行、怡和洋行；经营烧碱的卜内门洋行；经营汽车的美丰洋行;经营石油的美孚、德士古、亚细亚三大公司。还有利顺德、皇宫、裕中、起士林、正昌等著名饭店、餐厅,惠罗、福利等外国人经营的大商店等。这些公司和商店实力雄厚,从而也促进了银行业的发展。据不完全统计,20世纪初,天津有中外银行100多家,银行资本总额占全国15%,资金流量居全国第二,当时天津作为中国北方的金融中心,是当之无愧的。

吴调卿

中街上涌现出许多商界精英人物,如汇丰银行买办吴调卿、华俄道胜银行买办王铭槐、太古洋行买办郑翼之、怡和洋行买办梁炎卿、横滨正金洋行买办魏信臣、仁记洋行买办李辅臣等。由于吴调卿与李鸿章、袁世凯等人的特殊关系，汇丰银行对清政府的贷款越来越多，数目越来越大。1880年到1927年的47年间，汇丰银行对清政府的贷款共有78笔，累计3.384亿两。汇丰银行提供的贷款主要是由清朝的关税和盐税进行担保,汇丰银行因此获取了中国两大中央税收的存管权。每年平均1.57亿两的关税和盐税通过汇丰银行汇集和转拨,由于贷款利率高、折扣大、期限短、外汇汇率差价、债票与实质差价、手续费等,汇丰银行每年可获利润达200万港元以上。吴调卿凭借其特殊地位,使汇丰银行在清廷铁路筹款过程中发挥了重要作用,从此吴调卿身份也由买办逐步向官绅过渡,其以直隶候补道出任中国铁路公司总办、关内外铁路总局总办,创办山海关北洋铁路官学堂(今西南交通大学前身)。1898年8月，吴调卿担任三品衔督理农工商局大臣,在戊戌变法当中提出了许多卓有成效的经济改革主张,最著名的是上书奏陈全国各大城市筹办商会,这也是后来少数未被慈禧太后取消的戊戌新政之一。他还会同端方具名连上七折,提出经济改革的具体建议。戊戌变法失败后,吴调卿受到汇丰银行的保护,罢官归津,在天津进行许多工商业投资。他曾创办天津自来火(火柴)公司、天津织绒厂、北洋硝皮厂、打包公司等,开辟了天津早期的民族工业。

中街也造就了一批中国银行家,如卞白眉、谈荔孙、周作民、吴鼎昌、叶兰舫等。卞白眉是中国近代著名的银行家。他早年留学美国,在布朗大学攻读政治经济学,获哲学学士学位。卞白眉自1912年回国后,经后任中国银行总裁孙多森的介绍,一面清理大清银行善后,一面筹建中国银行。自1918年到1938年,卞白眉主持天津中国银行工作长达二十年。1924年中国银行天津分行成为华北地区管辖行,统管北京、天津、河北、山西、陕西、河南、察哈尔、绥远六省二市的中国银行业务。这期间时局动荡,金融业务受外国银团挟制。卞白眉作为中国银行天津分行经理,周旋于政客军阀、洋人豪强、敌伪特奸之间,殚精竭虑,为发展中国民族金融业和工商业做出了重要贡献。

中国银行天津分行

将中街视为金融街由来已久。20世纪20年代,海上文人何海鸣来到中街,曾说:"英法二界的一条中街,握天津金融上的权力,差不多成银行街样子。"

旧日的中街,在中国近代金融史上扮演了重要的角色。在改革开放后的今天,历史又赋予天津金融创新发展的机遇,以解放北路为轴心,逐步形成了天津金融中心和服务中心。解放北路依然保持着中国北方“华尔街”的历史风采。

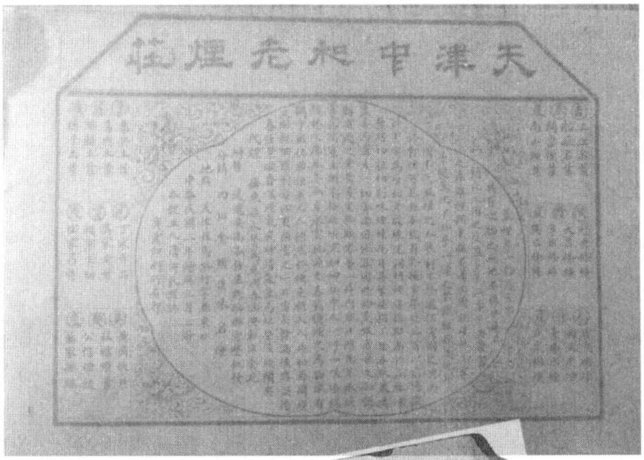

HANG CHEONG
PHOTOGRAPHER
No48.
TSU CHU LIN
TIENTSIN
天津紫竹林
恒昌照像楼

风气之先

商业嚆矢——五甲子老烟铺

北门外大街竹竿巷口的中和烟铺是一家老字号，1951 年 4 月 26 日《新生晚报》刊载的文章《天津最老的商店》记载了中和烟铺的创业情况，称之为天津最早的、经营时间最长的一家商店。关于这家商店的创办时间，说法不一。《新生晚报》说是康熙年间；天津社会科学院历史研究所编

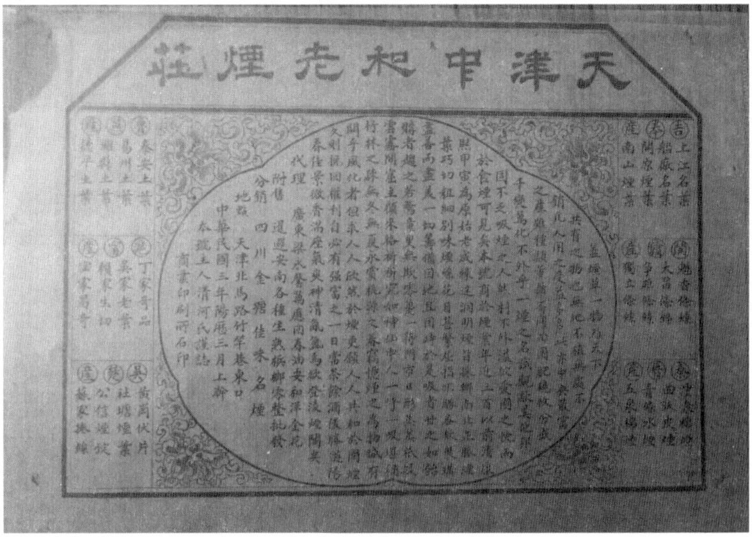

1914 年的中和烟铺广告

《天津简史》称“该烟铺至晚开业于崇祯年间(1628—1644)”;已故民俗学家张仲先生据父老相传,认为“应是崇祯十七年,即 1644 年”。近年发现的中和烟铺的广告有一段文字,“本号商于烟业,年近三百以前,康熙甲寅为原始”。康熙甲寅即康熙十三年(1674),说明《新生晚报》所述是正确的。

根据史料记载,烟草自明末由菲律宾传入中国的福建漳州、泉州,再传到山西,由山西传到天津。山西临汾人张晋凯在竹竿巷口开的烟铺,最初是没有字号的,其自称为“晋凯烟铺”,因为是山西人经营,人们遂称其为“老西儿烟铺”。

烟草初行于市,是通过烟桌传递给消费者的。清人陈琮在《烟草谱》中记录:“市井间设小桌子,列烟具及清水一碗,凡来食者,吸烟毕即以清水漱口,投钱桌而去。”晋凯烟铺临近北门外大街,这是繁华之地,经常有人路过,吸上几口烟,或者买上一些烟丝、烟叶。其买卖公道,货品齐全,不仅售卖各种烟叶、旱烟丝和水烟丝,还兼售槟榔等食品。

清康熙年间,随着台湾统一后,海禁大开,中国经济步入相对稳定的发展阶段。此后,烟草已为大多数人所接受,成为人们的嗜好品和交际媒介。此间,著名公案小说《施公案》的主人公施世纶经常光顾烟铺,并带来机缘。

施世纶(1659—1722),字文贤,福建晋江县人。其是福建水师提督施琅之子,曾随父参加攻克台湾的战役。随后,施世纶出任江苏泰州知州、扬州知府、江宁知府和安徽布政使。康熙五十四年(1715),施世纶担任仓场总督(也称总督仓场侍郎),负责运河漕运,经常到天津巡视。总督行辕在离烟铺不远的估衣街归贾胡同北口。施世纶为福建人,喜欢吃槟榔,而烟铺所售槟榔肉厚味醇,深受喜爱,为此其经常光顾。一次他询问张晋凯烟铺叫何字号时,张无言以答。施世纶见状,信笔题写了“中和烟铺”四个大字送给张晋凯。

施世纶是当时的大清官,身后还有宣扬他的小说《施公案》行世。他为烟铺题写字号,无疑为烟铺做了宣传,从此烟铺声名鹊起,一直经营顺

18世纪，外国使团来津，在运河边上见到的抽旱烟的小贩

畅，没想到1900年遇到劫难。当年八国联军攻陷天津，在北门城楼上向北门外一带开炮，中和烟铺毁于炮火。幸好这次战火并没让烟铺丧失元气，战乱平息后，其于原地重建，继续经营。

1912年后，中和烟铺生意日渐恢复。烟铺也由家族商店转化为股份制企业，不仅有零售、加工，还兼营各地烟叶、水旱烟丝的批发业务。由于经营范围的扩大，原有的铺面已不能满足经营了。1940年前后，烟铺在原有平房铺面的基础上，建成五层大楼(前面四层)。楼下为转角柜台，出售烟叶、烟丝，楼上则为账房办公和招待买卖烟叶的客商所用。当时烟铺开业近三百年，六十年为一甲子，三百年就是五甲子，故其更名为“五甲子老烟铺”。盖楼时，“五甲子老烟铺”几个大字用水泥砌刻在二、三楼转角之间，十分醒目，这一大楼因此成为当时北门外大街的标志建筑。除大楼以外，烟铺还在竹竿巷内设有几百平方米的仓库，储存烟叶与烟丝。此时烟铺的规模可与杭州的宓大昌相媲美，成为天津烟业同业公会的龙头老大。

烟铺之所以经营持久而顺畅，除了商品适销对路外，还得益于其独

建成大楼后，中和烟铺更名为五甲子老烟铺

特的经营手段。中和烟铺以“诚实薄利，服务周到”为经营宗旨，它所出售的烟叶有三大特点。一是品质优良。烟铺汇集了全国各地的名贵烟丝、烟叶，如山西曲沃烟丝、河北易州晒烟、吉林的关东烟、闽广的潮烟、兰州的水烟等，应有尽有。二是能适应不同的吸食口味。天津各类人群吸烟的口味不同，大致可分成四种，“妇女所吸之烟，不外锭子、杂拌二种。男子瘾大者，则吸关东烟叶。斯文之士，则吸兰花”。三是包装迎合潮流。如锭子烟起初只用白纸包装，上面加盖“中和烟铺”的戳记。后来其包装改为硬纸盒，盒面印有万字锦的绿色花纹，打开纸盖，里面印有“中和烟铺·五甲子老烟铺”的字样。新式包装美观大方，还起到了广告宣传的作用。

北方吸旱烟袋者

中华人民共和国成立后，五甲子老烟铺划归天津糖业烟酒公司。1976年，天津发生地震，烟铺的顶楼倒塌，经修整后原貌已变。20世纪90年代末，随着城市规划改造，北门外大街拓宽，烟铺旧址荡然无存。从此，这座天津最老的商店，遂成为人们记忆中的前尘往事。

津益拍卖开先河

清末《大公报》叫卖行广告

拍卖又称竞卖，天津人习惯称这种由西方国家引进中国的商业买卖方式为叫卖。1898 年刊行的羊城旧客《津门纪略·叫卖》中写道：“拍卖亦称‘叫卖’。凡华洋家什货物，俱可以拍卖。先期粘贴告白，定于某日几点钟，是日悬旗于门。届时拍卖者为洋人，高立台上，以手指物，令看客出价，彼此增价争买，直到无人再加，拍卖者以小木槌拍案一声为订，即以高价者得货耳。俗称‘叫卖货’。”

天津自被迫开埠通商后，外国商人在天津经常做出一些拍卖行为，同时也出现了专业的拍卖行。从 1902 年刚刚创刊的《大公报》上，就可发现同盛叫卖行、高镇茂叫卖行的拍卖广告。两家拍卖的洋行都在海大道（今大沽路），其中同盛行叫卖行以拍卖日用品和食品为主，而高镇茂叫卖行则拍卖洋酒、瓷瓶、铁床、木器等。还有的是物主直接拍卖，如英国粮台、法国粮台、意大利兵营拍卖马匹、骡子，中俄道胜银行拍卖俄租界土地等广告。也有一则中国人的拍卖广告，即位于西沽的北洋大学堂拍卖 600 吨铁，据推测是北洋大学堂在西沽复校时的剩余建筑物资。国人开办的专业拍卖行，应当以津益拍卖处首开先河。

1902 年，袁世凯任直隶总督兼北洋大臣后，委托周学熙主持“北洋实业”。1903 年，周学熙赴日本考察实业，归国后组建直隶工艺总局，并任总办。直隶工艺总局成立后，便将“总理工艺学堂及考工厂两事”列为振兴实业的工作重点。为了加快物资流通，直隶工艺总局在考工厂设立津益拍卖处。这项举措得到袁世凯的认可，认为设立津益拍卖处“系为提倡商业起见，自属可行”。

津益拍卖处由考工厂承办。考工厂最初在北马路，总董为士绅宁世福。所谓考工厂，实际是展览馆。“考工”一词出自《考工记》，该书是战国时期记述官营手工业各工种规范和制造工艺的文献。创建考工厂，是为

北马路上的考工厂

了“考察本国外国商品，以激发工业家之观感”。也就是以展示商品的方式，使参观者从感性认识入手，实现“开通民智，提倡工商业之进步”之目的。

津益拍卖处以位于考工厂的直隶工艺总局工业研究所为存货和拍卖地点。所有拍卖事务及各项经费皆由考工厂负责。拍卖分为两种：一是内拍，凡有零星货物，愿委托拍卖的，将货物运来，由拍卖行定期登报，届时在研究所拍卖。二是外拍，即大宗货物不便移动，可与拍卖行联系，由拍卖行定期登报，确定拍卖地点，届时由拍卖行派人前去拍卖。为了让大家积极参与拍卖，津益拍卖处每次拍卖除登报发布启事外，还在考工厂的大门悬挂旗帜，以便提醒。

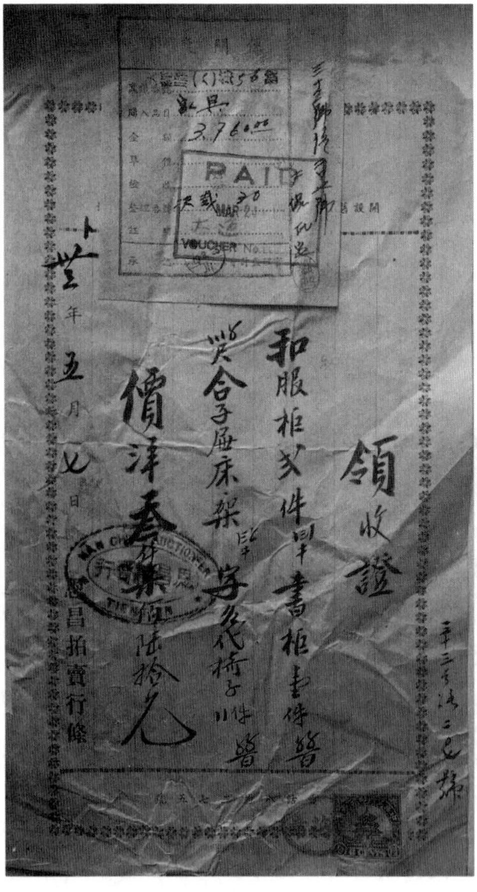

民国时期拍卖行领受证

为了规范拍卖行为，直隶工艺总局还制定了《津益拍卖处办法简章十四条》。其规定：该处拍卖的拍品，或一件一拍，或数件合拍，买主可以到场看货还价，拍定后概不退货。如遇大宗货物，价钱较高，由买主交付十分之一的定金，写字立约，付款时间不超过 24 小时。如货主担心买主拍卖时还价过小，或有赔累不愿意售卖，可预告该处限定价钱，如不到限不予拍卖。佣金的收取：零星货物，拍价在千两以内的，向货主每两收五分；大宗货物价值在千两以上的，按三分收取；五千两按二分收取。货物运费由买卖双方承担，拍卖货物所完纳的税厘由买主自理。

津益拍卖处只是对货物进行拍卖，其言明仿照西方国家的拍卖方法。但与现代拍卖方法有所不同,如拍卖的价格由高到低,拍卖的佣金单向收取(仅为货主)、拍卖纳税由买主承担等。

津益拍卖处采用拍卖的方式,盘活了一些积压物资,对促进商品流通起到了一定的促进作用。

鼎章照相馆留下光影记忆

提起照相馆,每个天津人都有一段回忆。早年间,学生证、工作证都要贴上相片。结婚照、全家福、先进集体照、先进个人照等不一而足。照相馆遍布天津市各个街区,其中最有名的要数鼎章照相馆。

照相技术自清代末年传入天津,最早的照相馆应该是日本人在法租界中街开设的武斋照相馆。此外还有华人开设的梁时泰照相馆、元彰号照相店及恒昌照相馆。梁时泰为广东人,光绪初年自上海来到天津开了一家照相馆,地址在美租界小白楼。他摄影技术高超,为直隶总督李鸿章赏识。1886 年醇亲王奕譞来津视阅海防,李鸿章将梁时泰招到总督署,跟随拍照。1886 年 5 月 23 日《申报·邸节行程》记载:奕譞"先是到水师营务处时,曾饬照相人梁时泰照相一次,至上快马船经(海关)新关并招商局,顾问善军宪(汉军都统善庆)一切地方情形,军宪一一回明,又照相一次"。1888 年,梁时泰被醇亲王奕譞招到北京,专门为他家人与王府拍了一本画册。此外,梁时泰还为访华来津的美国前总统格兰特拍过照。1930 年 3 月,读者张剑庸先生将自己珍藏的梁时泰拍摄的醇亲王、北洋海军军舰、海光寺以及故宫的照片发表在《北洋画报》上。

恒昌照相馆是鼎章照相馆的前身, 位于英租界麦加利银行对面,店主为广东人黄国华。近代著名历史学家夏曾佑于 1896 年至 1899 年住在天津，其日记中有记录与严复、王修植等人在恒昌照相馆照相的文字。恒昌照相馆当时还可以外拍，1899 年夏曾佑选任祁门知县，朋友为其饯行，大家在小白楼外合影。《大公报》创始人英敛之的日记中也有对恒昌照相馆的记载。近代才女吕碧城就在恒昌照相馆拍了许多照片。早期的照片多有纸质衬底，有盐基、蛋白之分。其时常作为礼物赠送给朋友，人们还可以在上面题字。

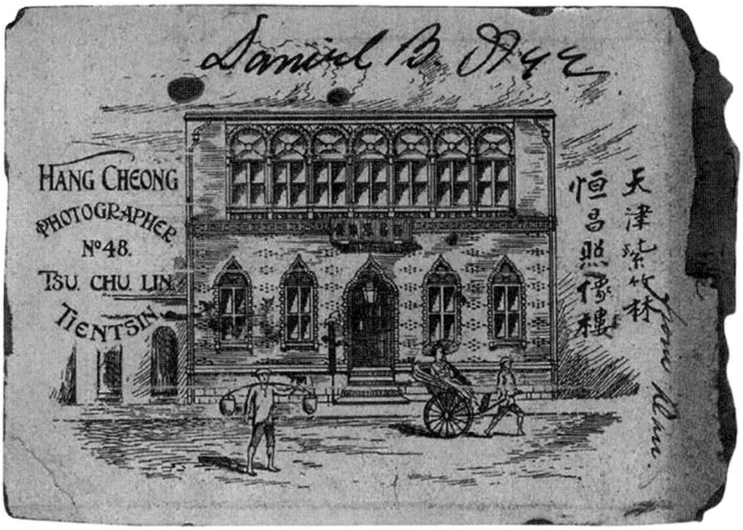

坐落在紫竹林的恒昌照相馆

1900 年八国联军入侵，恒昌照相馆停业。次年，由该馆技师王子明在估衣街归贾胡同内开设鼎昌照相馆，业务尚称发达。1905 年，为了扩充业务，照相馆迁移至日租界旭街，即后来的鼎章照相馆处。楼上设鼎昌照相馆，楼下设鼎昌洋烟公司，继续营业。1909 年王子明病故，鼎昌照相馆由其子王祖宋接替，但因不善经营，致使业务亏损，于 1911 年停业出兑。次年，鼎昌照相馆由该馆同人王润泉邀请士绅郑良棠出资 400 元接手，改名为鼎章照相馆。

鼎章照相馆于 1912 年春节正式开业，王润泉自任经理，职工有李耀庭、孙寿山、殷国柱等，均系王在鼎昌时所带出的徒弟。开张时正值春节，顾客踊跃，每日营业尚称兴旺。但不久发生了壬子兵变，东家郑良棠的中英药房遭到抢劫，遂停业返回宁波原籍。后经几个月的努力，鼎章照相馆营业额逐步上升，职工增至十四五人。随着业务发展，急需资金周转和添置照相器材，郑良棠表示无意经营，让王润泉将该馆兑出。王重新邀集新股东 10 人，集资 1200 元。由于资金有保障，又增添设备、改进技术，业务量逐渐上升。到 1913 年底，鼎章照相馆年营业额达 20000 余元，职工增至 20 人。1916 年，鼎章照相馆将新租门面及后院的住房以 24000 元买进。第二年，将一部分平房翻盖成二层楼，成立第二摄影室。过了两年，又将北房翻盖为新式三层楼房，成立第三摄影室，可容纳百八十人的团体合影。规模之大，实为同业中仅见。

鼎章照相馆除了门市以外，还逐渐应约外出拍照，另外还开展了印

旭街上的鼎章照相馆

刷同学录的业务。1930年，鼎章照相馆还承担了《益世报》《北洋画报》的摄影工作，如河北省国货展览会开幕式、天津新旧市长交替与市政府职员合影、明星特写、福特飞机到津之情形、体育比赛、社会新闻、名伶演出等。1931年11月，受日本驻屯军策动的便衣队骚乱影响，日租界商业一度冷淡。鼎章照相馆开始向法租界劝业场一带迁移。1932年《北洋画报》记者吴秋尘撰写《鼎章新馆开幕记》，称“已有三十年历史之鼎章照相馆，近因津变，新设分号于法租界华中路，于10月1日开幕，贺客云集。新馆为一三层大楼，一切设备，均别具匠心。窗门均雕细花，作浅灰色。窗中陈列，以黑绒作成垫儿，历阶而上，远观之如悬镜在墙。楼下遍陈相片，玻璃橱中，亦均用黑绒儿作衬，色彩格外显明。墙上悬巨钟，仿女性最新式长方手表，出该馆某君之手，颇精巧也”。大楼二楼为休息室、化妆间，三楼为摄影室，设弧光灯三架、顶灯六七十盏。开幕当天，京剧大师梅兰芳在长城唱片公司经理叶畏夏的陪同下，前来拍摄留影。

天津博物馆收藏的早期照相机

1933年，王润泉与李耀庭因经营上意见分歧，决定分道扬镳，总号归王所有，分号归李所有，各自经营。由于王润泉陆续抽走资金，总号经过八九年，营业额每月三四千元，只能勉强维持。

中华人民共和国成立后，鼎章照相馆营业不见好转，1952 年因业不抵债而停业。1955 年底，其交文化用品公司接管，改为照相器材营业部。后来根据市民的要求，老鼎章恢复摄影业务，1957 年重新开业。从清末到中华人民共和国成立，天津先后开设过五六十家照相馆，但历史悠长、商誉卓越、实力雄厚、设备先进、业务发达，独以鼎章照相馆居全市同业之冠。

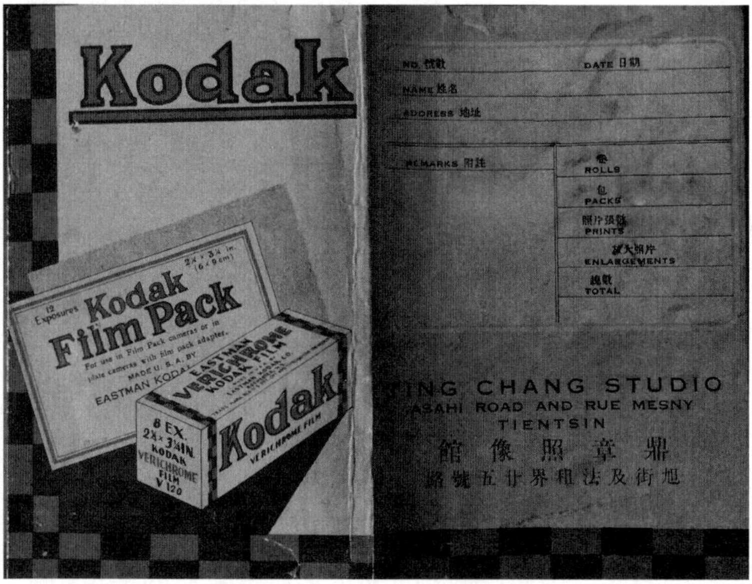

鼎章照相馆带有柯达广告的底片袋

亨得利表行追求“高、精、全”

表是人们生活中必不可少的计时工具。早年间,殷实家庭备有进口挂钟、铜钟;一般家庭有国产座钟、闹钟。手表品牌有劳力士、欧米伽、罗马、英格,各种款式,五花八门。表还成为小说的题材,鲁迅翻译的苏联作家班台莱耶夫的小说《表》,叙述了一支金质怀表。20 世纪 50 年代初,作家陆石、文达创作的反特小说《双铃马蹄表》,说的就是老百姓司空见惯的闹钟。

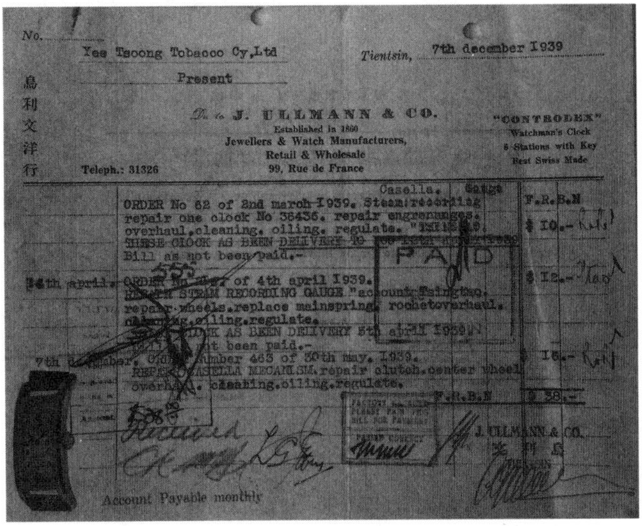
No.
Yee Tsoong Tobacco Cy,Ltd　　Tientsin, 7th december 1939
Present
烏利文洋行
Dr. to J. ULLMANN & CO.
Established in 1860
Jewellers & Watch Manufacturers,
Retail & Wholesale
99, Rue de France
Teleph.: 31326
"CONTRODEX"
Watchman's Clock
8 Stations with Key
Best Swiss Made

Casella.
ORDER No 62 of 2nd march 1939. Steam recording
repair one clock No 36436. repair engrenages.
overhaul.cleaning. oilling. regulate.
THESE CLOCK AS BEEN DELIVERY TO
Bill as not been paid.-　F.R.B.N　$ 10.-
ORDER of 4th april 1939.
STEAM RECORDING GAUGE
repair wheels.replace mainspring. rochetoverhaul.
cleaning.oilling.regulate.
AS BEEN DELIVERY 5th april 1939.
been paid.-　$ 12.-
7th december. Order number 463 of 30th may. 1939.
CASELLA MECANISM.repair clutch.center wheel
overhaul. cleaning.oilling.regulate.　$ 16.-
F.R.B.N　$ 38.-
PAID
J. ULLMANN & CO.
Account Payable monthly

乌利文洋行发票

天津是一个开放的城市,早期有乌利文等外国洋行经营钟表和手表,北门外还有一家中国人经营的宝升钟表铺。提起亨得利钟表店,天津人无人不知。其经营的钟表、手表不仅种类齐全,而且价格公道。而在修表方面，亨得利更是名声在外，多难修的手表，到了这里都能解决。

说起亨得利，人们大都以为是外国人开的商店，其实它是中国人开设的。清光绪年间，浙江定海人王光祖在宁波东门街开了一家湾升钟表店。那时在宁波双街有一家亨得利钟表店，因经营不善，店主有意盘出。王光祖看到了双街的繁华，而且字号“亨得利”含有“万事亨通，大得其利”之意，于是盘进继续经营，年有盈利。其后王光祖又与宁波二妙春钟表店的亲家应启霖及同乡庄鸿奎合股，先后在杭州、南京、镇江、上海、济南、开封等地开设亨得利钟表店，并向当时的农工商部注册。由于亨得利的分店越来越多，1915 年亨得利将总号设在上海，专门负责各地的购、销、存及货源。亨得利全盛时期，全国共有 64 家店面。

早年间，卖钟表的都会修表，钟表匠是稀缺的人才。王光祖、应启霖、庄鸿奎三人皆为修表好手，所以生意十分兴隆，盈利较高。亨得利买卖越做越大，入股投资者越来越多。

1939 年《申报》刊登的亨得利广告

1920年，王光祖委派儿子王行龙与蒋水贵来天津创办亨得利分号。最初在芦庄子，即日租界旭街194号(因在日租界，简称“日亨”)。开业后的前两年，因货价不断下降和同业竞争较强，经营略有亏损，因此上海总号追加投资1000元入股，营业逐年好转。不料又遭到天津法商亨达利洋行的妒忌，1924年其向法院起诉，说亨得利使用他的字号商标。后经法院裁决，法商亨达利败诉。理由为亨得利译音是“DE”，经营眼镜、钟表，兼营钟表修理，以“嘉禾”为商标，且门面上有“上海分号”字样；而亨达利译音是“DA”，以经营房地产为主，兼营进口玻璃刀及法国表。至于两者的字号招牌，“得”(DE)与“达”(DA)字形不同，音亦有别，不存在冒名商标之事实。经过这次争议，亨得利更加出名，在天津站稳了脚跟，且经营日渐兴旺。

天津亨得利的经营方针是：以经销钟表、眼镜为主，维修为辅。亨得利出售的各种手表、怀表，各地一律采取联保联修。亨得利在经营上突出高、精、全。所谓“高”，即经营商品档次高、价格高，以进口高档钟表为主；

旭街上的亨得利(右侧)

“精”即商品售出前，手表、挂钟必须有专人上弦，每天都核对准确，客人进店，看到的所有挂座钟必须走时一致，走时精确，才能出售；“全”，即经营挂钟、手表、怀表、打簧表等，品种齐全。

1931年以后，由于日租界内遭受便衣队事变影响，闹得人心惶惶，时局不稳，“日亨”业务下降。为了维持业务，由总店原股东集资在法租界天增里附近兑下一间门脸，开设天津亨得利分号，简称“法亨”。“法亨”开业后，业务繁荣兴旺，营业额远远超过“日亨”，于是便改“法亨”为天津总行，并大加修饰，内部柜台在比利时定做，并由上海总行派人装修。

中华人民共和国成立后，亨得利于1958年迁到滨江道现址，“文革”中一度改名为“新时光钟表店”，直至1979年5月1日才重新恢复“亨得利”的字号，营业额也逐年上升。1980年1月，亨得利扩大了营业面积，经营范围也由钟表眼镜扩大到黄金首饰、珠宝、翠钻、景泰蓝等。1990年经过大规模装修，百年老店内外一新，成为一个适应潮流的新型商店。

仙宫理发馆崇尚艺术化

说起理发馆,老天津人自然会想起和平路的南京理发馆和小白楼的重庆理发馆。其实,旧时有名的当属位于马家口的仙宫理发馆,其以艺术化理发馆为标榜,代表了时尚与摩登,成为新潮人士乐于光顾的场所。

早年间,理发馆墙上竖着一个灯柱,螺旋转动着色彩斑斓的彩条,如同一个无形招牌。所有的理发师都穿着白大褂,顾客进来,理发师先把理发椅子用毛巾掸一遍,然后再开始理发。当时理发、刮脸(剃胡子)、吹风为全活。尤其是刮脸,理发师先把椅子放斜,然后为顾客敷上一条热毛巾。理发师在一条皮带上焙好刀,再敷上肥皂沫,认真地刮起胡子来,对于顾客而言,这真是一番享受。早年理发馆还有放睡、

清末天津海河边上的剃头挑子

采耳等项目，现在都失传了。

清代国人都用剃刀剃头，用铁推子、剪刀理发是由外国传入的。那时天津紫竹林租界内，有一位名叫冯子村的理发师十分著名，人称其为老冯。据说他的手艺是从 1861 年至 1863 年驻扎天津的英法联军中学会的。他能理各种发型，“他的手像拉斐尔一样听话又灵巧，足以将旧锚上的铁锈剃掉”。由于手艺高超，租界内的外国俱乐部雇佣他为外国居民服务，这使他收入颇丰，甚至还在租界买了一片地。1900 年，义和团运动发展至天津，这位替洋人服务的理发匠受到了指责，甚至失去了土地，陷入了贫困。八国联军入侵天津时，外国俱乐部将他辞去。这段故事在威廉·马克里希的《一名老居民的天津记忆》中有记述。

仙宫理发馆

旧时，天津的剃头匠多为宝坻县(今为宝坻区)人，他们大都走街串巷，地位很低。进入民国以后，“文明理发”，情形大不一样，特别是女性烫发的时兴，使理发成为一项艺术。

1928 年 12 月，位于马家口春和大戏院对面的基泰大楼开了一家仙宫理发馆，号称“艺术化的理发馆”，并在天津各大报纸上做广告。这家理发馆有三大特点。一是店面设计的艺术化。仙宫的股东之一为基泰大楼的著名建筑设计师关颂声，他不仅深谙建筑设计，对室内装修也十分在行。仙宫采用当时美国最流行的装饰，尤其注重室内的光线与卫生。其室内空间宽敞，空气流通畅快，夏有电扇，冬备暖气，使顾客感觉十分舒适。理发馆的照明全部采用白炽玻璃灯泡，无刺眼之弊端。所有理发器具皆为国外进口，座椅足有十二把。仙宫不设座位隔离，每隔一座备一自来水脸盆，方便顾客洗头。仙宫专备马头座椅，供儿童之用。这种椅子设计精巧有趣，儿童坐上有新鲜感。马头椅为世界著名理发器具制造商克斯(KOCHS)生产，价值五千元。二是发型的艺术化。仙宫备有各种发型的模特样板，供女顾客挑选。为适应新型烫发，仙宫购入先进的电机烫发，一个笼子，垂下无数个烫发的架子，轻便舒适，在华北为首创，所用电吹风机在天津也是头一份儿。仙宫还备有消毒器，将用过的刀、剪、梳、刷手巾等随时消毒。该店还有假发定制、出租业务。仙宫开业后，颇受演艺界人士欢迎，中外电影、话剧、舞蹈明星及服装模特趋之若鹜。三是专业的发型师。仙宫的理发师都有一定的从业经验，手艺高超。其中烫发师徐省三闻名海内外，其能操英、俄、德、意四国语言，以前在武汉、上海、北平、天津等西方人的理发店服务，自称所烫之发能保一两星期不变形。后来徐

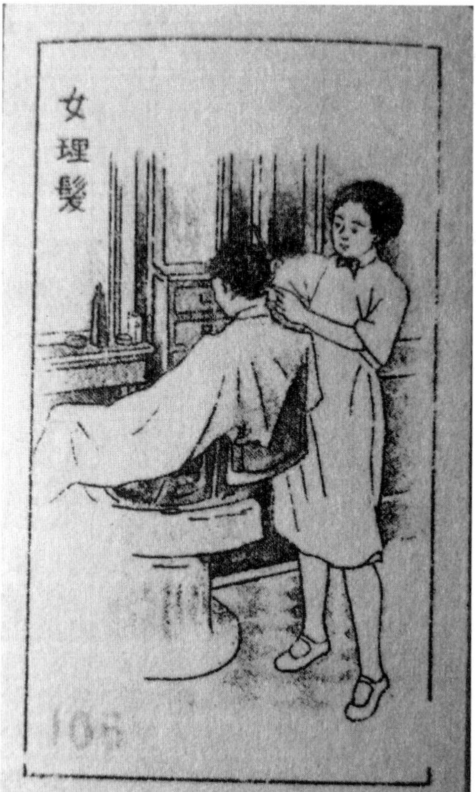

老画片《三百六十行》中的女理发师

省三辞职，仙宫又新聘烫发师王金波。由于烫发人多，1931 年仙宫从上海聘来数位烫发师，“足能使顾客满意，此后烫发可免久候之烦”。

仙宫重视理发馆的管理，股东聘请专业人士担任总经理。首任经理张明予，继任经理苏志新，还有一位女书记和两位女招待员，以为女子提供从业机会。

因仙宫引领理发业的时尚与新潮，许多大明星都慕名而来，再加上其在《大公报》《益世报》《北洋画报》的广告宣传，特别是 1929 年 1 月 24 日在《北洋画报》辟一专版介绍，还聘请照相馆定期拍摄发型新照片，这在天津引起人们的广泛关注。甚至电影大明星胡笳、黎莉莉也到仙宫理发，引起时尚人士的注意。1935 年，高龙生在《独立漫画》上发表文章《摩登论语》，言：“汽车是一串串五颜六色的甲虫，在人流中蠕爬。小姐太太从虫肚子里钻出来，在中原公司买一身金钱豹披上，到仙宫烫十二块钱保一年的‘猴吃麻花’，从‘好莱坞’弧光镜头前对好了双手托腮的姿势，出来到冠生园包一盒樱花糖，春和楼厢里听杨小楼的林冲夜奔、郝寿臣的花和尚，笑得姨太太两排金牙闪着得意的光辉向楼下示威。”“猴吃麻花——满拧”是天津人常说的歇后语，高先生以此比喻烫发。“十二元保一年”，说明当时仙宫的价钱和烫发水平。

仙宫的报纸广告

山海关汽水与可口可乐

天津人钟情山海关汽水，其早年间出品两种汽水，一种是白色的柠檬水，味道有点刺激；一种是黄色的，像橘子水，比较好喝。由于含有二氧化碳气体，每当打开汽水瓶，不仅有气泡，还会发出嘭嘭的响声。

汽水自清代末年传入天津，据说最初自荷兰进口，故称荷兰水，在租界内的番菜馆有售。早年有一家英商鸿兴荷兰水公司，坐落在天津城里的板桥胡同，自制各种汽水。该公司自称“向用熟水，品味清美，久已驰名。又蒙都署梅大人莅验，许以做法精良，与卫生局章程相合，特给执照，以广销售”。这位都署梅大人为著名的法国医生梅斯尼，曾任八国联军都统衙门的卫生局局长，后都统衙门交还天津市政，梅斯尼被袁世凯聘为直隶总督署的卫生顾问，负责食品监督，化验合格后发给执照。当时，法租界北洋医学堂对面有一家品升楼中西大菜馆制作汽水，也是经过梅斯尼的化验，得到法国工部局的批准发给执照的。

山海关汽水公司的前身为万国矿水公司（也有称国际汽水公司），建于 1902 年 2 月，在香港注册。1902 年 3 月，万国矿水公司召开第一次股东大会，成立董事会，董事长由英籍人巴林汉和鲍尔汉担任。万国矿水公司厂址在俄租界西区，主要生产柠檬汽水和苏打汽水（另据一份资料记载，是一位叫吴金波的中国人，在欧洲购进一批原料和机器，创立了天津国际汽水公司)。公司开业不久,取得了在京奉铁路列车上销售的专利。1903 年,万国矿水公司迁到山海关地区,利用泉水生产汽水。由于水质好,汽水价格也比较高。1906 年万国矿水公司与唐山汽水公司合并,更名为“山海关汽水股份有限公司”,1912 年在天津英租界怡和道(今大连道)设厂。1925 年增资以后,由英国人罗勃特·约翰·欧肯那担任山海关汽水股份有限公司经理。

怡和道上的英商山海关汽水公司

1927 年,美国可口可乐进入中国市场。当时中国各大报纸铺天盖地地宣传“可口可乐,与君以前所尝过之各种饮品不同。其美雅之气味,乃由十四种天然果汁混合制成,足以怡悦口味,宜其风行全球,为人人所爱饮也”。同年,英商山海关汽水公司与美国佐治亚州亚特兰大可口可乐公司商谈,在天津制造可口可乐,经过二年试办,结果非常满意,不久就签订正式合同,英商山海关汽水公司购进新式机器。可口可乐原料配方是保密的,通常是由美国总公司原桶配好装来,在天津再加以适度的砂糖和纯净水调配而成，可是在调配的成分和比例上，都要与美国总公司保持同样的水平，所以每隔一周或十天总要抽样一瓶，送到美国总公司化验，以保证质量。从此以后，山海关汽水公司除加工可口可乐外，还继续生产山海关橘子汽水、柚子汽水、白柠檬汽水，这些汽水风行华北。当时可口可乐在中国的生产地共有三处，除天津外，还有上海和青岛。

可口可乐瓶式广告

1930 年 11 月，《益世报》以采访山海关汽水公司经理欧肯那作为开始，连载《关于可口可乐丛谈》，其一谈“瓶之进化”，讲瓶子的历史，可口可乐之瓶为特殊制造，只以装盛可口可乐饮品，其他出品概不用之。其二谈“苏打水之由来”，谈苏打水有益健康。其三谈“碳化作用有益健康”，说美国麻省泉野医院之食物主任弗拉金得烈女士曾发表一文，称“本院常以装瓶之含有碳酸盐质饮品，即可口可乐者，为病人所进食物之一”。

1941 年太平洋战争爆发，英商山海关汽水公司被日本麒麟麦酒公司接管，由日本商人冰藤担任经理，生产麒麟牌汽水。1945 年抗战胜利后，产权发还英商，仍由欧肯纳担任经理。经过筹备后，又从美国购买设备，使山海关汽水公司“乃成为远东设备最佳汽水公司之一，较欧洲美国的许多工厂毫无逊色”。但那时可口可乐进口中国数量较少，仅供应在华的美军，不对社会开放。1946 年 10 月，美国可口可乐出口贸易公司董事长法莱来到天津，可口可乐开始逐步向社会供应。1947 年国民政府限制进口物资，对可口可乐销售进行配售，再加上价格原因，可口可乐销售不畅。

山海关牌汽水商标

中华人民共和国成立后，欧肯那去了澳大利亚，山海关汽水公司经理由董事梁宝和兼任，公司后因资金链断裂，于 1953 年 1 月由天津市企业公司接收，正式命名为地方国营山海关汽水厂。改革开放以后，天津市饮料厂与美国可口可乐公司合资成立津美饮料公司，后改为天津可口可乐饮料公司，续写新的合作篇章。

开风气的华贞女子商店

旧中国时的妇女没有社会地位，被要求“大门不出，二门不迈”。女性出来工作是一件难事。1922 年创办的华贞女子职业传习所及华贞女子线店，开风气之先，成为轰动一时的天津新闻，受到了社会进步人士和广大妇女的欢迎。

近代天津在妇女解放方面处于国内领先地位。1898 年，在美国公理

《北洋画报》上刊载的女子商店图

会和维新派人士的倡导下，天津成立了天足会，反对妇女缠足。著名的启蒙思想家严复在《国闻报》上发表《论沪上创办女学堂事》一文，论说妇女解放的重要性，鼓励妇女接受教育，提倡开办女子学堂，并言："禁缠足，立学堂固矣，然媒妁之道不变，买妾之例不除，则妇女仍无自立之日也。"1905 年，首倡女学的严修先生成立严氏女学，截至 1911 年在天津建立了官办女子小学 11 所，还有数量众多的女子中学、女子师范等学校。受五四运动新思潮的影响，妇女要求人权平等的呼声日益高涨。20 世纪 20 年代以后，天津妇女运动蓬勃发展，女星社、女界爱国同志会、女界请愿团等妇女组织是天津最活跃的社会团体。

1922 年初，在天津北门东，开设了一家华贞女子工商业传习所，这个传习所主要对女子就业进行培训，为妇女出来工作创造良好的条件。该传习所创始人为天津著名的商业经纪人王兴周、林耀华夫妇。王兴周从事棉花收购，为当时的华新、恒源等纱厂收购原料，颇称巨富。他还潜心天津经济的研究，曾撰文《二十二年天津市各业之回顾》《民国二十五年天津棉花市场之回顾》《近五年天津棉市概况》等。夫人林耀华毕业于北洋女子师范学堂，受过新式教育，非常支持妇女解放。林耀华字淑贞，"华贞"是她的名与字的最后一个字。传习所的资金由王兴周筹措，由林耀华经营。作为工商传习，该所还售卖一些生活用品。

华贞女子工商业传习所作为新生事物，办起来是很难的。王兴周在开业前四处奔走，与警察局、商会以及报社等联系，取得了支持与同情。但开业不久，华贞女子工商业传习所就遇到被取缔的威胁。警察诬告该所"列为传习所，与售品性质不同，应遵守章程传习，不准售卖物品，以免男女混杂，酿出他事"。王兴周未与听从，依旧售卖。后被东三区警署传唤，要求他同时向实业厅和警察局申请办理执照。后来不得已，华贞女子工商业传习所更名为华贞女子线店，老天津人称之为"华贞女""华女"，王兴周还请著名书法家华世奎写了匾额。由于从经理到店员二十余人全都是女子，在社会上引起轰动。

华贞女子线店主要经营百货、针棉织品，开办初期由于经营方法灵活，价格合理，生意一度十分兴隆，还在天祥市场后门增加了一家新店。经理林耀华每天很早就来到店里，检查营业前的准备工作，她对女店员要求十分严格，但可悲的是，当时妇女在社会上并没有地位。华贞女子线店开业一段时间以后，就常常有一些人怀着好奇心前去“逛庙”（只看，不买东西），一些地痞、流氓、混混儿亦经常光顾，拿女店员取笑找乐，围观调戏，致使许多女店员吓得不敢上班，纷纷提出辞职。林耀华、王兴周曾多次请警方帮忙，并两次给女店员增加工资，艰难维持。1930 年 3 月，《益世报》有一篇文章，谈《津市职业的妇女生活》，其中讲到女子商店，“天津纯粹由女子经营的商店，在以前共有三家，一家日新公司、一家华贞女子商店、一家百岁公司。日新商店已在去夏歇业，而近天祥市场后的华贞女子商店的支店又告停闭，只有百岁公司还依然蓬勃地存在”。这一年，华贞女子线店与广泰兴百货店合并，改名华贞线店，总店依旧在北门东，另在估衣街西口开设一家分店。新店将原女店员全部辞退，换成男店员，经理改聘王静波担任。虽然如此，王兴周与林耀华在天祥市场开设信托合作拍卖行，仍招收了部分女店员。

《大公报》上的华贞线店广告

林耀华虽有办好女子商店的愿望，但她毕竟是一位刚放下书包的学生，思想天真、处事幼稚，对封建社会的势力残余重视不够。林耀华后来总结说:“华贞女子商店倒闭,经过我现在的思考认为是必然的,原因有:1、社会制度的不适合;2、女人对自己争取社会地位的觉悟认识不够;3、封建思想残余的压迫;4、争取妇女权利的活动没有全面展开。”尽管华贞女子线店经营不长久,但其开创了天津女子就业的先河,值得肯定。

首创袋茶的成兴茶庄

天津虽不产茶，但凭借水陆码头的优势，自清代中期开始，与烟台、广州相继发展成三大茶叶集散中心。俗话说："开门七件事，柴米油盐酱醋茶。"茶虽位居第七，却是待人接物、自斟自饮的消费品，备受人们重视。在老天津的商业中，茶叶经营是一大宗。1936年2月，位于竹竿巷的正兴德茶庄老店因内部纠纷发生了一起辞职事件。正兴德副理满仲梧、会计主任刘少波、闽庄主任紫鸿霄、宣传主任许鲁真、徽州采办主任郑景侨、西路卖货手王梦兰、东路卖货手石雅士、福州卖货手解俊德等人集体辞职。这些人另起炉灶，由于都是业内老手，他们"规模甚大，计划周详"，成立了新的茶庄。他们以"成大事业唯信用，兴立基础在精神"为信条，遂取这两句话的头两个字"成兴"作为店名，创业的股本为三万元。成兴茶庄初创时专营批发，租用北门外小洋货街长合栈为庄址，由刘少波任总经理，紫鸿霄任经理，许鲁真、郑景侨、王梦兰、石雅士任副经理。成兴茶庄创办后，在经营上不循规蹈矩，想尽办法开创自己经营的新路。

茶叶经营以批发为大宗，为此成兴茶庄成立批发部。资金方面，刘少波曾在正兴德茶庄主管财务，与各银行银号关系密切，颇有信誉。其余各位都是在正兴德干过多年的老手，无论买货与卖货，不仅经验丰富，而且信用良好。所以成兴茶庄开业不久，进货批售，熟门熟路，又有财力雄厚

《大公报》刊登的“四个不雷同”广告

的致昌、中和、华丰等银号担保支持，业务发展非常顺利，开业仅五个月，成心茶庄营业额即已达四十万元，净利六万元。

在批发生意稳固以后，成兴茶庄又在竹竿巷正兴德老店对面租下门脸，于 1936 年 9 月 25 日正式开业，当天就在《益世报》发表消息《成兴茶庄今日开幕》。当时成兴茶庄的竞争方式是：“零售货品，批发价格，货色斤秤，买去比较，电话买茶，专员送上。”成兴茶庄每天晚上十点多钟等对面正兴德上了门板之后，才闭门休息。开业第一炮打响后，每天营业额平均在一千元左右，从此成兴之名不胫而走。成兴茶庄秉承“扩充、进展、服务、经济”的经营思路，开设了一些新的业务。函售部，不论何地均可来函购货，并代客包装发货，代收货款；电话购茶部，有专人管电话，不论客户买多买少，定期或不定期，接到电话即派人将货送到；小批发部，专供小额经营的商贩将货运到乡镇推销。年终结算时，尽管门市亏本三万元，然而从商业竞争意义看，成兴茶庄依然站稳了脚跟。成兴茶庄最初只有三间门面，后扩大到五间，随后又在法租界天增里开设一家分店。其茶叶制造厂设在福州南台下渡，分厂在南台小岭、六安、杭州、黄山、屯溪、竹岭、街源等地开设。

俗话说，货卖一张皮，无论什么商品，顾客第一眼先看包装。早年间的茶叶铺，都是用纸包成四方包或用铁盒装茶叶。成兴茶庄拓展思路，设计出印刷精美的纸袋装茶，1940年首创袋茶，使消费者耳目一新。

泉祥鸿记茶庄包装纸

袋装茶的出现，不单单是包装上的改变，也是经营思路的改变。一是打破了原有的茶叶经营模式。早年间天津的茶叶铺有几十家，质量好、价格公道的正兴德、泉祥鸿、成兴等几户大茶庄都集中在竹竿巷、估衣街一带，固守店铺与老客户经营。成兴开创的袋茶按照重量形成不同等级和档次茶叶包装，保证质量，方便快捷，还委托全市各杂货店、浴池、旅店、茶摊、水铺和小贩等代销，这样茶叶经营不限于店铺，而是遍地开花，颇受欢迎。二是注重商品权益保护。成兴袋茶上面标有成兴的商标，图案是八达岭长城，绘有数颗明星，寓意上，“城星”与“成兴”谐音，而且又含长城永固、福星高照的含义，这样凸显了商品使用权的保护意识。三是重视茶叶质量。成兴的茶袋有两层纸，外袋为模造纸，内袋为有光纸，这样茶叶

带有城星商标的茶叶盒

不容易走味，有质量保证。四是能够满足顾客的不同需求。成兴袋茶按不同等级、不同重量进行区分，适应不同顾客的消费需求。顾客在接人待客时，花上五分或一角买上一袋，既方便又经济，故能畅销。

成兴茶庄抓住袋茶这个新生事物，在推销方面，其派专人将货物送到代销店，每隔一周送一次，勤进勤销不积压，使茶叶保持新鲜不走味。因此成兴茶庄随袋茶的行销，名声在外。而天津的商业颇有跟风效应，袋装商品大行其道，如袋色（颜料）、袋烟、袋糖相继出现，而且久盛不衰，但追源溯流，方可知成兴茶庄首开其端。

成兴茶庄自成立以后，还非常重视广告宣传，据说每年需用约一万元。广告的方式也是五花八门。在电影院、杂货铺、茶馆、浴室的窗帘，唱大鼓的围桌、年历、茶盒乃至电话传话筒的罩布上，都有成兴茶庄的广告。分布各地的袋茶代销店门外都挂上“成兴茶庄代销店”的瓷牌。除了新颖别致的广告语，成兴茶庄还有团扇、折扇、日历等赠品广告。著名京剧演员谭富英、张君秋在天津中国大戏院演出时，成兴茶庄亦随戏票，每票赠送价值一角的袋茶一袋。成兴茶庄创办二十余年，名声能与其所出的正兴德茶庄相媲美，这与其广告宣传不无关系。

上海富商“逐鹿中原”

20 世纪 20 年代，中国民族资本经营的大商场在上海声名鹊起，生意十分红火。1925 年，为了寻求新的发展之路，上海先施公司高级职员林寿田、黄文谦脱离先施公司，与旅日侨商林紫垣合作，筹划建立新的百货公司。最初由黄文谦出资五万元为基金，在上海成立筹备处，对外招股，网

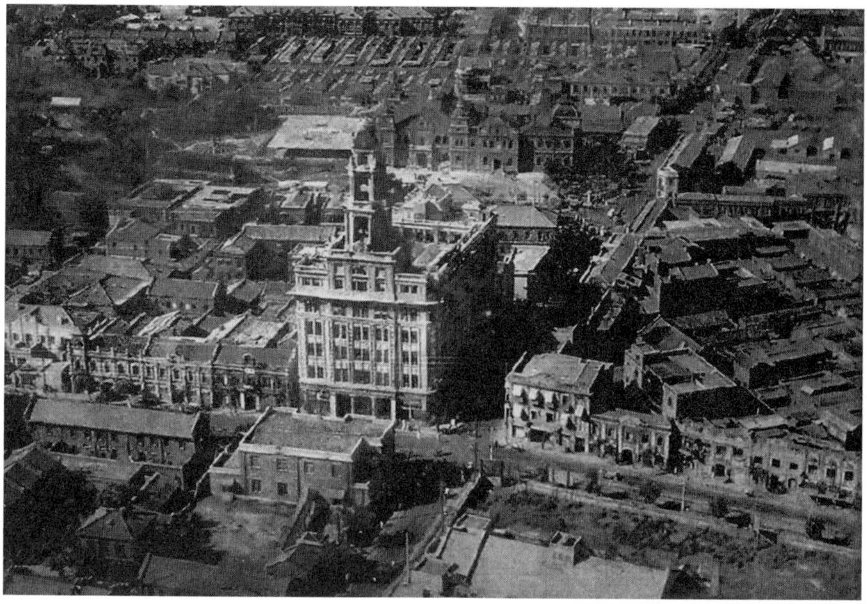

1928 年中原公司鸟瞰图

罗人才，先后挖来先施公司的中坚管理人员陈军海、何逸州、容原刚、何嘉年等人。由于资金短缺，在上海难于立足，于是挥师天津，开辟新路。1926年，将筹备处迁到天津海大道(今大沽路)兴隆洋行楼上，筹建北方最大的综合性百货商场。因取意“逐鹿中原，鹿死谁手”的典故，故将百货商场定名中原股份有限公司，一面招股，一面做市场调研，寻找地皮建楼。当时通过政客徐良的活动，拉来一些下野的军阀、政客和商人参股，如陈光远、陈耀珊、娄鲁青、李颂臣等。公司起初打算在繁华的法租界购买地皮，看中了后来兴建交通旅馆的那块地皮，几经谈判，终因英商先农地产公司要价太高，未能如愿。此事被日本驻津领事馆得知，为了繁荣日租界，日本驻津领事馆便通过徐良从中游说。当时受到时局影响，商业十分冷清，人们都不愿在日租界立足，但架不住优惠条件的诱惑。终于在徐良的撮合下，股东们以三万多元的低价在旭街买下一千二百平方米的地皮。

中原公司在《北洋画报》上刊登的广告

由于看好中原公司的前景，负责大楼设计的基泰工程公司总经理关颂声把设计费折成股份加盟中原公司，这对于中原公司十分有利。经过多方考察，基泰工程公司设计出独特的六层地标式建筑——中原公司大楼。工程由华商夏兴公司承包，在基建施工进入内部装修的同时，从上海征聘的一百多名职员和各部主任陆续到津。经过一年多的施工，中原公司于 1928 年元旦正式开业。其规模宏大，货色齐全，设备先进，尤以垂直电梯最为引人兴趣，开业时可谓盛况空前。中原公司在开业前就通过各种渠道购进及赊进了几十万元的货物；开业后以专营高档百货而闻名华北，从此以“始创无二价，统办全球货”的优势闻名华北。

中原公司经营模式新颖，一楼、二楼、三楼为百货商场，经营洋广杂货、绸缎、布匹、呢绒、食品以及各种器皿、电料等，之后又增建附属鞋厂及家具工厂，辟地销售；四楼设中西餐厅、游艺场、球社、舞厅等；五楼为妙舞台剧场；六楼、七楼供杂耍、评书演出。这种集购物、餐饮、娱乐为一体的商业模式十分新颖，招揽了大批游客，使销货额迅速上升。1928 年，中原公司又从上海购入了大批滞销商品，因进价低廉，每日营业额高达五六万元，在当时国内各大商场中实属罕见。

中原公司的商品受到欢迎，而妙舞台剧场更为出名。中原公司邀请梅兰芳、杨小楼等国内一流京剧名伶前来演出，妙舞台剧场因此号称“华北最高尚、最清快之娱乐场”。妙舞台不仅设施先进、新颖，剧场的楹联还进行了征集筛选。最初请以撰写楹联闻名的“联圣”方地山书写，并提出以“戏台”二字煞脚。方地山遂作一联：“货别隧分，到最上头都是戏；朝歌暮舞，看真好手慢登台。”方地山认为上联非中原公司不能用，但“终慊然以为不足”。于是，中原公司又邀请郑孝胥作联：“风韵气少，儿女情多，命世才华空往事；忠孝劳生，功名灭性，悲歌慷慨几知音。”旧时戏院楹联以吴梅村的北京庆乐园楹联“十万狂花，大千秋色”为人称道。而郑孝胥的这副对联，众人称“苍凉哀婉，不让庆乐专美于前”。

中原公司地处日租界，又吸收许多日侨的股份，起初日货的比例比较大。1931 年九一八事变后，人们自动抵制日货，英、法租界及华界居民都不愿踏入日租界，为此中原公司生意冷落萧条。不久，又遭到日本特务操纵的“便衣队”骚扰，经营受到影响。中原公司设法进入法租界，先在华中路设立临时分店，随后与泰隆洋行合作，在 26 号路（今大沽路以西的滨

中原公司第一分店

江道)修建了三层楼房的商场。1932 年,中原公司第一分店正式建成,了却了中原公司跻身于法租界繁华中心的夙愿。为了筹措周转资金,1932 年底,中原公司成立了中原银行,吸收游资供公司周转。1934 年又在北京王府井大街开设分店,这使得中原公司形成一总两分的经营格局。

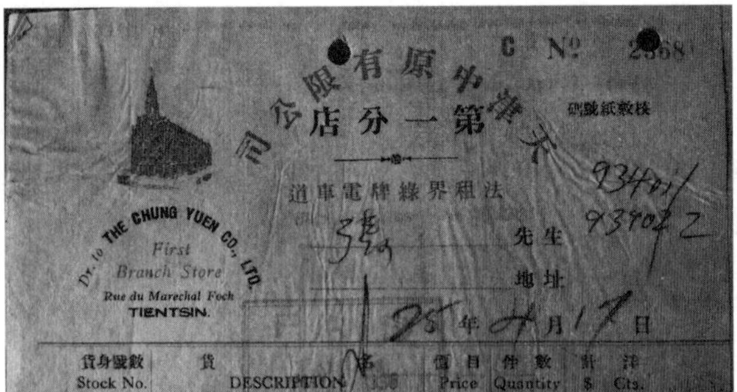

中原公司第一分店收据

此后中原公司经历了 1939 年的大水及北京分店、天津总店的火灾、日本侵略军的管制以及国民党统治时期的通货膨胀后,经营走向末路。

1949 年 1 月天津解放后,中原公司发生巨大变化。先是总店交给天津百货公司经营并更名为天津百货大楼。1950 年 5 月 1 日,滨江道分店成为全国首家公私合营的大型商场,改名为“新中原公司”。从 1952 年到 1958 年,先后又有天孙呢绒店、光荣鞋帽店、瑞蚨祥绸布店、泉祥隆记茶庄和谦祥益辰记等几家商店并入，增强了新中原公司的实力，经营品种大幅增加。1988 年,新中原公司加入全国华联商厦集团,更名为华联商厦中原公司。

劝业场——最大商业综合体

当今，城市商业的主要类型为商业综合体，商业地产的快速发展使其得到迅猛的发展。其实，早在20世纪30年代，这种商业综合体便已在天津形成，其中劝业场为最大的商业综合体，在天津商界中影响巨大。

高星桥

说到劝业场，不得不提井陉煤矿买办高星桥。其颇具商业头脑，在为井陉煤矿开辟上海市场之际，结识了黄金荣、虞洽卿、黄楚九等中国商界巨头，目睹了上海的繁荣，也筹划在天津大干一番。他预测法租界梨栈一带将会繁荣，于是设法从英商先农公司手中买下梨栈大街（今和平路）一块5.2亩地皮，因暂时无用，转租给天祥叫卖行作为临时仓库，租期五年。不料天祥叫卖行的李魁元等人抢先在这块地皮西面盖起一座天祥市场，门面及内部摊位全部出租并加收“入场费”，获利甚丰。不久，斜对面又出现了泰康商场。这一下，撩起高星桥的雄心壮志，他决心要在此建起一座超过天祥

天津最近兩大建築 勸業塲 交通旅館

1928 年 12 月 1 日《北洋画报》介绍建设中的劝业场与交通旅馆

和泰康的规模更大的商场。

其实，盖商场只是高星桥宏伟计划的一部分，此外还要在斜对面建交通旅馆、龙泉澡堂以及在大连码头附近建威尔逊大楼。当时计划投入资金 150 万元，高星桥知道自己实力不足，于是与正金银行买办魏信臣成立了新业公司，准备招收十五股，每股十万元。高星桥自认六股，庆亲王载振认三股，魏信臣一股，钱业公会会长叶兰舫、上海富商王新荣各认一股。虽然股款未能按计划凑齐，高星桥也不想再等了，他利用与法商立兴洋行经理利姆臣的关系，将建商场的工程委托给法商永和公司设计及监工营造。永和公司毕竟是法国人的买卖，经过斡旋，很快取得法租界工部局的批准。原计划修建一座十一层的商场大楼，气派要超过上海先施公司，但不知为何，魏、叶、王三家中途退股，建到三层时即发生了资金恐慌。高星桥通过英国朋友戴维斯的帮忙，向麦加利银行贷款五十万元，乃得继续修建。建到第六层时，又因资金短缺而停止，高星桥遂改变初衷，以此作为第一期工程结束，同时全力整修内部设备。六层之上留有钢筋接头处，以备将来续建接高时使用。

劝业场的兴建，备受市民关注。1928 年 11 月，《北洋画报》记者写了一篇《行将落成之天津劝业场》，称“本埠法租界将有大规模之商场游艺场大饭店之组合出现，对峙于梨栈十字街头最冲要地点之两座大建筑：天津劝业场、交通大旅馆及太平洋饭店是也”。劝业场设有三部电梯，十三座楼梯。一、二楼为洋货绸缎、鞋帽、食物等店，同类商店不得超过四家；唯三楼之珠宝古玩商店多多益善。高星桥认为，“此类商店需本甚重，货色难齐，不怕竞争，易于合作，故应使之集中一处，即便利顾客挑选”。三楼还有西餐馆、山东饭庄、茶点店及球房。四、五、六楼主要是剧场、影院、茶社等游艺场所，即所谓“八大天”，用以超过天祥的小广寒和大观园。所谓八大天，包括以下场所：一是天华景戏院：三层楼座，以演出京剧为主。戏台布景可以转动，共一千一百多个座位，二层三面为高档包厢，三层居高临下，票价较低。1933 年，高星桥组织“稽古社”子弟科班，演出场场满座。二是天纬台球社：位居三楼临街一侧，是天津最大的台球社。三是天伟地球社：设在四楼，设备豪华，场地大，可供六道同时玩地球（即保龄球）。四是天宫影院：设在四楼，上下两层共七百多个座位。五是天露茶社：占四、五楼靠东北面拐角处两层，楼下散座，楼上雅座，加上茶社门外走廊散座，共有三百多个座位。六是天会轩：位于五楼靠天祥市场的一

建成后的劝业场

个小型剧场，只有五百个座位，专演文明戏。七是天乐戏院：在六楼靠西面，是天津第一家专演评戏的中型戏院。八是天外天：即利用六楼屋顶和七楼（仅临梨栈大街一面）平台装修开办的屋顶花园，设有露天电影、杂耍、曲艺、京戏、评剧等演出场地，还设有很多冷热饮茶座。每逢酷暑盛夏，游客蜂拥而至。劝业场以“八大天”娱乐带动百货餐饮游客十分多，这也增加了商户的销货额，使其生意更加旺盛。上海《申报》记者称“方知津门商铺，夜市最盛。遂游劝业场，电炬千万，宛同白昼。劝业场所售货品，分门别类，与上海之百货商店，弥复相似”。

劝业场的包装纸

劝业场正门外的铺面分别租给德华馨鞋店、金九霞鞋店、李同益呢绒店，拐角是华信百货店，东面有三友实业社、德义针织商店等。商场内部还有不少名店，其中对王佩芝画像馆“搓脚气”的碳画像，老天津人印象颇深。

劝业场建成后并非一帆风顺，1939年天津水灾，梨栈一带被淹，商民受损严重。1941年太平洋战争爆发后，劝业场的经营开始走下坡路。1945年抗战胜利后，劝业场经常受到国民党军政人员骚扰，高星桥听说有人告发他是汉奸，乃仓皇逃到上海。其子高渤海、高晓令则避居北平，将商场事务委托别人代管。

1949年中华人民共和国成立后，经过1956年公私合营，成立新的管理机构，由天津市百货公司委派人员经营，劝业场经营范围不断扩大，后又与天祥市场合并，老字号被赋予了新的生命力。

洋商谋利

張作霖之鋼甲汽車

車身用一塊整[illegible]製成。[illegible]重七噸。[illegible]缸十二隻。玻璃極厚。鎗彈不[illegible]入。前後均有新式機關鎗。

美豐洋行代購　白加持廠所造

高林洋行靠皮货发财

洋行是外国商人在中国设立的商行商号。王守恂《天津政俗沿革记》云："天津为百货麇聚之所，杂货行栈多设于北门迤西之针市街，粮米行栈房多设于海河南运河之侧，大都内河行船装运货物，卸载屯集必于近河之处，取便利也。自海道通行，轮船往来起运货物则又屯聚于海河附近，其卸载之处，以本国招商局、英商太古洋行、怡和洋行为最要之地，其他中外货栈，往往有之。海关榷税亦设紫竹林。"清诗人崔旭《津门百咏》中有竹枝词："百宝都从海舶来，玻璃大镜比门排；荷兰琐袱(沙发的一种译音)西番锦，怪怪齐齐洋货街。"早期天津的商栈多集中在南运河、三岔口一带的针市街、洋货街。随着英法租界的开辟，外国商人开始在紫竹林从事贸易，这里的商栈因此兴旺起来。

高林

租界内最早洋行为英商高林洋行。英国人高林原是英国一艘远洋货轮的船长，后为大沽领港员。干了几年后，便在天津开设高林洋行地址在海大道(今大沽路)。

收购皮毛

后来高林在英租界中街横滨正金银行旧址上，投资一座普通的货栈。说到货栈，还有一件趣事。据说租界内最早用白铁做屋顶的是高林洋行货栈，由于没有经验，高林不知道为了防止大风，应将屋顶四角牢牢钉上。结果屋顶上好之后，一阵大风刮过天津，守门人眼见“仓库的屋顶不见了”。随着贸易的扩大，高林洋行的经济活动不限于贮货。他将洋行变成一家俱乐部，在朋友聚会时认识了生意上的伙伴安德森和狄金生，成立了一家股份公司。高林商业头脑敏锐，在 19 世纪 70 年代后期，听别人讲到青海高原有“成堆的羊毛”和无限量的毛皮资源，由此产生兴趣，并与比利时人格拉梭建立了联系。这位格拉梭与同胞普林格德在中国与蒙古牧民打交道，获取了大量的皮毛资源。那时，天津是皮毛大宗出口的城市，随着交易及价格激增，牧区中出现皮毛掺沙子的情况，有时羊毛掺沙量达到 50%，平均也有 30%到 40%，这给当时的贸易造成了麻烦。早期从内地运来的羊毛都是直接装船运走，结果羊毛在国外清洗后分量短缺，使本地洋行损失很大。为了解决这个问题，高林洋行决定与比利时人合作，开设自己的洗毛打包厂，以洗净打包后的重量收购羊毛。

1881 年，高林洋行洗毛打包厂正式成立，这是天津第一家羊毛打包厂，几乎所有出口商都在这家工厂为要装运的羊毛清洗打包。此后，仁记洋行、隆茂洋行、新泰兴洋行也先后建立了洗毛打包厂。不过高林洋行启动较早，又兼营出口业务，生意越做越大。高林洋行随即投资30万元在紫竹林码头盖仓库，开展货栈业务，遂成为当时天津较大的洋行之一。

皮毛分拣打包厂

1890年，美国根据歇尔曼法案收购白银，刺激天津银两上涨，使得高林的财产飞快增长。高林每天下班进门都要告诉妻子："嘿，亲爱的，我们比昨天又多了几百英镑。"后来他带着一笔可观的财产离开了天津，定居新西兰，而高林洋行由其合伙人安德森继续经营。

安德森的兄弟原是天津机器局的工程师，后来去了上海，成为老晋隆洋行的老板。老晋隆洋行开中国卷烟进口之先河，也是高林洋行的合作伙伴。早期卷烟自上海进口，40%运到天津，然后向北方辐射。1891年，老晋隆洋行开始输入卷烟机器，高林洋行也进口卷烟机，并向华北输出。1896年，高林洋行将位于海大道（今大沽路）与宝士徒道（今营口道）交口的基督教会神学院买过来改造成办公大楼，老晋隆洋行也将天津分公司设在这座大楼之内，成为天津最早的卷烟经销商。

高林洋行一直经营进出口贸易，1941年太平洋战争爆发后，高林洋行曾被日军接管。1945年抗日战争胜利后，高林洋行停止进出口业务，转而经营房地产。1949年1月天津解放后，高林洋行仍从事房地产生意。1956年1月，高林洋行移交天津市房产公司经营。

“萨宝石”由茶叶起家

俄国商人阿列克赛·德米特里耶维奇·斯塔尔采夫（也译作李特维诺夫、司塔塞夫，是一个俄国贵族）于19世纪60年代来到天津，经营萨宝石洋行（也称顺丰洋行）。他被称为“这个商埠的先驱者之一”。

萨宝石洋行以经营茶叶起家，清代中国对欧洲的茶叶贸易分南北两路：南方由广州经海路输入西欧，北方由恰克图经陆路贩运至俄国。北路贩运是商队，故称“商队茶”，其比海路具有更强的竞争力，因为海船经过南海，暑热太大损伤了茶叶的香味。北路最初由山西商人组成的“西帮”负责贩运，即从福建采购运到张家口再至恰克图，路途遥远，损耗较大。后来清朝采取“部票”制，加大了税收，同时开放汉口口岸。

1862年（同治元年）3月4日，《中俄陆路通商章程》在北京签订。这个章程规定，俄商货物从陆路运至天津，进口征税“按照各国税则三分减一”；运往天津、通州的俄国商货，经张家口时可留十分之二在当地销售，一方面免纳子税，另一方面进口征税同样三分减一；俄商从张家口贩运土货回国只纳子税（2.5%），免纳出口征税。

这一优惠减税的条件，使俄国茶商觅得了商机。他们将茶叶从汉口经上海运到天津，再从天津将茶叶用船运往通州，从通州由骆驼队经张家口越过沙漠的古道运往恰克图，然后从恰克图将茶叶运往西伯利亚与俄国市场上去。天津因此成为茶叶的转口基地。

斯塔尔采夫

1863 年,斯塔尔采夫来华,他深入湖北蒲圻羊楼洞茶区,招人包办监制砖茶。1873 年,顺丰洋行迁到汉口,成为武汉第一家外资工厂。斯塔尔采夫在天津设行,大约也是在这个时间,行址在宫北大街河沿附近的一条胡同里(至今仍名为萨宝石胡同)。萨宝石洋行在湖南、湖北、江西、安徽等地大量收购茶叶,并在汉口、九江等地将茶叶加工成茶砖,运到天津,再走运河从通州登陆,雇骆驼队经张家口运至恰克图,再运到俄国和欧洲市场。萨宝石洋行每年从茶叶贸易中获取的巨利便可想而知了。随着天津英法租界的建立与繁荣,萨宝石洋行迁到了英租界与法租界交口,即营口道靠海河一带。

萨宝石洋行在天津的生意很大,机构庞大。从光绪十四年(1888),署理津海关道刘含芳主持,由旅顺绘事教习陈文琪等人绘制的《天津至紫竹林图》可以清晰地看到,萨宝石洋行在英租界河坝路(今台儿庄路)拥有几处机构。在法租界领事馆路(今营口道)至英租界领事路(今大同道)之间,标有萨宝实(石)洋行和俄商顺丰洋行;在怡和道(今大连道)至宝顺道(今太原路)之间,标有萨宝实(石)货栈;在董事道(今曲阜道)至克森士道(今开封道)之间,标有萨宝实(石)仁记栈房。

斯塔尔采夫除经营茶叶外,还从事房地产开发,在英法租界拥有大量房地产。他在德租界也拥有大片土地供天津人建房居住,这片区域统称为司塔塞夫村。他和英国商人狄金生在英租界中街建了八幢两层楼房,

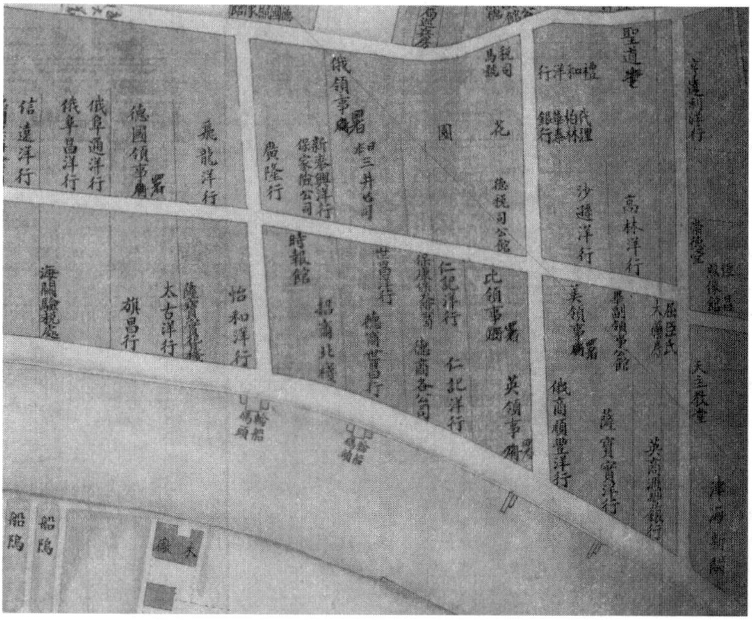

1888 年《天津至紫竹林图》中萨宝石洋行在紫竹林的位置

房子十分宽敞漂亮,在那时还引起了小小的轰动。萨宝石洋行曾一度代行沙俄领事馆的职能,代理沙俄在天津的商务、侨务事宜,并从事外交活动。1887 年 6 月,在英国维多利亚女王纪念日之际,他将用于建设维多利亚花园的土地赠予租界当局。1898 年,他又捐献了梁家园(今河西区大营门一带)的一块土地,作为天津俄文馆新馆。后来,他成为英租界工部局董事。庚子事变中,俄罗斯驻津领事馆被炮弹击中,租借斯塔尔采夫在紫竹林河边的住宅为领事馆。八国联军成立天津临时政府,还征集他的城里的房屋为联军医院。

萨宝石洋行在经营过程中,还经历了著名的天津教案事件。1870 年,天津爆发了"火烧望海楼"事件,即著名的天津教案。其中三名萨宝石洋行的俄国人在河东药王庙死于群众刀下,为此在天津教案中,还牵扯了一段"俄案"。由于俄国人考虑到在天津的商业利益,出人意料地提出对杀死俄国人的凶犯田二等四人予以减刑,博得李鸿章的好评,在社会上得到"法外施仁"的美誉。这种化解仇怨也使俄国商人获得利益,此后的

宫北萨宝石胡同

五年中，自天津运往俄国的茶叶翻了一番,萨宝石洋行因祸得福。

斯塔尔采夫还是一位收藏家,收藏了大量的艺术品(尤其是佛教经典)和珍贵图书，巴黎卢浮宫曾出三百万法郎收买他的藏品，这在当时是很大的数目。但斯塔尔采夫只是耸耸肩膀,说:“世上还没有让我出售自己藏品的钱。”其富有与自傲可见一斑。

1900 年,清军和义和团炮轰租界,斯塔尔采夫的房屋遭到炮击，其中包括他存放藏品的那一栋。当时他正在符拉迪沃斯托克,听到这个消息后,因心肌梗死死于普佳京岛。

阜昌洋行由房地产暴富

在英租界达文波道（今建设路）有一片住宅，称为阜昌里。阜昌里为两条胡同，前面有一所漂亮的大楼，胡同和大楼的主人为俄国阜昌洋行的东家米哈伊勒·巴图耶夫。

米哈伊勒·巴图耶夫

巴图耶夫为沙俄贵族，相传为沙皇尼古拉二世(末代沙皇)的表兄，1869 年到汉口，1874 年受莫尔强诺夫、彼恰特诺夫、拉萨丁三位俄国茶商的邀请参与阜昌洋行茶叶生意。同期，他的弟弟齐诺·巴图耶夫也从俄国到汉口，担任阜昌洋行所属砖茶厂的机械师。后来阜昌洋行成为汉口四大俄国茶商之一，当时汉口茶砖厂用工量达到两千人，是当地雇佣工人最多的工厂，且使用蒸汽机作为动力，利用蒸汽蒸制、压制茶饼、茶砖。那时汉口地区还没有公用的大型水厂，阜昌砖茶厂凿井取水来制造茶砖。随着天津成为俄国茶叶经营的转运地，巴图耶夫来到天津，最初开设阜昌洋行，还与美国人钱德勒合伙在英租界开设益昌洋行，除经营茶叶出口外，还兼营皮毛和麝香、鹿茸、人参等名贵中药材，同时进口俄国毛毯和布匹。由于生意做得很大，巴图耶夫在天津外商中一跃成为富商，在华北、内蒙古、东北等地都设有阜昌洋行分行。

巴图耶夫在中国站稳脚跟后，又将贵族出身的妻子耶甫多齐娅·阔雷金娜以及她的弟弟瓦西里、妹妹克拉芙狄雅、阿妮玛伊斯带到天津。巴图耶夫其一直没有孩子，收养了一个在美国出生的小女孩尼娜为养女。后来尼娜嫁给美国驻津总领事的詹姆斯·拉格斯代尔的儿子艾尔为妻。

联军各国首领在巴图耶夫寓所前合影

1900年，沙俄军队攻入天津，位于英租界达文波路的巴图耶夫寓所成为俄军司令部所在地。在攻占天津城的第二天，俄军总司令、关东省总督阿列克谢耶夫海军中将邀请各联军指挥官在巴图耶夫寓所开会，研究如何恢复天津秩序，并决定成立都统衙门临时政府。在这场浩劫当中，巴图耶夫也捞到不少好处，并发了一笔意外之财。庚子事变后，沙俄军队占领了北洋武备学堂，武备学堂前身为乾隆皇帝的行宫——柳墅行宫，行宫内贮藏着一部《古今图书集成》。道光年间颁令裁撤行宫，光绪年间利用行宫改建成武备学堂，这部书一直保留下来。俄国人打算将《古今图书集成》运走，因目标过大，担心遭到其他国家的反对，便把这部书寄存在巴图耶夫的阜昌洋行仓库。不久袁世凯升任直隶总督兼北洋大臣，听到此事后，便授意巴图耶夫向俄军谎报仓库失火，书已焚毁。随后袁世凯给了巴图耶夫一笔巨款，将《古今图书集成》赎回。

随着 1901 年天津俄租界的建立，巴图耶夫在俄租界哥洛斯托夫路（今六经路）买了大量地皮，建立了大型屠牛场，取名华蒙公司。该公司从山东等地买牛运津，经屠宰冷冻后，用轮船装载运往符拉迪沃斯托克。

庚子以后，天津租界开始扩张，巴图耶夫嗅到了商机，开始投资房地产生意。他在天津俄租界尼古拉路（今六纬路）建造了一批俄式楼房，专门出租给俄国人居住。同时巴图耶夫继续在英租界谋求发展，在达文波道（今建设路）与董事道（今曲阜道）口交口修建了一处大型住宅，又在咪哆士道（今泰安道）、围墙道（今南京路）和董事道（今曲阜道）一带盖起大批楼房，仅阜昌里一处就有数百间楼房出租。在海大道（今营口道至开封道之间的大沽路）也盖起了几所大楼。他还在北戴河和秦皇岛兴建了别墅，每年夏天都要带着家人到那里避暑。

巴图耶夫由房地产暴富，成为俄侨商会会长，在俄侨当中占有举足轻重的地位。1917 年十月革命后，大批俄国人流亡到天津，巴图耶夫加入了安置俄国侨民的慈善工作，同时还将几处房地产捐出，改建成俄侨俱乐部、俄国学校以及东正教小教堂。巴图耶夫成为天津俄侨的重要人物，经常来往于上海、哈尔滨等俄侨集中的城市。1930 年，其在哈尔滨办事之际，患病而死。遗产少部分为尼娜继承，大部分为妻子阔雷金娜所继承。不久阔雷金娜去世，阜昌洋行落入其弟弟瓦西里之手，由于经营不善，阜昌各地分行的俄人乘机窃取财产，导致众叛亲离。阜昌洋行停止了茶叶、皮毛、药材等出口业务，只剩下天津和北戴河的房地产，由瓦西里苦苦经营。

巴图耶夫的住宅

阔雷金娜临终前立下遗嘱，将咪哆士道的房产留给在俄国的侄女；将达文波道的两处楼房和平房留给两个妹妹；将北戴河的别墅卖掉，剩余款项由瓦西里姐弟三人平分。为此在美国的尼娜为遗产之事，向天津地方法院提出诉讼，状告遗产执行人谢苗诺夫。后来瓦西里将在天津的房地产卖掉。1953 年至 1955 年，巴图耶夫的两个妻妹相继去世。瓦西里于 1957 年去加拿大投靠女儿，巴图耶夫在天津偌大的家业最终化为泡沫。

太古洋行的多种经营

太古洋行是一家老牌英商洋行，1812 年由英国商人约翰·亨利·斯科特在英国利物浦创立。1867 年，太古洋行在上海设立办事处，曾和怡和洋行共同垄断中国的航运业，后兼营食糖、油漆、保险、驳船等业务。太古洋行天津办事处成立于 1881 年，初址设在英租界河坝路（今台儿庄路）的几间平房内，短短几年便迅速发展起来，1886 年在英租界中街建造了太古洋行大楼。太古洋行在天津的业务，可谓多种经营。

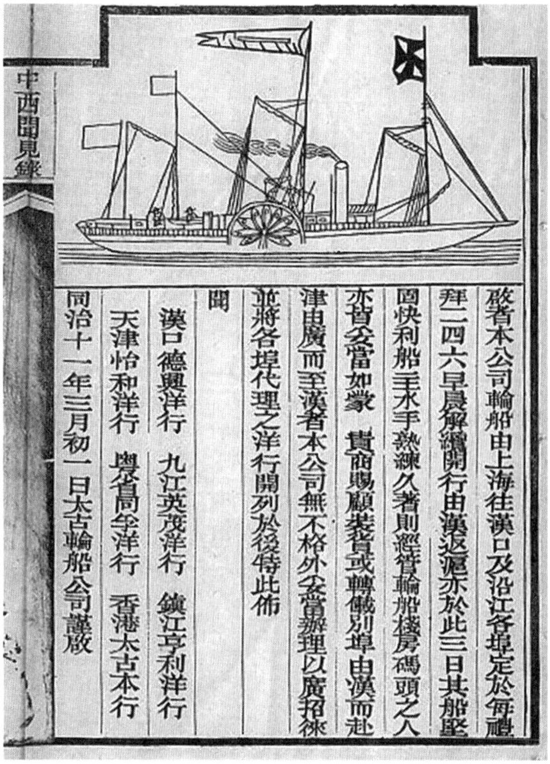

中西聞見錄

啓者本公司輪船由上海往漢口及沿江各埠定於每禮拜二四六早晨解纜開行由漢返滬亦於此三日其船堅固快利船主水手熟諫久著則經管輪船棧房碼頭之人亦皆妥當如蒙 貴商賜顧裝貨或轉儎別埠由漢而赴津由廣而至漢者本公司無不格外妥當辦理以廣招徠並將各埠代理之洋行開列於後特此佈

聞

漢口德興洋行　九江英茂洋行　鎮江亨利洋行

天津怡和洋行　粵省同孚洋行　香港太古本行

同治十一年三月初一日太古輪船公司謹啟

1872 年太古洋行在《中西闻见录》上的启示

航运是太古洋行的主要业务。太古洋行初期代理英商中国航运公司在华业务，1872年间组建太古轮船公司。后来充当英商海洋轮船公司和中国互助轮船公司在华行业业务代理人，由于这两家公司将轮船的烟囱涂成蓝色，故称“蓝烟囱”航线。太古洋行到津不久，就在英租界紫竹林修建了太古洋行码头，为航运提供各种服务。1886年，太古洋行在得到英国领事甘贝尔的同意后，购买了紫竹林太古码头对岸的临河土地，兴建了太古东栈与河东码头，并在此建了几所公事房以及仓库。为了与河对岸的太古洋行取得联系，还开辟了太古洋行专渡，专门为太古洋行办理业务提供服务。到20世纪30年代初期，太古洋行已拥有轮船七十九艘，总吨位达到一百五十余万吨。

太古洋行除了航运外，第二大业务是食糖生意。太古洋行的食糖业务要追溯到1882年，其集资二十万英镑在香港成立太古糖坊，将印度尼西亚爪哇的粗糖制成砂糖、方糖行销中国。太古洋行十分重视食糖业务，逐步建立起配套的产销链，既在爪哇控制了甘蔗的种植榨成初级产品，又在香港设厂加工精炼，而在中国销售又有自己独立的网络，自然在此项业务上占据上风。最初将食糖引入天津市场的是英商怡和洋行和荷兰恒丰洋行，自郑翼之担任天津太古洋行买办之后，情况发生了变化。郑翼

中街上的太古洋行

之非常重视食糖的经销业务，在他的精心经营下，太古洋行在天津乃至华北建立起强有力的销售网络。太古洋行在天津管辖八个经销商，分别是恒泰昌、厚记、德记、恒记、协茂、德和永、鑫记和景升号，另有六十四个代销店。这些经销商一般按销货的2%提取佣金，如果超额，佣金之外还有提成，每月结一次账。在利益的驱动下，各经销商和代销店都乐意为之，不久太古洋行的食糖销售形成了网络，并从天津渗透到华北各个地方。在食糖成品进口方面，在天津只有怡和洋行能与太古洋行相抗衡，但由于相互竞争导致两败俱伤。于是郑翼之通过与怡和洋行协商达成共识，除利润较低的红糖、黑糖外，砂糖、方糖也交给怡和洋行经销，白糖全部归太古经销。过了一段时间，怡和洋行将方糖业务放弃，于是北方食糖进口权牢牢地掌握在太古洋行手中，久而久之，太古洋行业务越做越大，雄霸华北食糖市场。

太古洋行还兼营油漆生意，因为太古洋行船只日益增多，每年需要大量的油漆进行修缮。于是太古洋行在香港开设了一个油漆厂，油漆除供给自己的轮船使用之外，并由太古进行作为总代理向中国销售，天津是他们重要的油漆销售渠道。天津太古洋行兼营的油漆生意成为买办郑翼之的重要业务之一。

1923年太古洋行河东货栈

太古洋行还兼营面粉业务，与怡和、新泰兴、兴隆等洋行并称为四大面粉进口商。20 世纪 30 年代，太古洋行从澳大利亚进口大批面粉来津，由于河东东坝市粮食交易市场十分活跃，为此面粉来货都卸在太古河东货栈。后来太古洋行还将河东货栈的库房和大量的空地租给屈秀章的启泰粮栈，使这里成为天津杂粮交易中心，即天津最大的粮食批发交易市场。

太古洋行另一项与航运相关的业务是代理保险。天津太古洋行代理皇家保险公司火险、广东联合保险公司水险、标准保险公司行李险。因为海上保险和仓库保险都与航运密不可分，太古洋行在搞轮运的同时就给托运人办理相关的保险，托运人感到很方便，而太古洋行可以从中获取一定的利润。太古洋行在天津的航运范围最广，因此郑翼之经办的保险业务额也最大，收益也最高。

太古洋行的生意并非一帆风顺，1941 年太平洋战争爆发后，英商太古洋行停业，太古海河两岸码头、河东货栈也随之划归日本军所有。1945 年抗战胜利后，太古洋行恢复经营。中华人民共和国成立后，1954 年，天津市人民政府接管天津太古洋行。

怡和洋行热衷投资铁路

怡和洋行成立于1832年，由两位苏格兰人威廉·渣甸及詹姆士·马地臣在中国广州创办。怡和洋行对香港的发展有着举足轻重的作用，故有“未有香港，先有怡和”之说。怡和洋行早年对华贸易是鸦片与茶，并通过鸦片战争获取了在香港的利益。英商怡和洋行是天津成立最早、最大的一家洋行，其以轮船航运为主要业务。随着航运事业在中国的成功，怡和洋行又开始筹划将铁路引入中国。在中国早期的铁路推广当中，经常能见到怡和洋行的行踪，特别在天津尤为突出。

紫竹林怡和洋行码头

怡和洋行最先在中国进行修建铁路的考察。怡和洋行股东麦克唐纳·斯蒂文生爵士是一位铁路专家，1864年根据怡和洋行的安排来到中国调研。斯蒂文生在中国听取了商人、传教士以及外交官关于铁路输入的意见后，制定了一个综合铁路系统开发计划，建议清政府分段修建短铁路，首先是京津之间的铁路。此后英国人私自勘探了北京至天津的铁路线路，1864 年 10 月 14 日，勘探者日米特在致友人威廉姆斯的信函中称："我不知道中国有哪一个港口能像天津，一旦修建铁路和开采矿藏，既能获得那样大的利益。天津乃是富庶的山西、整个蒙古、满洲的一部分、河南的一部分和山东的一部分的这个广大地区的一个最大的出入口。"这个调研形成的计划呈报给清政府，建议由清政府办理一些试验性的铁路，同时也坚定了怡和洋行在中国推销铁路的信心。

1872 年，怡和洋行为推销近代交通工具，将铁路器材由海上运到天津，并在天津法租界紫竹林码头一带，沿海河岸边的土路上铺设了一条环行 1.5 公里的轻便铁路，将一台总重量为 1020 公斤的小"火轮车"安装在窄轨上，经反复试运转之后，1872 年 9 月 14 日，火车开始免费载客运行。此消息传开后，轰动天津城，"观者甚多"。试运时，火车头先运行，随后挂上一辆货车往来数次，又让五十名中国人坐在车厢内，继而又加载两节客车厢绕行租界。天津道丁寿昌率随从也乘坐了试验火车，他在英国总领事的陪同下，坐在头等车厢，其他随从坐在二等车厢。这辆满载中外人士的火车周游租界，毫无阻滞，大家欣喜而散。丁寿昌于次日致函英国总领事称："此火车之来中国，可谓创观，其制作也可谓精美之至，置于行动一切均甚便捷，甚为适用之物。"丁寿昌还亲拟"利用"二字为火车命名。怡和洋行为讨道宪的欢喜，立即将"利用"二字刷在车身上，并招摇过市。这一"火轮车"带有广告性质，它的出现在一定程度上唤起了国人对新式交通工具的兴趣。

1876 年 6 月，由怡和洋行代理修建的上海吴淞铁路正式建成，这是中国第一条营运铁路，全长 14.5 公里。翌年，被清政府以 28.5 万两白银赎回并拆除。1881 年，我国第一条自建经营标准轨距（轨距为 4.85 英尺）铁路"唐胥铁路"正式通车。铁路通车之初，以骡马为牵引动力，运输效率很

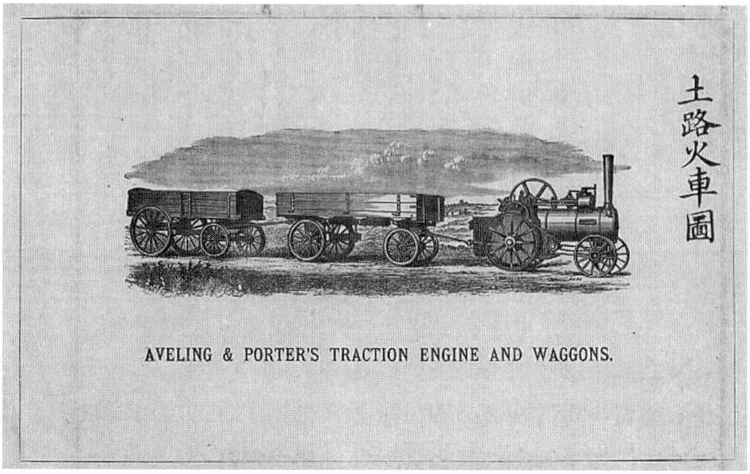

《中西见闻》刊登的“土路火车图”

低。后来,英国工程师金达试制成功了一台“0–3–0”型的蒸汽机车,在唐胥铁路运行。但唐胥铁路的火车车辆及铁轨等铁路器材是由怡和洋行采购并运输到天津的。各国看到中国铁路发展的前景,美国、德国、法国、比利时的商人也开始染指中国铁路建设,并开始竞争。

此间,英国威力铁路公司请怡和洋行出面帮助承揽修建铁路。1885年秋,怡和洋行又运来铁路在天津英租界“摆设演试,盖欲炫以求售”,由于无人过问,不久拆卸回国。1886年,怡和洋行又在广州进行试验。同年5月至10月,铁路又运至天津紫竹林租界反复试验,极为灵便。1888年津沽铁路建成,该铁路的修建虽为津沽铁路公司承揽,但由英商汇丰银行借款。汇丰银行买办吴调卿以候补道先后任中国铁路公司、关内外铁路总局总办。为此在铁路器材采购、运输方面,怡和洋行等英国商人获取了一些利益。从此,铁路器材成为怡和洋行的主营业务之一。此外怡和洋行还向清政府提供铁路贷款,如1898年,时任督办铁路总公司大臣盛宣怀就曾向怡和洋行借款,准备在江苏、浙江修建苏甬杭铁路,并草签了协议。由于江浙绅商强烈反对,最终未能签约。

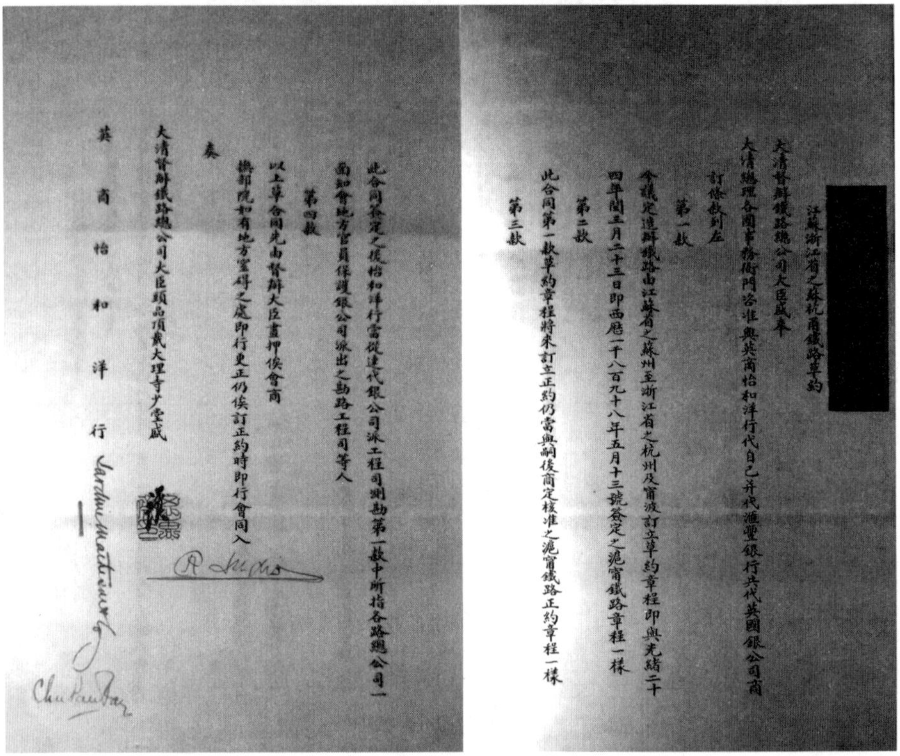

[redacted]

江蘇浙江省之蘇杭甬鐵路草約

大清督辦鐵路總公司大臣盛奉

大清總理各國事務衙門咨准與英商怡和洋行代自己并代滙豐銀行共代英國銀公司商

訂條款列左

第一款

今議定總辦鐵路由江蘇省之蘇州至浙江省之杭州及甯波訂立草約章程即與光緒二十

四年閏三月二十三日即西曆一千八百九十八年五月十三號簽定之滬甯鐵路章程一樣

第二款

此合同第一款草約章程將來訂立正約仍需與嗣後商定核准之滬甯鐵路正約章程一樣

第三款

此合同簽定之後怡和洋行當從速代銀公司派工程司測勘第一款中所指各路總公司一

面知會地方官員保護銀公司派出之勘路工程司等人

第四款

以上草合同先由督辦大臣畫押俟會商

撫部院如有地方窒碍之處即行更正仍俟訂正約時即行會同入

奏

大清督辦鐵路總公司大臣頭品頂戴大理寺少卿盛

英商怡和洋行

苏甬杭铁路草约

美丰洋行做军队生意

4S 店是一种集整车销售(Sale)、零配件(Sparepart)、售后服务(Service)、信息反馈(Survey)四位一体的汽车销售企业。其实这种汽车销售模式早在 100 多年前的天津就已经形成了。

汽车是什么时候传入天津的？我们目前并没有看到明确的文字记载。传说德国奔驰汽车公司 1900 年成立，而 1901 年正好赶上慈禧太后大寿，当时任直隶总督的袁世凯为了讨好慈禧太后，特地花了一万两白银，让奔驰公司打造了一辆汽车作为寿礼，这是中国最早的一辆奔驰车。其

1902 年直隶总督署的汽车

实汽车在清代末年就进入了天津,《夏曾佑日记》中,在 1897 年就有乘坐汽车来往于京津之间的文字记载。民国初年,英美商人在天津开设洋行销售汽车,最早的一家为美商美丰洋行。

1912 年中华民国成立后,天津私人汽车需求旺盛,汽车主要是为一些逊清皇族、军阀、官僚、政客等所享用。精明的外国商人看到进口汽车获利丰厚,于是争先恐后地在天津开办经销汽车的洋行。天津第一家专营汽车的洋行是 1913 年开业的美商美丰洋行，经营规模最大的是 1915 年开办的美商公懋洋行。以上两家洋行连同开业较早的英商捷隆洋行、美商亨茂洋行被称为天津经营汽车的“四大行”。随着天津城市的日益发展,社会对汽车的需求量不断增长,在天津的英、美、法、德、俄、意、日等国商人,相继开办了不少汽车洋行。从 1912 年到 1948 年的三十多年间,外商在天津经营的汽车洋行,先后达三十余家。其中美商有美丰、公懋、亨茂汽车行,英商有捷隆、德隆汽车行,意商有米娜、美隆汽车行,俄商有马场、司丹里、中国、巧技汽车行,法商有升昌、中央、源法汽车行,德商有云龙、捷成、赫金汽车行,日商经营的有丸石、武斋、金刚、国产、信益汽车行。

英租界中街上的美丰洋行

美丰洋行又称美丰股份有限公司，系美国人马刚、卢克、格兰卜合资创办的，总行设在美国华盛顿。1913年美丰洋行在天津设立分行，后又在北京设立支行。天津美丰洋行位于法租界中街38号至42号（原解放北路天津市五金交电公司）。开业初期，美丰洋行主要经营进出口商品，出口以中国土特产为主，进口以留声机为主，还在天津、北京两地开设“胜利音乐公司”。不久，由于汽车畅销，美丰洋行遂增加资金，扩充汽车业务。美丰洋行以经营美国福特公司的福特、林肯、马克瑞牌汽车为主要业务，并因此成为在我国华北地区独家经销美国福特汽车公司产品的汽车洋行。美丰洋行内部设置与现在的4S店相同，设有营业部、修理部和零件部，还代办汽车保险。销售出去的汽车，还提供路试、调整、代客修理等服务，颇受顾客欢迎。美丰洋行还在报纸上大做广告，如“美丰汽车行，华北第一商。车机坚而美，式样新且煌。信用早昭著，声名天下扬。最新车样到，特别又精良。聘来名师匠，演讲驭车方。兼授保机法，指示极详细。随意入展

1919年美丰洋行在《益世报》的广告

览，机会不可忘。欢迎赐顾者，盍速来观光”。合辙押韵，并把洋行的服务内容说得一清二楚。1945 年抗战胜利后，美丰洋行还销售英国道格拉斯摩托车，而且是远东总经销。

民国时期，小轿车销售数量有限，客车及载重汽车占一定比例。美丰银行主要销售对象是中国军界和运输业，1921 年 8 月，奉系军阀张作霖由美丰洋行自美国订购一款钢板防弹车。内饰华丽，雕刻非银即瓷，坐垫为紫金毛绒，四面亮窗为防弹玻璃。车内可乘坐六人，前面可坐两名卫兵，并安置机关枪架，两面踏板可容纳三名卫兵，该车价格为三万五千美元，由美国福特公司直接订制。孙连仲曾是冯玉祥手下的十三太保之一，抗战时以坚守台儿庄而闻名，后被委任国民革命军二级陆军上将。孙连仲早年在京津驻防时就与美丰洋行熟悉，后来任 26 路军军长、30 军军长，曾多次从美丰洋行购买汽车。1937 年天津沦陷，日军出于侵略的需要，大批购置汽车，美丰洋行年进口汽车达六七百辆。但为时不久，日商开设了一家井泽洋行。凡日本人购买福特牌汽车及配件，均由井泽洋行

美丰洋行为张作霖定制的钢板防弹车

办理，从而抢了美丰洋行的一部分市场。1941 年太平洋战争爆发后，美丰洋行被日军接管，改为华北自动车工业株式会社天津营业所，负责日军的汽车修理。抗战胜利后，美丰洋行一度被美军占用，后虽恢复营业，但业务不振，到 1948 年已经走向衰落。

美丰洋行第一任经理为马刚，1925 年改为卢克。1947 年卢克回国，改由南斯拉夫人叶乐琪担任经理。叶乐琪在抗日战争期间，曾在延安为八路军修理汽车，还在油厂从事管理工作。

中华人民共和国成立后，美丰洋行主要依靠修理汽车来支撑门面，1951 年，叶乐琪因藏匿美国经济合作署汽车并从事其他违法活动，被天津市人民政府驱逐出境。1953 年天津市人民政府接收美丰洋行，并入天津市公用局所属汽车修理厂管理。

起士林西餐以正宗闻名

在近代众多的西餐馆中，起士林以正宗闻名，它是天津西方餐饮文化的代表，颇受中外人士的喜爱。起士林的故事不仅流传于口碑，其衍生的故事更加动听。

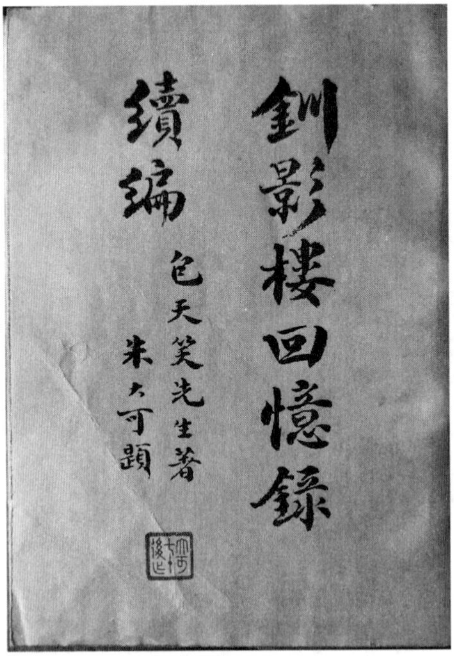

包天笑《钏影楼回忆录续编》封面

近代小说家包天笑喜欢吃西餐，1921 年，他担任天津《华北新闻》主编，这一时期经常来往京津之间，比较两地的西餐，他觉得“天津租界多，运输方便，当然比北京为强”。而德国人开的起士林“在当时真名噪遐迩，名声传到上海。我们行经天津，必定去吃它一餐”。他认为起士林的菜品，“精美而丰富，价亦不贵”，而且店主和气，还会说中国话，为此流连忘返。久而久之，他还了解了起士林发家的故事，并记录在他的《钏影楼回忆录续编》之中。据说第一次世界大战时，起士林的主人应召回国从军，因此就由老板娘和德国助手支撑经营起士林。三年以后，一个凶信传来，老板战死。一年以后，老板娘和德国助手在天津小教堂结婚了。半年以后，老板回到了天津，原来说他阵亡的消息并不属实。结果三个人均未走开，仍旧同心协力经营这个小餐馆。“在中国世俗之见的人，觉得有点不合于伦理，可是一班明达之士，却是原谅他们，赞成他们”。包天笑记述的故事，叙事详细，再加上绘声绘色的对话，犹如一段小说。但现实中的起士林的故事如何呢？

起士林餐馆的店主为阿尔伯特·起士林，青年时在远洋轮船上做厨师，后随船到了香港，就在那里的西餐店工作。不久，他在香港认识了一位德国驻北京的外交官，被告知天津有多国租界和侨民，却还没一家像

德租界威尔逊路起士林餐厅

样的西餐馆。于是，起士林便满怀信心地到了天津。起初，他在法租界中街希腊人经营的正昌饭店当厨师。1907 年，他在法租界中街独自开了一家西餐店起士林。后来，他在德租界威尔逊路（今解放南路）光陆影院对面建起两间门面，仍命名为“起士林”，以其正宗的德式西餐及面包点心招徕中外顾客。

起士林赚了钱，就想扩大经营。1911 年，阿尔伯特·起士林结婚，并在天津定居。1913 年，他给德国好友、烤制西点的专家巴德写信，希望他入伙。巴德考虑躲避第一次世界大战的德国兵役，便来天津入股，饭店改名为“起士林与巴德”。有了巴德相助，起士林饭店的大菜、面包、点心，颇受在津的外国人欢迎。第一次世界大战结束后，天津德租界被中国收回，德国侨民多被遣返回国。聪明的巴德藏了起来，而起士林被迫留下怀孕的夫人回国。三年后，他返回中国，当时起士林营业兴旺，中国雇员达到六十多人。1933 年，阿尔伯特·起士林和巴德把餐馆卖给了妹妹洛蒂·起士林和妹夫奥地利人罗伯特·托比希（也译陶必治）。从上述事实看，包天笑所述还有一些现实的影子。

起士林在中国上层人物中影响很大，1931 年 1 月 9 日，国民政府财政部长宋子文乘火车到天津，张学良亲自到车站迎接，并一同赴起士林吃早餐。1932 年，天津还举办起士林杯网球赛。1934 年 7 月 20 日《益世报》介绍起士林西餐馆：“只有两层，并不甚高，售西餐冷饮诸物，有乐师做乐，惟所售各物品高价昂，诚非一般普通阶层的人，所可光顾者也。”

1933 年至 1947 年，托比希经营起士林老店，其合伙人是当时店里的点心师德国人瓦尔特·莱歇兹。因“起士林”的牌子响，又是其夫人娘家的姓氏，店名便一直沿袭下来。托比希接管起士林以后，继续扩大经营。除已开的北戴河分店外，在天津法租界 24 号路（今大沽路以西长春道）、南京、哈尔滨也开设了分店。1935 年，起士林在上海静安寺路（今南京西路）开设了上海分店。1940 年，起士林又在上海赫德路（今武康路）开了一家店。此后，赫德路店为上海总店，静安寺路店为上海分店。那时，凡到过中

1935 年《申报》起士林上海分店开业广告

国的外国人，几乎没有不知道起士林的。居住在天津、南京、上海的欧洲人家庭，写信给国内的亲朋好友，也常提到起士林用餐、聚会的事情，起士林的店名真是名扬世界了。

1945 年抗战胜利后，起士林成为敌产，被美国海军陆战队占用，不久由国民政府平津区敌伪产业处理局转给励志社经营。1946 年托比希出面交涉，称起士林系他与德国人各占 50%股份，奥地利在第二次世界大战中被德国占领，不能视为敌侨对待。最后敌产局委托托比希保管经营，由敌产局监管。1947 年 2 月,起士林恢复营业。5 月,起士林被警察局按照法令要求永久歇业。店主托比希要求警察局收回成命。不久,托比希被列入遣送德侨的名单中,8 月遣返回国,总店与支店由敌产局接管,用来招待外宾。9 月,市府外事处经敌产局同意,起士林由该处经营,其中 30%纯利付给敌产局,并由敌产局派人监管。1949 年天津解放以后,天津市人民政府接管起士林。1953 年,起士林迁到现在维格多利餐厅原址继续经营。

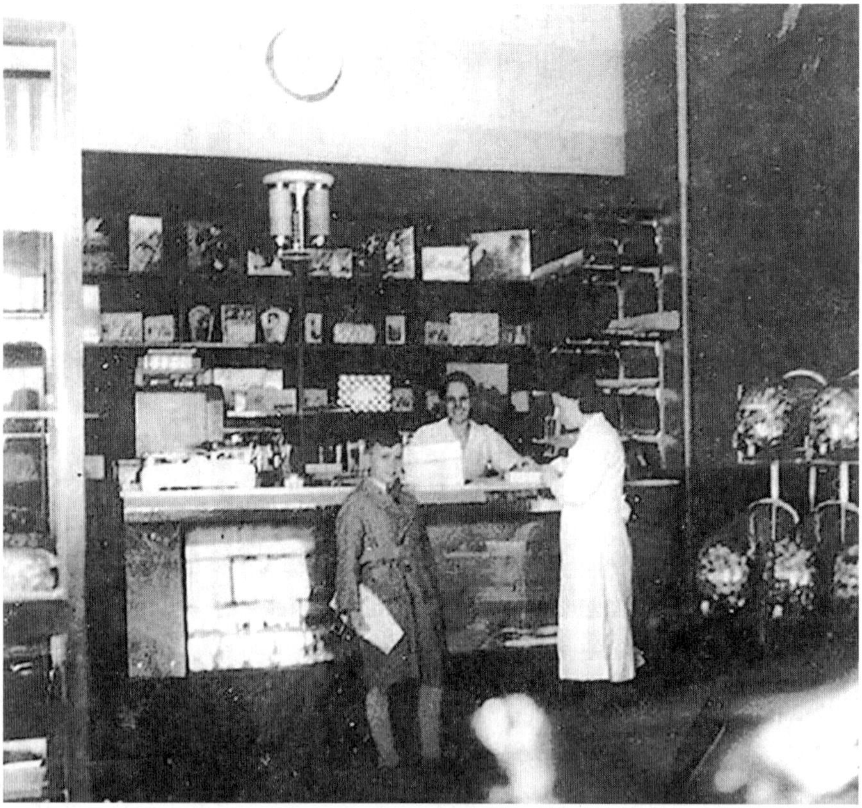

起士林餐厅内景

惠罗公司经营奢侈品

中国人对国际名牌产品的认识由来已久，胜家缝纫机、凤头自行车、欧米茄手表、林文燕花露水、蔡斯照相机、宝星钟表等，一直吸引着有钱人的眼球。天津惠罗公司是一家经营国际名牌高档生活用品的百货公司，位于英租界中街（今解放北路）中间地段，与安静的伊文思图书公司、利亚药店为邻，经常有在津的外籍人士和中国达官贵人到此光顾。

惠罗公司英文名为 Whteaway.Ladaw＆Co.Ltd，1882 年创建于印度加尔各答，不久在英国注册，总部迁至伦敦，后在南洋、南美等地设多家分公司。1904 年，惠罗公司在上海南京路 13 号（今南京东路 98-100 号）开了一家分公司，经销进口呢绒绸布、服饰用品、鞋帽及日用百货。惠罗公司早期的顾客主要是侨民，后来富有的华人渐多，营业额蒸蒸日上，成为上海最大的外资环球百货公司。

惠罗公司在上海站稳脚跟后，1913 年在天津设立分店，租赁天津海关在英租界中街 23 号三层楼房为店址，号称“津埠首创最大之百货商店”。该楼为砖混结构，建筑面积 3200 平方米。一层经营鞋帽、服装、化妆品、绸缎呢绒布匹、纸张文具；二楼为纱门、窗帘、漆布、床上用品、玻璃瓷器、五金器皿、女子西服、儿童玩具、铜铁床；三层经营儿童车、棕毯、地毯等。

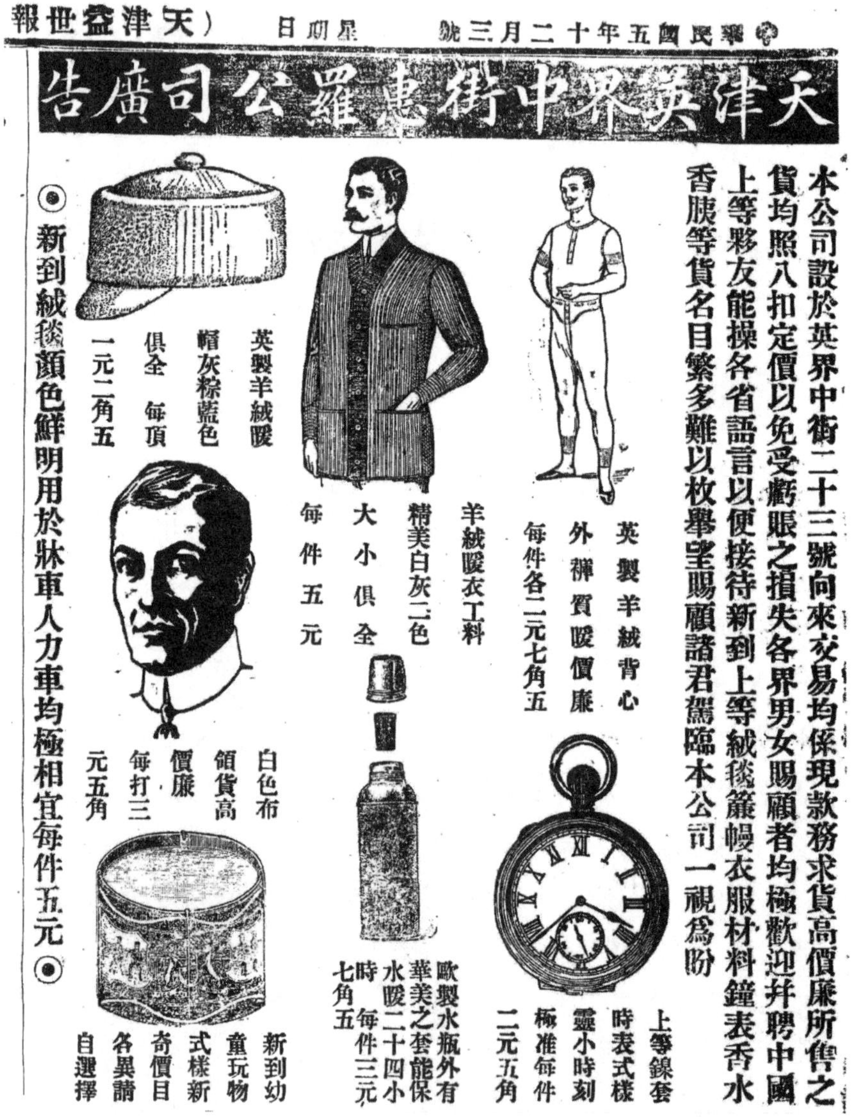

惠罗公司在《益世报》刊登的广告

惠罗公司专营舶来奢侈品，而与经典、高档相映成辉。该店系英国人开设，货品大部分是从英国进口的。这一点，从惠罗公司在《益世报》《大公报》的广告上就可以看出，如英制上等时洋白细番布洋服、英制上等皮带、英制宽面洋服领带等。许多商品都是世界名牌、名品，如太仆寺牌怀

天津惠罗百货公司

表、派克金笔、海龙皮具,美国铜床、羊绒窗幔等,惠罗公司也有自己定制的品牌,如惠罗牌雨伞、草帽等。一般在新品到货时,惠罗公司都会在报纸上打广告,而每逢夏季和圣诞节来临都有打折活动。惠罗公司每日上午八点半营业,下午五点半关门,雇佣的英国店员皆会说中文,而中国店员皆会说英文,无交流之障碍。

惠罗公司产品颇受上层华人的喜欢,如下野寓津的北洋政府总理颜惠庆和家人就经常惠顾。宋庆龄女士到津也曾到惠罗公司购物。末代皇帝溥仪来到天津张园居住时,张园主人张彪受宠若惊,他深知小皇帝喜欢外国的奢侈品, 所以立即派人到惠罗公司购置三张上好欧式豪华铜床、刺绣被褥,又令人赶制上百件床上用品,精致而奢华的生活用品颇讨溥仪的喜欢。由此溥仪也认识了惠罗公司,进而成为这里的常客。此后溥仪除了自己来,还带着皇后婉容和淑妃文秀一起来挑选商品。溥仪在《我的后半生》一书中言:“为了把我自己打扮得像个西洋人,我尽量利用惠罗公司、隆茂洋行等外国商店的衣饰、钻石,把自己装点成《老爷杂志》上的贵族模样。我每逢外出,穿着最讲究的英国料子西服、领带上插着钻石别针,袖子上是钻石袖扣,手上是钻石戒指,手提文明棍,戴着德国蔡司

溥仪与婉容

厂出品的眼镜，浑身发着密丝佛陀、古龙香水和樟脑精的混合气味，身后边还跟着两条或三条德国猎犬和奇装异服的一妻一妾。”这俨然是一副西方贵族绅士的打扮。惠罗公司以优质的商品和良好的服务吸引着溥仪和两位后妃，除了穿着以外，惠罗公司还为他们提供钢琴、钟表、收音机、化妆品、家具、皮鞋、眼镜以及运动器械。后来溥仪从天津逃到东北，当了伪满洲国皇帝，还念念不忘惠罗公司的外国名牌商品，隔一段时间，他便列出商品目录，吩咐驻津办事处的主管溥修到惠罗公司采购，运到长春为其享用。

1941 年太平洋战争爆发后，惠罗公司被日军强行征用。1945 年抗战胜利后，英商收回惠罗公司并恢复营业。由于国民党统治行将崩溃，通货膨胀，民不聊生，惠罗公司的生意很难做。因为货品大部分自英国进口，遇到外汇、运输等种种困难，英货进口极少，物品出售不易补充。再因外汇汇率不定，且不易购得。国民党政府又取缔以外币标售物品，惠罗公司的货品出售后，再以法币购买英镑，再补充货物。这样一来，公司蒙受损失不小,年年亏损颇巨。

1947 年 9 月 15 日,天津惠罗公司正式停业,当时《益世报》有篇文章《惠罗关了》写道:“在津营业达 34 年悠久历史,专售高等华人衣物用具之惠罗公司,最近宣告停止营业。停业以前在商店的玻璃橱窗上贴满了廉价甩卖的广告。店经理汉多利接受记者采访,说明了原因。汉多利在津服务 14 年,将赴上海总店工作。惠罗停业后房产仍归海关。”

中华人民共和国成立后,惠罗公司旧址改为天津医药用品采购供应站,2004 年因修建保定桥拓宽马路,原建筑被拆除。

胜家公司以培训促营销

《大公报》上的胜家广告

以前，天津人对缝纫机情有独钟，结婚时要准备“三转一响”，即缝纫机与手表、自行车为三转，收音机为一响。说明缝纫机是家庭生活必备之物。

缝纫机是18世纪工业革命的产物，1790年，英国木工托马斯·山特首先发明了世界上第一台先打洞、后穿线、缝制皮鞋用的单线链式线迹手摇缝纫机。1851年，美国机械工人列察克·梅里特·胜家发明了锁式线迹缝纫机，并成立了胜家公司。这一时期的缝纫机基本上是手摇式的。1859年，胜家公司发明了脚踏式缝纫机，开创了缝纫机工业的新纪元。1869年，洋务派代表人物李鸿章访问英国，归国时带回了一架镀金胜家缝纫机，作为礼物送给慈禧太后。当时，英国媒体还报道了此事。与此同时，美国胜家公司也开始进入中国，1902 年刚刚成立的《大公报》，就刊登了胜家公司的广告《新到裁缝机器》：“本公司向在美国，创造各样裁缝机器已经五十余年，各国驰名。今在广东、香港、上海、天津特设分行，倘蒙贵客光顾，请到天津紫竹林先农公司隔壁本公司面议，价值格外公道。”从这则广告中可以看出，胜家当时只在广东（广州）、香港、上海、天津设有分公司，这则广告宣传的竟然是脚踏式缝纫机。早年进入中国的胜家缝纫机多为手摇式，放在一个弧形的木箱内，携带方便。但使用手摇机器，不如脚踏式的方便。

胜家公司为推销缝纫机，必须要对操作人进行培训，为此开办培训学校成为公司的主要工作之一。早期培训是从监狱的犯人开始的。1904 年 6 月，天津县衙门效仿日本的做法，在小西关设立天津习艺所，拨百名监狱犯人前往习艺，有做皮靴、做军衣、做信封、织布、搓麻绳等，大小机器陈列堂下，由工匠指导犯人学习。当时美国胜家公司经理“亦派人带工匠二名，前往指示缝衣机器用法”。

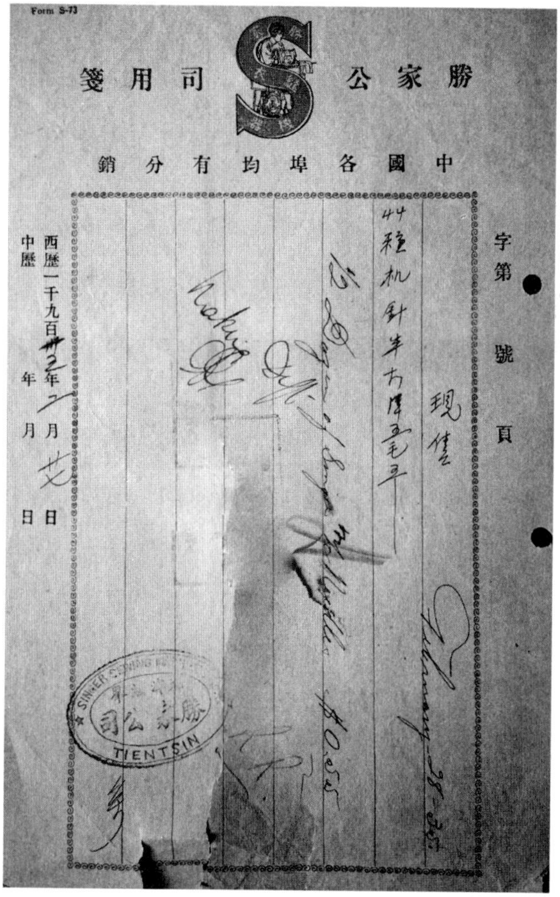
Form S-73

勝家公司用箋

中國各埠均有分銷

字第　號　頁

西歷一千九百　年　月　日

中歷　年　月　日

SINGER SEWING ... TIENTSIN

1935 年的胜家公司收据

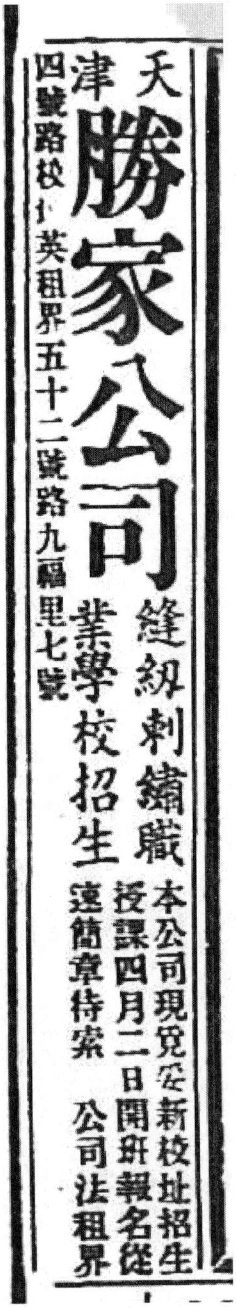

胜家缝纫学校
招生广告

胜家公司最初在法租界四号路（今大沽路以东的滨江道)的先农房产公司隔壁,与《大公报》社接衡望宇。1903 年 12 月的一天凌晨 5 点,忽听吹哨声,《大公报》记者见报社以北的胜家公司起火,法租界、德租界、英租界消防队纷纷挽水龙带前来救火,大约 8 点多钟时火才熄灭。起火原因是由胜家公司楼上的人寿保险公司电灯保险丝融化。

早年,美国胜家公司在东亚设立分公司,负责日本及中国等处业务,其在中国设一总经理,管理中国业务。1913 年,胜家公司总经理来华,因看重中国的人口,故将中国作为一个单独的公司。随着胜家公司的发展，除天津法租界总号外，另在日租界松岛街(今哈密道)和东马路设分号。

胜家对销售机器有着特殊的政策，如实行分期付款和按月租用的政策,颇受一般用户欢迎。胜家对培训工作颇为重视,购买机器者可以免费培训,通过培训提高潜在消费者某些知识技能,进而锁定市场。

职业培训学校分缝纫及机器刺绣两科，又各分普通及高等两班。学习内容:机器刺绣科学习机绣、运针法、结构配色、各种花卉、翎毛动物撮要。缝纫科学习裁衣法、黑版图形示范、用纸练习裁缝衣样、用机法、零件装置、修理拆装、缝合衣片之次序、六种大小新服、衣服熨烫技术等。缝纫科学费:全天,每三个月九元;半天,每六个月十二元。机器刺绣科学费:全天,每三个月十五元;半天,每六个月二十元。另外,另付伙食费。这种培训班是为培养以缝纫为生的女工设置的。除了女工,也有少数男生培训。天津胜家公司学校设在英租界52号路(今长沙路)九福里七号。

天津胜家公司培训学校还造就了一些人才。近代名人刘大同的夫人王玉珍就在胜家天津培训学校学会了机器刺绣技术。当时技艺很简单，只有一两种针法，为妇女居家自我使用。中华人民共和国成立后，她随刘大同迁居济南，被济南刺绣厂招收。她凭借在胜家公司培训的技术，借鉴中国传统刺绣中的“散套针”技法，结合机绣的运针规律，成功地发明了机绣“长针绣”，极大地丰富了机绣表现能力，奠定了机绣针法两大体系基础，即“长针绣”体系和“直针”(亦称“打子针”)体系。她的“长针绣针法”传遍大江南北，成为鲁绣针法的创始人。她的作品《虎啸》《鹿鹤同春》等，有的选送人民大会堂，有的远销海外。

1941年太平洋战争爆发后，天津胜家公司关闭。1942年，原胜家公司职员王博文与王毓华，在津成立达生缝纫机行，代理胜家公司业务，继续经销胜家缝纫机。

泰莱悌由放债敛财

在天津英租界，无论是泰莱饭店，还是蛱蝶电影院，都会给人留下奢华而炫目的印象，殊不知他的主人泰莱悌由放债敛财，在天津的第一桶金是从一名兵营小贩开始积攒起来的。

泰莱悌出身于印度孟买的一个农民家庭。本来他要做一名面朝黄土背朝天的农民，却得到舅舅的器重。舅舅在孟买开设一家鼻烟工厂，略有积蓄，非常喜欢泰莱悌，并供他由小学读到高中。泰莱悌天姿聪明，原本计划去英国读大学，但限于经济条件未能实现。在孟买闲逛几年后，泰莱悌产生了到国外淘金的梦想。1900 年，他与一些印度人来到天津英租界。早年英租界有许多为英国人服务的印度人，他们或为洋行看门，或在工部局当巡捕。初来天津的泰莱悌寄居在印度庙内(郑州道 28 号)，与英国军队中印度锡克族士兵搭上了关系。由于泰莱悌说着一口流利的英语，每天从市场采购一些鸡蛋卖给英国兵营，颇讨英国军人喜欢，经常有人托他兑换货币及购买生活零星用品等。由于办事认真，泰莱悌被允许在兵营开设一家小卖部。他有经营头脑，经常把兵营供应的免税物品(如烟、酒、红茶、罐头等)私自买下，再转售给租界内的小商店，从中获利。

泰莱悌通过小卖部积累了经营之道，也有了一些积蓄。随后他从印度庙搬出来，在德租界威尔逊路(今解放南路)租了一间房子，后来又盖了八间土房，购置了几部旧式马车，开设永昌泰马车行。当时天津的汽车极少，马车是最轻便的交通工具。起初泰莱悌雇用了几个印度老乡，由于他们对道路不熟，经常误事，泰莱悌又改雇中国人。马车行开业后，中外商贾租用马车者应接不暇，泰莱悌发了大财。

1908年，泰莱悌又在英租界董事道（今曲阜道）18号，开设永昌泰洋行，专售中外烟、酒、罐头等食品。货源除了英国兵营套购的免税货外，还有从国外进口并代理西班牙五星黑白兰地、英国白马威士忌和美国S.W.咖啡的专销，此外永昌泰洋行还包销英国成套小五金工具等。从《申报》的广告上看，他还为美商怡昌洋行分销化妆品，如司丹康美发霜等。永昌泰洋行经销的食品，是租界内的金字招牌，泰莱悌因此获利颇丰。为了扩大经营范围，雄心勃勃的泰莱悌陆续在上海、香港、北京开设分行。三十岁以后，他娶了一位俄国女人为妻，并加入了英国籍。

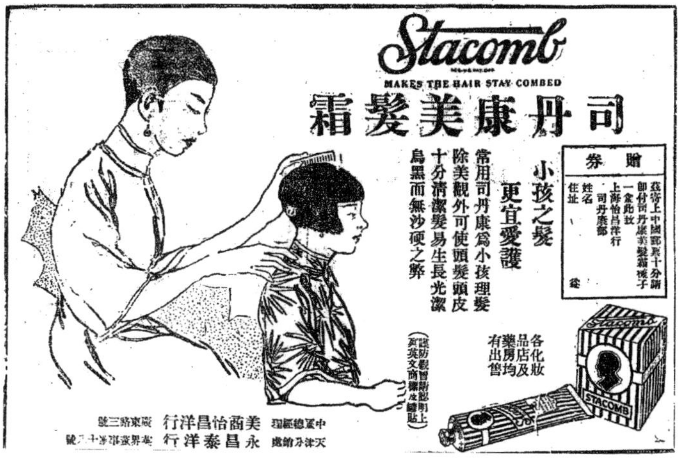

永昌泰洋行广告

泰莱悌经营食品取得成功后，又把经营目光放在放债与房地产生意上，其放债的特点是以房产为抵押。北洋军阀统治时期，一些官僚富商争先在租界内置产建房，造成地价日益上涨，他也大获其利。泰莱悌发现外国商人与中国有钱人来津经常住在利顺德饭店和裕中饭店，这两家饭店非常兴旺，泰莱悌因此也动了办宾馆的念头。1927年，泰莱悌出资四十万元，英国商人莱德劳出资十万元，他们共同建了一座五层大楼，冠名泰莱

1941年,泰莱饭店被日军接管后改为新天津饭店,这是当时的明信片

饭店(今天津第一饭店)。二人商定一楼设为餐厅,二、三楼住宿,一至三楼由泰莱悌经营;四、五楼为公寓,由莱德劳经营。起初二人合作较为愉快,不久便发生争执,由于自来水的压力不够,四楼以上缺水,莱德劳要安装一部水泵向楼上供水,泰莱悌便借口机器声影响二、三楼旅客休息,强令莱德劳拆除。莱德劳拒绝,无奈泰莱悌财大气粗,最后迫使他撤出股份。通过一段经营,泰莱饭店营业顺利,不久泰莱悌又将紧邻饭店北面的一块空地买入,盖起一幢六层大楼(即今解放路 188-192 号),并与泰莱饭店接通。这座高大的建筑物与利顺德饭店隔街相望,并抢走了一些生意。

位于马家口春和大戏院大门

经营泰莱饭店的同时,泰莱悌又将英租界中街与董事道靠海河一片空地买入。当时新新影片影戏院经理韦耀卿看上这块地方,1928 年向泰莱悌借款,在英租界朱家胡同(今大光明桥旁)兴建蛱蝶电影院。1929 年 4 月影院建成,建筑费约 14 万元。因无力偿还债款,韦耀卿便以影院抵押给泰莱悌。泰莱悌接手后,将其改造成为天津第一个设备最好、座位最多的电影院。此后,他又继续建成永昌泰洋行(今解放路239号)、仓库及公寓、住宅等。不久,位于法租界马家口的春和大戏院东家亦因欠泰莱悌债款不能归还,遂将戏院抵债。泰莱悌接过后,将春和大戏院改为大明电影院。当时正逢盛行好莱坞大片,泰莱悌利用自己英国籍的身份,拿到一手影片。当时蛱蝶电影院上映第一轮,大明电影院上演二轮影片,上座率极盛。

泰莱悌的财产越来越膨胀,他又从印度招来表弟达尔博(一译戴瑞卜),负责管理永昌泰洋行及电影院。泰莱悌的堂兄负责管理泰莱饭店。

泰莱悌的经营并非一帆风顺,1941年太平洋战争爆发后，他被日军送到山东潍县集中营,泰莱饭店改为新天津饭店。1945年抗战胜利后,泰莱悌原想重操旧业，后看时局不对，将蛱蝶电影院和永泰昌洋行变卖，1946年因病在津去世。

商界风波

侵权行为引发商标注册

第二次鸦片战争后，天津被迫对外开放，随之外国商品进入天津。由于卷烟商标纸又是包装物，因此在众多的商品中最引人注目。天津人接触卷烟较早，1884 年张焘《津门杂记》中就有紫竹林租界的广东人“类多效泰西所为，尝以纸卷烟叶衔于口吸食之”的记载。

最早引入中国的卷烟品牌为美国烟草公司生产的品海牌卷烟。“品海”的英文为 pinhead，中文含意是“钉头”。这款卷烟于 1888 年由上海美

清代品海卷烟广告

商老晋隆洋行引入中国。随后老晋隆洋行与美商茂生洋行相继输入卷烟机，在上海设厂制造卷烟。

1898 年 9 月，美商茂生洋行在天津《国闻报》刊登启事，严明该公司自 1896 年在上海浦东开办烟厂制造铁海牌各种卷烟，并用蓝盒向天津、牛庄、烟台、胶州、苏州、杭州以及长江流域和日本销售。当时天津的消费者"尚嫌烟纸易燃，恐遭炙坏几案等件"，针对这个意见，茂生洋行不惜工本，仔细研究，用特殊烟纸卷制，精益求精，使其不再自燃，而包装改为红盒以示区别。红盒较前制蓝盒卷烟色香味亦佳，茂生洋行买办刘晓岚持样品到天津，请直隶总督署医官金巨卿司马亲自检验，获批准后登报声明。当时茂生洋行的铁海牌卷烟在天津小白楼和记号与紫竹林第一楼番菜馆都有出售。此间，美商老晋隆洋行也在天津推销美国烟草公司的品海牌及孔雀牌卷烟。

早期的卷烟属于奢侈品，大都供应租界内的外国人。这些卷烟都是用机器制造，卷烟纸不用浆胶，由机器自然轧成。烟盒上印有一行英文字:DO NOT STICK TO THE LIPS，意思是说"不必用口水粘贴"，并成为辨认真假卷烟的方式。许多中国人买不起卷烟，便开始私下仿制，用纸卷旱烟丝。早期的品海牌、孔雀牌卷烟烟盒为 10 支装硬纸盒，手工包装。这种的烟盒便于反复使用，也导致了假烟侵权的事件发生。

1902 年 4 月，美国驻津总领事致函津海关道，称据美商老晋隆洋行禀称，"现有奸商私制纸烟冒充本行品海、孔雀两牌号名目，在天津各处地方销售，以伪乱真，实有碍本行声名"，请求对两个商标予以保护，还将品海、孔雀牌的烟盒原件交与津海关道挂号存案，并请北洋大臣批示，发出相关保护商标侵权告示。不久，津海关道在《大公报》上发出告示。当时天津尚在八国联军的都统衙门管辖之下，津海关道呼吁都统衙门合作出示晓谕。5 月 12 日，美国烟草公司代表沃德又在都统衙门第 293 次会议上请求发出告谕，禁止侵犯品海牌卷烟盒的专用权。5 月 27 日，都统衙门正式发布告谕:"照得据美国商人秉称，天津现在有人用美国烟草公司

天津都统衙门

'品海'牌号烟盒等项，装出极劣质烟卷，假冒'品海'牌号烟卷售卖谋利。因此公司生意大为受亏，恳请出示禁止等情前来。为此示仰诸色人等知悉。嗣后尔等不得擅用美国'品海'牌号残剩烟盒、烟箱等项，再装下等烟卷出售渔利，倘敢故违，定即拿究。特示。"从这则告谕当中可以看出，品海牌卷烟已在天津普遍销售，而且还出现了假冒行为，并由美国商人告发，使得都统衙门做出"倘敢故违，定即拿究"的警告。

美商老晋隆洋行一直代理美国烟草公司品海牌卷烟在中国的销售，其在天津的办事处设在英商高林洋行大楼内。当时老晋隆洋行在中国有两个大本营，南方在上海，辐射长江中下游地区；北方在天津，辐射华北及东北地区。老晋隆洋行总办安德森是高林洋行的经理安德森的兄弟，曾于 1887 年在天津机器局担任工程师，1889 年到上海加入老晋隆洋行，后成为美国烟草公司代理人和老晋隆洋行卷烟生意主管，1902 年成为董事，1904 年成为总办。不难看出，安德森兄弟自美国来到中国就落脚在天津，在这里有一定的人脉，其兄安德森是英商高林洋行合伙人，在天津英

APPLICATION FOR REGISTRATION.

No 5 October 24th 1904.

TO Kuang Hsü, 30th year, 9th moon, 16th day.

BOARD OF COMMERCE,

TRADE MARK REGISTRATION DEPARTMENT.

SIR,

I beg to apply for the registration of the undermentioned Trade Mark, as per the SIX accompanying copies, and I hereby certify that to the best of my knowledge this mark is not used by any other firm, and that in making this application I have no intention of infringing the rights of others.

I also beg to enclose the sum of Haikwan Taels 5.00, being the fee for Application for Registration.

J.C. Yang & Co. Ltd.

Signature of Applicant. per J.C. Yang

NATURE AND CLASS OF GOODS.

The class of goods to which this trade mark is appropriated is a superior kind of cigarettes manufactured by us at our factory at Tientsin, China, which cigarettes are of the sweet and mild golden leaf.

The figure or facsimile of an animal known as a "Unicorn" with the letter Y within a diamond within a square drawing and the signature of J.C. Yang & Co. Ltd. sole manufacturers, Tientsin, China, and it is pasted or imprinted on each box or tin, on wrappers and packages containing the cigarettes, or otherwise attached; and also in advertising the goods and on circular or other printed matter issued by the company in connection with the goods; also on paper used by the company.

...n registered in ... (Name of Country or countries) as per ...ign Register attached.

...ality, and Residence

...td. a Chinese firm doing business at Tientsin, China.

Agent's Name, Nationality, and Residence

A. J. E. Browne Burke, Attorney and Counsellor-at-Law, for the Applicant, No. 10. Rue du Baron Gros, Tientsin, China.

麒麟牌卷烟商标注册证

租界有一定市场基础。这次津海关道与都统衙门先后发布告谕,是实行的保护商标权益行为,给侵权意识较为淡薄的中国社会敲响了警钟,也促进了中国加快制定商标注册制度。

1902 年 9 月 5 日,中英《续议通商行船条约》签订,其中有涉及对商标保护、商标注册和商标管理的内容。1904 年 8 月,清政府由光绪皇帝钦定的《商标注册实行章程》《商标注册实行章程细目》正式公布,同年 11 月 23 日,清政府海关总税务司在津沪两地正式受理商标挂号(即注册),这标志着商标注册制度在中国正式开始实施。从现存的天津商会档案中发现,1904 年注册的商标,有天津临记烟卷公司的“凤凰”“麒麟”“福禄”卷烟商标,还有外国人的接喜牌棉布和金龙牌洋针。这是我国实行商标注册制度后,最早注册的一批商标。

严复涉足开平矿案

开平煤矿即开平矿务局，是清末洋务运动时期开办的官督商办大型新式采煤企业。煤矿位于滦州开平（今唐山市开平区），公司位于英租界海大道（今大沽路与泰安道交口）。开平矿务局成立于1878年，是洋务派开办的重要民用企业之一，主要向天津机器局与轮船招商局供应煤炭。

1900年6月，开平煤矿被八国联军占领，时任矿局督办张翼以“保全

开平矿务局大楼

严复

开平矿务局产业"之名义，给予洋员德璀琳"便宜行事之权"，并委托德璀琳"广招洋股"，将开平矿务局变为中外合办的公司。德璀琳背着张翼，以开平矿务局代理总办身份与英国墨林公司代理人胡佛签订条约（时称"卖约"），把开平矿务局的全部产业卖到胡佛名下，并由墨林或墨林公司相助，依据英国法律，以开平矿务有限公司的名义组建新公司。同年12月，开平矿务有限公司在英国伦敦注册。1901年2月，张翼回到天津，签订了"移交约"和"副约"，将原开平矿务局产业移交给新的开平矿务有限公司。虽然"副约"中有"督办、中国股东享有的权利及设立中国董事会"等条款，但移交后的新公司运营过程中，这些规定并没有得到认可和执行。

严复原为天津水师学堂总办，在津生活二十多年。1900年天津水师学堂及天津机器局被八国联军占领，严复逃到上海避难。1901年3月，严复应督办张翼之邀，回到天津就任开平矿务公司华部总办。不久，严复参与制定《开平矿务公司试办章程》，随后公告老股东更换新公司股票。由于英方私下操纵，许多中国股东抛售股票，使中国人在公司持有股份仅占10%。这次换股，使原属清朝"官督商办"的开平矿务局实际上被外国资本控制。随后，英方竟不准许在唐山厂矿悬挂龙旗。张翼的事情败露，让直隶总督兼北洋大臣袁世凯非常愤怒，遂上《请饬外务部声明产地权利折》，弹劾张翼。不久，光绪皇帝朱批：著责成张翼赶紧设法收回。张翼迅速做出反应，让严复代拟《遵旨回奏开平矿务情形折》，答辩袁世凯的弹劾。时过9月，张翼收回开平毫无眉目。1903年12月，袁世凯二次参劾。

1904年4月,袁世凯三次参劾。张翼遂与新公司英方代表那森商议,呈送伦敦高等法院进行诉讼。同年12月,严复随张翼赴伦敦出庭。

1905年1月6日到达伦敦后，严复开始为张翼准备供词并翻译公文,忙碌至极。不久,伦敦高等法院正式开庭,张翼代理律师勒威特列举了的大量的原始资料,控诉了墨林及开平公司的欺诈行为。诉讼请求有两点:第一,要求判令“副约”有效并且判令被告执行“副约”条款,如认为“副约”无执行力,则应宣告“移交约”是由欺诈手段获得的,应予以取消;被告无权保留“移交约”中的权益,除非对被告妥善履行“副约”所列条款。第二,向英方索赔经济损失。同年3月,伦敦高等法院做出判决:第一,“副约”与“移交约”合法有效,二者视为一份文件。“副约”应当遵守奉行。被告如不遵守“副约”,就不得享受“移交约”所载产业及其利益,法院将尽力把煤矿及产业收回交还原告。第二,不支持索赔要求。第三,张翼无失信和无端之处。表面上,张翼胜诉,但被告继续提出上诉。

自1905年1月英国皇家高等法院开庭审理“张翼诉墨林及开平公司”案,庭审地点设在大法官法庭（又称“衡平法庭”），主审法官为英国皇家大法官卓侯士。从正式开庭到3月1日庭审结束，共开庭十五次,原、被告双方共有十位律师出庭。

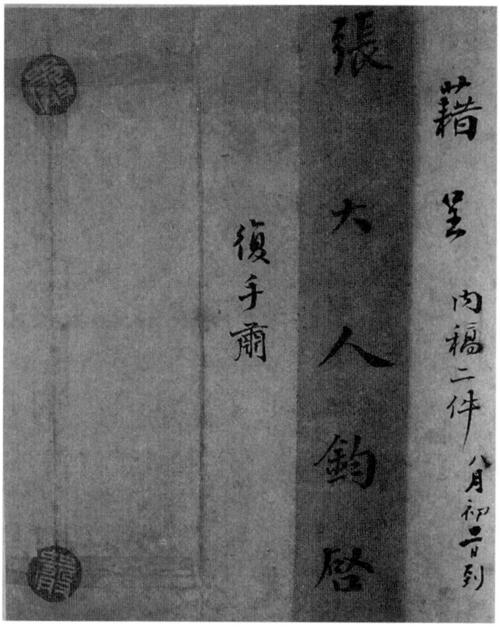

严复致张翼的信函

1906年1月,原告、被告在英国上诉法院辩论后判决:墨林、墨林公司及开平公司应遵守“副约”;按照“副约”的真实解释，张翼应得之权利不应超过该公司章程给予的董事兼总经理权利,“副约”中没有给予张翼督办的权利,也无给予此权之意,张翼不得行使此权;驳回张翼索赔要求。最终张翼一无所获。在庭审期间被告举证的文件中,暴露了张翼中饱私囊的问题。为此,严复一改以前为张翼辩护的态度,并与之剥离。

1911 年开平矿案十年之后,严复撰《关于开平矿案的说帖》,分析了案件,指出“今有限公司系英国法人,既非条约,又未经特别允许,并未向中国农工商部正式挂号,其在开平执管地产,开采矿苗,实属违背中国法律”。但在“弱国无外交,弱国无法理”的政治形势下,严复的力量微不足道。

甘厚慈与图书侵权案

甘厚慈

旧时，天津绛雪斋书局以大部头图书《官商快览》闻名全国，由于需求旺盛，导致仿造者层出不穷，以致绛雪斋被图书侵权案的诉讼搞得焦头烂额。

绛雪斋店主甘厚慈字眠羊，号桃溪渔隐，祖籍福建晋安，生于江苏。甘厚慈幼年随父亲宦游来津，“后由军功以知县指分直隶，竟未入仕途一步”。甘厚慈喜欢书法，对颜真卿有所研究，初学翁方纲，后自成一派。他也卖字，以应酬字与商店招牌为主，润格较低。为此，后人多见“八闽甘眠羊”的书作。甘厚慈喜欢读书，还精于历史考证。天津城户部街浙江乡祠后楼墙壁上，书有“进度修业”四个大字。上款署乾隆十一年，下款署晋安胡御玑书。当时天津人不知晋安为福建古地名，因下款书胡，遂以是狐仙所书。光绪年间，天津知府沈家本(后为法部右侍郎)拜访浙江乡祠，被大字吸引，“时用影法钩刻于木板”，在跋语中也称作狐仙所书。一天，甘厚慈发现针市街闽粤会馆中的“敬义堂”匾额之下款，也署晋安胡御玑，得知其为同乡。经考证，乾隆十一年，胡御玑被闽浙总督推荐，到北京参加廷试。考试后，准备赏官，但“另旨不许用御字为名，饬自择改”。改名并非胡御玑所愿，于是其托故离开北京，归途路过天津，住在浙江乡祠，遂写了“进德修业”等字。由于甘厚慈的证据坐实，沈家本始将跋语删去。

甘厚慈由于爱书，开办了绛雪斋书局。书局最初设在城里小仪门，后迁到海防公所旁。由于他出身仕宦，还有知县的功名，与北洋官场多有交往。甘厚慈曾编了许多颇具价值的图书，如《时务策》《傅相(李鸿章)壮游日录》《北洋公牍正序编》《官商快览》《新天津指南》等。其中光绪年间的《北洋公牍正序编》为直隶总督兼北洋大臣袁世凯主政时的公文，颇得袁氏的赏识。民国时期的《新天津指南》印了三万册，由于搜集了天津警察厅掌管的地名，印书时得到了资助。早年甘厚慈编书十分艰苦，挚友杨凤藻有诗描绘“栖迟一屋小于舟，落叶堆床待校雠。任是不衫还不履，果然名士自风流”。诗句说明了甘厚慈编书的屋子狭小，校对的稿子堆满了床铺，他不穿上衣和鞋，有一派落魄文士的风度。甘厚慈编书多为畅销之书，时有仿造情况出现，为此经历过多起图书侵权案。

光绪年间，甘厚慈觅得“李傅相出使日本日记底稿一册，以为独得之”，暗中找到天津河北义合堂刻字铺准备刊刻。不料义合堂刻字铺私下将书稿寄到上海某石印局先行印售。甘厚慈得知后，向天津县状告义合堂侵权。但天津县经过几次堂审，始终未有结果，县衙门认为甘厚慈提供证据事实不足，认为“细故不详，宜延讼致累，因即提讯议罚结案矣”，最后只得对义合堂刻字铺罚款了结。后来绛雪斋印制的《傅相(李鸿章)壮游日录》，牌记上注明了“光绪丙申岁嘉平月，天津绛雪斋藏板”，可见甘厚慈十分重视版权。

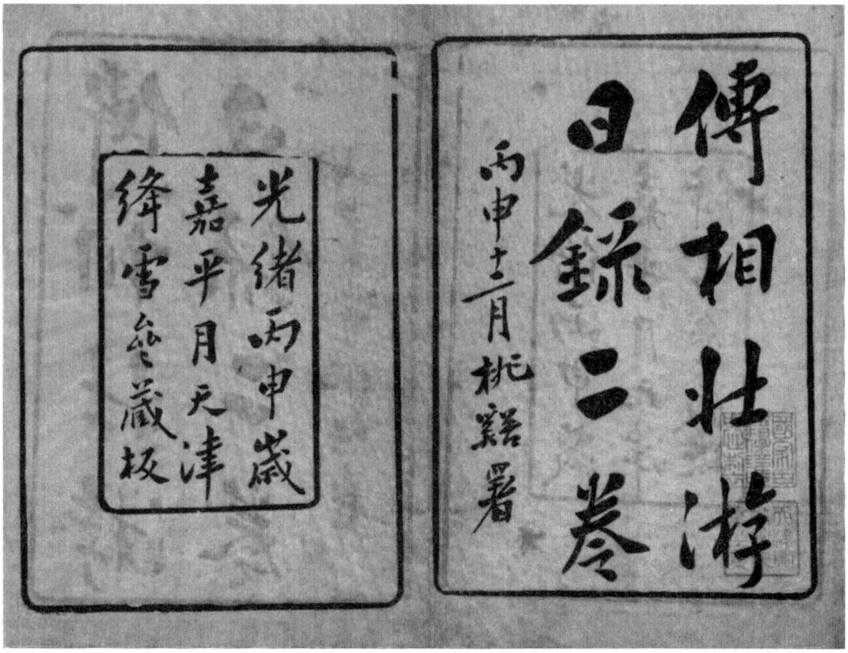

《傅相壮游日录》及牌记

甘厚慈编辑的大部头为《官商快览》，最初有八十种，光绪二十三年(1897)印出，而“历年造印，久已通行各省”。不久，“竟有无耻之徒将丁酉年之书稍为改换出售”。所幸盗版之书编印质量低劣，未能畅销，绛雪斋损失不大。光绪二十四年(1898)，甘厚慈将《官商快览》重新编辑，增加到一百四十种，并登报声明。不料，“又有人将去年本改头换面，意将鱼目混珠，希图渔利”。为此，甘厚慈找到新任天津县知县吕增祥说明情况。吕增祥为维新人物，曾任驻日本国公使馆参赞，清楚国外对著作权的重视。为此以天津县衙门名义发布《示禁翻印》的告示，指出凡绛雪斋所印《官商快览》一百四十种及各种书籍，不准他人翻刻或改换名目出版，有在外埠翻刻的，也不准各铺户代售，“倘敢抗违，许该局指名禀县，以凭拿究，决不轻贷”。这张告示反映出天津县衙门对著作权保护的重视。

《官商快览》是绛雪斋的主营产品，甘厚慈以此养育全家。随着时代的需求，入编的图书越来越多。光绪二十八年(1902)，绛雪斋《官商快览》

达到三百种。光绪三十年(1904),达到四百二十种。但是对该书的盗版一直未绝。宣统二年(1910),清政府以《日本著作权法》(1899 年制定)为蓝本,颁布了《大清著作权律》,这是中国历史上第一部著作权法。该法在保留部分本土特色的同时,也间接体现了当时世界著作权领域的先进立法水平。绛雪斋根据《大清著作权律》申请了版权保护。宣统三年(1911),绛雪斋在报上发布告启:"本斋现已遵照奏定新章,禀请版权,同业奉勿再蹈前辙。"由此反映出甘厚慈与时俱进,运用法律武器继续与侵权行为进行抗争。

德士古建栈风波

美国德士古石油公司1915年进入中国市场，1919年11月1日设立天津分公司，初在英租界海大道（今大沽路）卫德洋行大院内，不久移至领事道（今大同道）礼和洋行大楼内，后迁往英租界中街（今解放北路）华比银行楼上。

德士古在华注册的“红星牌”商标

德士古公司的石油最初租借原俄租界的英商河东载贮公司仓库存放，费用较大。后计划在天津建设自己的油栈，自造油罐，制作煤油，改装混合机油。

因为亚细亚与美孚两家石油公司选择人烟稀少的俄租界建栈，而德士古公司选择了比租界建栈。1929年，德士古公司通过英商和记洋行买办靳云波疏通比租界当局，在六纬路临河一段购买了一百多亩地。德士古公司在比租界设栈的消息不胫而走，因为不久前石家庄大华石油公司油罐爆炸，百姓死伤惨重。临近比租界的大直沽村民闻讯后纷纷到村公所呼吁制止建栈。

当时，大直沽的村长为赵佩衡，副村长为张绍武。在村民大会上，张绍武义愤填膺地说："请赵五爷(赵佩衡行五)在家坐镇，看我张绍武的，事如不成，愿以死抗。"会后，张绍武邀请乡绅吴仲鲁、义聚永酒庄老板刘香久、律师解茂成等组成交涉小组。随后，张绍武、吴仲鲁、解茂成三人代表大直沽村民到天津市政府请愿，由市政府秘书李吟秋代表市长接见。当时李吟秋还担任市政府技正，为留美工学博士，他说："在美国，危险建筑必须远离市区 10 公里以外，才准予建立。德士古要在市区内建立煤油罐，绝对不准。请先回去，本府一定照会他们。"

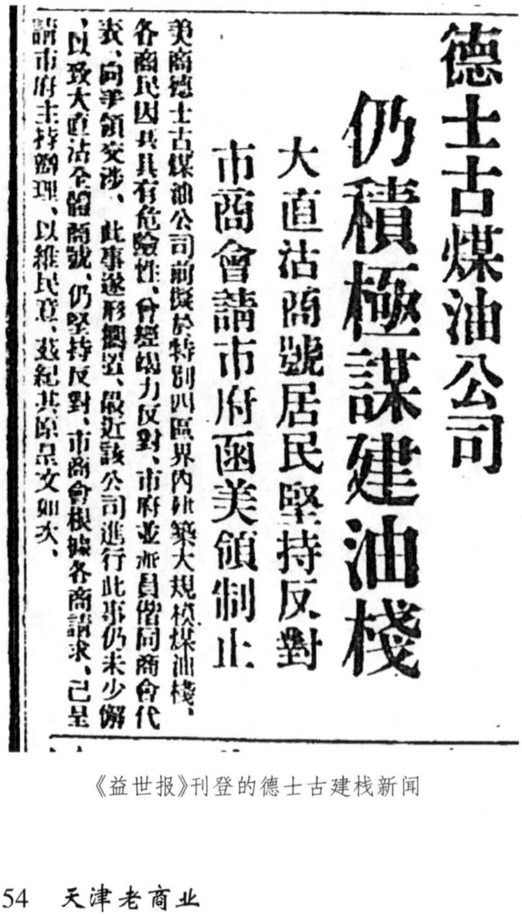
德士古煤油公司
仍積極謀建油棧
大直沽商號居民堅持反對
市商會請市府函美領制止
美商德士古煤油公司前擬於特別四區界內建築大規模煤油棧，各商民因其具有危險性，曾經竭力反對，市府並派員偕同商會代表，向美領交涉，此事遂形擱置，最近該公司進行此事仍未少懈，以致大直沽全體商號，仍堅持反對，市商會根據各商請求，已呈請市府主持辦理，以維民宜，茲紀其原呈文如次，

《益世报》刊登的德士古建栈新闻

此次请愿后，德士古建栈工程半个多月未动，人员全部撤走。不久，德士古公司派员到市政府，请求准许建罐，并以"美孚""亚细亚"两公司在原俄租界建栈有例在先，德士古以不能例外为由进行狡辩。李吟秋以"那时是在帝俄租界时代，没有办法制止，将来也得拆除"相驳斥。

德士古公司在市政府碰壁之后，又找到大直沽村，许诺给大直沽修三条大马路，然后安接电灯，建游乐园，开图书馆，设官医院，开办贫民学校，油栈工人、职员都任用大直沽人等。赵佩衡正有创办贫民学校的打算，苦于经费无处筹划，听到德士古能出钱办学，未免有些动摇。第二天，赵佩衡见到张、吴、解三人，遭到张绍武的反对。德士古公司得不到确切信息，又先后两次约请大直沽村负责人。第一次由德士古总行华账房毛捷三出头，第二次由美国人杜追波出头，皆被张绍武等人严词拒绝。

1931 年 1 月 15 日，中国政府正式收回比租界，并定名为天津特别第四区。22 日，天津市政府邀请有关方面代表齐聚特四区公署，会同查勘，阐明真相。时有天津市市长臧启芳、美国驻津总领事、天津德士古公司经理及大直沽居民代表出席。3 月 15 日，大直沽商号荣立酱园、同源涌等四十余家商号到市总商会请求援助。不久，市总商会发函，请求市政府致函美国驻津总领事加以制止。市政府在协商美国驻津总领事无果后，经河北省政府报请南京政府行政院，令各省市取缔外商租地作油池。10 月，德士古公司总部声明，天津分公司经理德莱勃另有任用，令派哈瑞斯接任。

1931 年 4 月以后，臧启芳离任，市长易人，情况突然变化。市政府派出警察到德士古油栈工地保护美国人，弹压老百姓，用铁丝网圈起油栈基址，动土兴工。吴仲鲁闲遛河沿，发现德士古油栈动工，并有武装军警保护，知道事情大变，跑到村公所禀告，大家听了气愤万分，齐赴现场一看，铁丝网里工地已经施工。当时张绍武气愤至极，晕倒在地。后经大家商议，大直沽村再次向市政府呈文，请求维持原来批示，饬令德士古停建，结果批回四个大字“勿再烦渎”。赵佩衡不服气，跑到市政府十几次，

建成后的德士古油栈

要求面见市长，皆被挡在门外。赵佩衡屡次见不到负责人，只得失望而回。同年 12 月 22 日，代市长周龙光以敦睦中美邦交起见，准予设立。不久德士古油栈竣工，所聘用的职员、工人，鲜有大直沽人。轰轰烈烈的村民反对德士古建栈斗争，竟以失败告终。

轰动全市的美孚大火

美孚石油公司是一所跨国的托拉斯机构，在旧时中国，美孚的“鹰牌”“虎牌”煤油行销各地。其引起天津社会关注的，莫过于1927年的美孚河东油栈的大火。

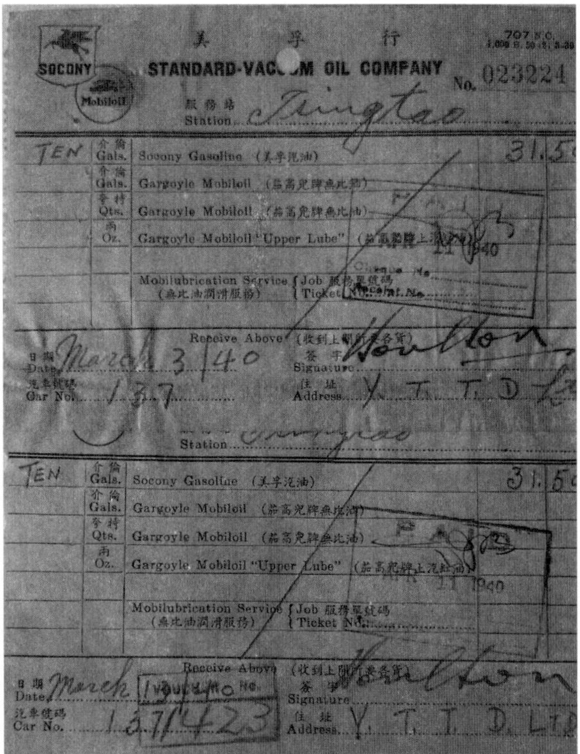

美孚石油公司发票

美孚石油公司系由蜚声世界的石油大王洛克菲勒创办的，1883年，他在上海设立区域公司，业务囊括东北、西北及黄河、长江流域，天津地区最初由老顺记天津分号代理。老顺记系浙江商人叶澄衷开办，主要经营五金进出口业务，代理美孚石油业务十几年。1904年，美孚石油公司在天津设立分公司，地址在法租界六号路（今哈尔滨道），主要服务范围南起黄河两岸，北至张家口及内蒙古西部，东迄山海关外，西达陇海铁路西段沿线。公司划分为十个分区，即北京、保定、石家庄、新乡、郑州、德州、秦皇岛、张家口、太原、西安，辖区内还有一百二十多家代理商。

美孚石油公司进入中国后，主要销售煤油，最初使用"老美孚牌"（原名德富士），随后以"鹰牌""虎牌"为商标。1937年七七事变后，美孚石油公司在华北地区的年销售量达三万吨。美孚石油公司进入中国市场，起初让中国人免费使用煤油，连同煤油灯一起赠送，从而迅速打开市场。接着美孚石油公司又建立了蜡烛厂，向市场销售蜡烛。美国驻华大使司徒雷登曾言："在中国有三个伟大的机构，教会、英美烟公司和美孚石油公司，他们共同一致为了——让那里有亮光。"这说明，美孚石油公司在中国有一定的影响。

美孚石油公司在中国的石油产品，最初由美国输入包装好的成品油，五加仑一桶，每两桶装入一个小木箱，然后由商船运到天津。这样导致运输量大，成本增高。随着煤油市场的扩大，美孚石油公司开始考虑在

美孚石油公司在天津街头的广告宣传

天津建设油库。最初美孚石油公司在塘沽购地五十亩，计划修建油栈，后因交通不方便而放弃。后美孚石油公司相中德商世昌洋行在俄比租界交接处的一块占地面积 223 亩的空地，于 1908 年购买，并在此建造了一座储油十万吨的油罐，一家制听厂（用于自制油桶），一家蜡烛厂以及装运石油的码头，雇佣工人一百名左右。从此自美国来的油轮停靠在河东油栈码头，将散装油由泵送入油罐，再由油罐将油装入听桶，运往各地出售。

1927 年 12 月 24 日上午 10 时，美孚河东油栈的蜡油仓库起火。美孚石油公司自美国运来铁桶及木箱甚多，由于木箱在运输中途受潮，河东油栈的华人买办不予接收。而运货人则因交货紧迫，又兼连日阴天，担心不易晒干，遂要求在仓库内用火燃烤，以期早日交货。油栈也因急欲收货，当即允准。于是由运货人雇佣十三四岁之童工，在油栈制腊房内工作。一位童工一时不慎，致将蜡皮引着，又恐火势蔓延，又将炉中煤灰取出，洒在火上，希望压灭。不料煤灰中尚有半烧未灭之煤火，又将木板引燃。童工见不可施救，遂撒腿逃跑。待油栈职员得悉失火向消防队报警，

1927 年美孚石油公司大火

驻津美军投入救火

大火已难以扑灭，遂成天津空前未有之大火。当时特三区消防队、各租界消防队以及美国驻津15军团士兵都赶来救火。仓库内煤油、洋烛以及凡士林等均易燃烧，且火势凶猛，很难扑灭。消防队员只能用水枪射向未燃烧之货物，使其免遭波及。油栈组织全部工人，将栈区内储藏的箱装煤油等其他易燃物品搬至河岸堆积，以免被大火波及而造成燎原之势。大火燃烧了五十六个小时，据特别三区警署称，该公司烧去煤油七万箱，每箱两桶，计十四万桶；蜡烛七万箱；蜡皮（即制蜡烛之原料）一万五千包；铁板四千余片；空油桶四千余个；木箱板七万捆，总价值约百余万元。此外铁皮房四座，制腊机器若干及公事房等损失尚未计入。这次大火，使美孚河东油栈的蜡烛厂损失惨重，此后停止了蜡烛生产。

1941年太平洋战争爆发后，美孚石油公司河东油栈被日本军接管。1945年抗战胜利后，美孚石油公司返回天津继续经营。1949年中华人民共和国成立后，中国人民解放军天津军管会发布命令，征用美孚、德士古天津油栈及一切储油加油设备以及全部存油。此后，美孚石油公司结束在津业务。原美孚煤油公司河东油栈改为天津石油公司六纬路储油所。原油栈职员、工人一部分留在原岗位工作，一部分调往天津石油公司批发部和其他储油所工作。

金九霞倒卖黄金案

1929 年,随着法租界劝业场建成,金九霞鞋店在劝业场东门一楼门脸儿开业了。开业时,在《大公报》《益世报》做广告,称:“俗云:穿鞋戴帽人人需要,不但质料好,式样更需俏。”金九霞依仗地点优势,以时尚为卖点,推销中外名贵皮鞋。如鹿皮底礼服呢面毛呢里高腰靴子、沉香亭牌青绒面毛呢里高腰靴子、礼和洋行细毡呢毛呢里圆口棉鞋、鹿皮底礼服呢面毛呢里圆口棉鞋等,受到天津时尚女性的欢迎。而老板张彩生也十分风光,不仅在同业中挺直腰杆,还荣升为天津总商会监事。但是树大招风,一次偶然事件,却使金九霞鞋店损失惨重。

1947 年,张彩生将鞋店一店员辞退。这位店员为报复老板,遂向天津有关机构投信,密报金九霞鞋店有漏税和非法经营黄金业务等。市财政局接到密报后,于 7 月 10 日派该局督察主任盛疆率营业征收股、调查股及警察局一分局三名警察前往调查。上午到店,按照密告中之暗室详图,来到该店的剔货间,移开货架发现一暗室,内存真实账本多册,另有八两黄金。真账中记录交易额国币十四亿元,而铺面公共账本仅一亿元,漏报交易额竟达十三亿元。除发现黄金现货八两外,在账册中发现黄金往来账目计一百三十两。适逢老板张彩生不在,该店店员拒绝具结。中午后,财政局、警察局人员再次来到鞋店,张彩生仍未归店,于是要求店员具结并签字，不然就带往警察局。店员担心事情闹大，便如实具结。实际上，那时偷税漏税屡见不鲜，《大公报》经常接到读者投书，“但以既无姓名，又无住址，无法查考”为由，没有跟踪。张彩生的律师也说，假账家家有，是常见之现象。经警察局调查，金九霞鞋店的黄金从志达金店获得，另外还有借广瑞银号黄金十两的存条，还有在志达金店制作首饰的记录。适逢 1947 年 2 月中旬，国民政府发出的《经济紧急措施方案》，禁止黄金买卖，禁止外币流通。张彩生做假账、偷税漏税触犯刑法；私自买卖金钞违反了《经济紧急措施方案》，成为顶风作案的典型。

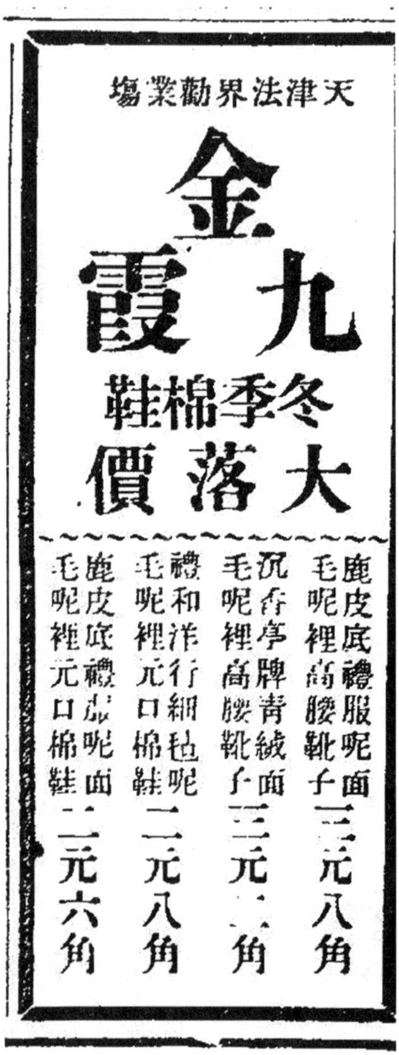

金九霞鞋店的报纸广告

此案引起财政局的重视，对漏报税款事项，经计算完毕后，要求补漏税款，并给予 1 至 10 倍的罚款。所查黄金八两已缴中央银行保管，至于违法交易之事已同社会局呈报法院依法处理。张彩生知道事情的严重性，便按照以往经验，开始私下找人“活动”。不久，传出有某报外勤记者借天津外勤记者联谊会名义收受该店贿赂，为张彩生私下“活动”。10 月 20 日下午，天津外勤记者联谊会郑重声明：决定查明事实，以明真相，如此事发现会员之中，将严予制裁。如会外人利用本会名义，将依法追诉。同时，张彩生委托李洪岳、张宝桢律师登报声明，“对其身体自由、财产、名誉一切法益负保障之责”。

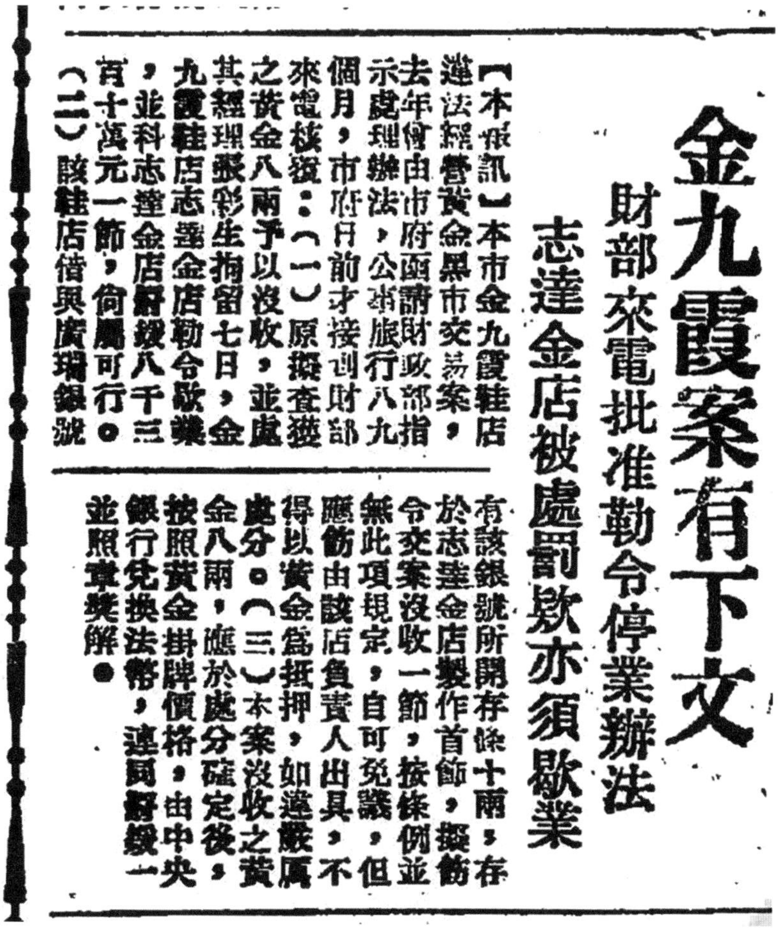

金九霞案有下文
財部來電批准勒令停業辦法
志達金店被處罰款亦須歇業

【本報訊】本市金九霞鞋店違法經營黃金黑市交易案，去年曾由市府函請財政部指示處理辦法，公文旅行八九個月，市府日前才接到財部來電核覆：（一）原擬查獲之黃金八兩予以沒收，並處其經理張彩生拘留七日，金九霞鞋店志達金店勒令歇業，並科志達金店罰鍰八千三百十萬元一節，尚屬可行。（二）該鞋店借與廣瑞銀號有該銀號所開存條十兩，存於志達金店製作首飾，擬飭令交案沒收一節，按條例並無此項規定，自可免議，但應飭由該店負責人出具，不得以黃金為抵押，如違嚴厲處分。（三）本案沒收之黃金八兩，應於處分確定後，按照黃金掛牌價格，由中央銀行兌換法幣，連同罰鍰一並照章獎解。

《益世报》对金九霞案报道

天津市政当局于9月18日召开会议，邀请河北监察使署天津办公处派员出席，并令财政、警察、社会局代表与会。经讨论研究，达成三项决定：关于漏报营业税，函送法院法办；私自借予广瑞银号十两黄金，依法处以五十万元罚款，并永远停止其兼营业务；买卖黄金事项交由警察局处理。此决定呈送市府并转咨国民政府财政部查核办理。

国民政府官僚办事一贯低效，此案交到财政部后“旅行八九个月”。直到1948年4月30日，天津市政当局才接到财政部的来电：第一，原拟查获之黄金八两予以没收，并处其经理张彩生拘留七日；金九霞鞋店、志达金店勒令歇业;志达金店罚款八千三百一十万元一节,尚属可行。第二,该鞋店借款予广瑞银号,有该银号所开存条十两黄金存于志达金店制作首饰,拟饬令交案没收一节,按条例并无此项规定,自可免议,但应饬由该店负责人出具,不得以黄金为抵押,如违严厉处分。第三,本案没收之黄金八两,应于处分确定后,按照黄金挂牌价格,由中央银行兑换法币,连同罚款一并照章奖解。市府接到财政部来电后,命令警察局与财政局遵照办理。虽然如此,此事仍拖到 8 月份办理。

1948 年 8 月 29 日,金九霞鞋店被勒令关闭,门口张贴警察局布告,云:“查金九霞鞋店购买黄金、以黄金放债及以黄金收作鞋债等案情,裁决勒令金九霞歇业,张彩生拘留五日,现已确定,应即执行。”至此,金九霞倒卖黄金案告一段落。

黄文谦侵吞公款革职下狱

天津中原公司的创办人“二林一黄”，指林紫垣、林寿田、黄文谦。有人称黄文谦后来脱离公司，1937年七七事变爆发后，华北地区被日军占领，黄文谦见势不妙，只身南下，不辞而别。实际并非如此，黄文谦脱离中原公司是因为一桩侵吞公款的弊案。

1934年7月，中原公司在各大报纸发表启事：“敝公司监察人关颂声现因执行职务，对本公司副经理黄文谦因经手伶人包银八千余元一事，已向法院依法起诉在案。在本案未解决之前，黄文谦在外一切行为概是其个人行动，与本公司无涉。特此声明。”不久，中原公司副总经理黄文谦也在各大报纸发表声明，为自己辩护。

1934年8月15日，《益世报》的一条消息使许多人为之震惊，消息的标题为《中原公司副经理黄文谦侵占罪审理》。黄文谦当时39岁，广东中山县人，住在法租界适安里2号。由于他的位置显赫，在津交际甚广。黄文谦在中原公司除了担任副总经理外，还兼管游艺部的剧务。那时邀请京剧名伶大腕，中原公司需要提前支付包银。据游艺部账目上的记载：1930年1月29日，黄文谦支付雪艳琴2500元，支付李艳香200元；2月24日支付杨小楼2000元，支付高庆奎2000元；5月3日支付荀慧生500元。此外还有尚小云1000元，先后共有8200元包银由黄文谦手中支出。

中原公司创始四巨头，左首第一人为黄文谦

但这几场演出由于时局不稳，顺后延期。

1934 年 6 月时局稳定后，中原公司董事会遂让黄文谦邀请各位名伶履行前约，并决定由公司律师出具公函，向各位名伶发出邀请。不久接到杨小楼等的复函，称并未收到包银。董事会根据这种情况，认为黄文谦有侵占包银、私自使用的嫌疑，决定革除黄文谦副总经理之职，并由公司监察员关颂声赴地方法院状告。后经检察院侦查，认定事实。8 月 14 日，由法院刑庭开庭调查。黄文谦从看守所到庭，原告关颂声、林寿田，证人沙大风到庭。法庭上，黄文谦称包银在五楼游艺部，全部由《天风报》经理沙大风转交伶人。游艺部职员赵仲琪作证，沙大风当场予以否认。8 月 18 日，第二次开庭，黄文谦的证人赵仲琪、辩护律师包扬、唐宝谔、丁兆芝到庭。首先询问证人赵仲琪，赵为广东人，最初在中原公司担任剧务部部长，后调到舞场工作，与黄文谦并无亲友关系。其称不知已付包银之事，只知道伶人是沙大风请的，包银全由黄文谦与沙大风经手，并无收据。黄文谦供述，所有名伶都

《天风报》刊登的中原公司名伶演出海报

中原公司副經理

黃文謙侵佔罪審理

因經手伶人包銀不淸

爲監察人關頌聲控告

本市日租界中原公司副經理黃文謙（年三十九歲、廣東中山縣人、住法租界適安里二號、）爲人廣交際、除在司任經理職務外、兼管游藝部劇務、因透支過鉅、乃稱約伶人演劇支付包銀、於民國十九年一月二十九日、支付雪艷琴包銀洋二千五百元同日又支付李畹香包銀洋二百元、同年二月二十四日支付楊小樓包銀洋二千元、同日支付高慶奎包銀洋二千元、同年五月三日、支付荀慧生包銀洋五百元、先後黃文謙共支去包銀洋八千二百元旋因時局不靖、乃暫行綴朝演唱、惟事變已過、地方平靖、各伶仍未來津履約、中原公司董事會遂催黃文謙、向各伶催促履行前約、迄無結果、至今年六月間、中原公司董事會議議決、即由公司律師出具公函、直接向各伶備詢眞相、旋據楊小樓等各來覆函聲稱、並未收到包銀等語、中原公司董事會據情遂認係黃文謙侵佔包銀、私自花用、除將黃文謙副經理之職革除外、並由該公司監察員關頌聲、狀具在地方法院檢察處控訴黃文謙侵佔、經檢察官偵察結果、認爲黃文謙侵佔業務上之所有物、當即依法起訴、昨日由法院刑庭推事郭公弼開庭調查、除將黃文謙由看守分所提到外、並傳有告訴人關頌聲、中原公司經理林壽田、證人沙大風到庭對質、首由推事訊問黃文謙經手包銀之手續、據供所有包銀、均在中原五樓游藝部交由天風報經理、沙大風轉交各伶人、並有游藝部趙仲琪見證等語、沙大風則供認由伊將包銀轉交各伶人擔手不諱、隨由告訴人陳述事實經過、末由證人林壽田陳述後、推事遂宣告本案定十八日再行開庭審理、黃文謙還押、餘者飭回、遂行退庭云

《益世报》对黄文谦案的报道

是沙大风介绍的，尚小云、荀慧生、高庆奎来函未收到包银，并不知情。黄文谦还称自己在看守所患病，请予保释。22日，进行法庭辩论，检察官翁赞年公诉，在侦查中，沙大风供称，只给中原公司邀请名角，并未接到一文钱。又询问尚小云、高庆奎等人，自1930年至今5年，被告并没向沙大风索要包银，亦未催角演出，证明包银在被告手中。

1934年8月27日，地方法庭宣判黄文谦交付诈骗所得，并判处徒刑一年。黄文谦不服判决。在黄文谦拘押期间，中原公司又查出黄文谦在职期间，亏欠公款69533.96元，遂委任律师控告。9月3日，提审黄文谦。黄称从1926年公司创办至1932年结账，自己实际支出2.8万元，是应酬费用，每年按5500元利息计算。经董事会议决令其弥补，由于公司营业不好，并未补还，后经其董事会声明，从每年花红、红利中扣除，所有欠款有折子可证。9月15日，经法院民庭宣判，判决被告偿还欠款69533.96元，诉讼费用由被告承担。

事情并未结束，黄文谦提出上诉后，12月5日，高等法院开庭。被告律师称，沙大风证言不足采信，但又未另行调查，已是错误。仅根据片言推测处断，亦是不合法的。12月10日，高等法院再次开庭宣判，原判决撤销，确定黄文谦连续侵占公款，处有期徒刑8个月，判决前羁押时间，按二日折抵徒刑一日。至此，黄文谦侵吞公款案得以结束。

陈光远受困溥仪讨债案

陈光远

1929年7月1日,天津兴业银行登报宣布停止营业。末代皇帝溥仪在该行的9万元存款到期未还,为此状告银行股东陈光远等人。溥仪出面讨债震惊一时,报纸每日连载,引起社会轰动。

天津兴业银行前身为察哈尔兴业银行,1921年1月1日,另行成立天津兴业银行。最初定为股本200万元,在收足四分之一股份后,呈请北洋政府农商部、财政部立案,专营银行一切业务,其中包括抵押放款、定期存款、购买外埠期票、买卖金银及贴现放款各项。天津兴业银行最初在锅店街,后迁至法租界六号路(今哈尔滨道)。董事长龚心湛,副董事长阮忠枢、王印川,总经理李荣贵,副总经理宋葆华。天津兴业银行还在上海、汉口、北京设立分行。龚心湛曾任安徽省财政厅厅长、北洋政府财政部次长,1926年去职移居天津,住在英租界博罗斯道(今烟台道),与原安徽督军陈光远为邻。后陈光远大儿子娶龚心湛女儿为妻,二人结成亲家。陈光远通过龚心湛在北洋企业中大量投资，购买了启新洋灰公司、开滦煤矿、华新纱厂、耀华玻璃厂、中原公司等企业的股票，成为津门巨富。兴业银行最初投资人多为与察哈尔有关联的人物，如察哈尔都统王廷祯、察哈尔兴和道尹刘恩格、张家口税务监督谢宗华等，还有齐耀珊（原内务总长）、龚心湛（原财政次长）、倪道杰（原安徽督军倪嗣冲的长子，掌管倪氏家族企业）、阮忠枢（原天津道台）入股。天津兴业银行最初招募股份不顺，后来陈光远被龚心湛拉上入股，成为大股东。

天津兴业银行股金只有50万，却以高利率吸引官僚、军阀前来投资。末代皇帝溥仪在天津居住期间，经人介绍，于1928年10月18日存款8万，同月19日再存款1万元。时逢东北易帜，国民党统一天下，兴业银行未向国民政府财政部换领新照，而抵押放款也未收回。此间发生江西省追讨军阀陈光远资产事件，使大股东陈光远无心经营。1929年经董事会及股东研究，决定天津兴业银行于7月1日停止营业，成立清理处，委托律师王明毅办理清理事务。

溥仪得知消息后，立即到天津兴业银行提取存款。天津兴业银行1929年3月22日致函溥仪，答应先偿还13000元，余下欠款分年偿还，遭到溥仪拒绝，后屡讨不还。1929年10月，溥仪以浩然堂名义，委托林棨、林廷琛、谢道仁三位律师，向天津地方法院起诉，要求天津兴业银行股东陈光远、龚心湛等负责偿还，并经法院审理数次，被告方面推诿该行为有限公司，不能直接向股东等索款，且该行正在清理中。一旦清理完毕，偿还外债尚有盈余。法院因调查证据未完，通知双方代理律师于10月14日下午1点开庭。天津地方法院民一庭组织原被告进行最后辩论。原告律师提出按照条例，银行应该在国民政府农商、财政两部注册，现该银行仅有在财政部注册的收条，无法证明注册合法。银行原来只收了股金的四分之一，尚有150万元未收，应由股东交来，偿还债务。被告代理律师纷纷发言，对原告进行反驳：原告不认财政部注册，但银行在1921年同时在天津县财政厅、财政部进行了注册，县里派人调查过资本，此事可在

溥儀九萬元案

地方法院之判决原文

（續）

被告倪道杰代理人辯稱、倪道杰以勵經堂千乘堂阜毓堂等名義、於民國十年十一年認繳天津興業銀行股款洋四萬元、基於股權被舉爲該行董事、旋於民國十六年五月一日、十七年二月十五日、先後將上述各股分別讓與劉德壽、胡筱張朱伯之傅迪民四人、並函知銀行方面、辭去董事名義、此外並無認繳股款、無論天津興業銀行爲股份有限公司、原告以倪道杰等爲共同被告、訴求於該行無力償還時、負代償之責、已非適法、就令該行確爲合夥營業、而倪道杰既已退夥、對於合夥團體所負之債務、亦不負任何責任各等語、原告代理人提出天津興業銀行定字一百七十八號一百八十四號存摺特字一百九十一號一百九十三號息摺、被告天津興業銀行代理人提出該行章程前農商部註册執照及前財政部收到註册執照之收據、被告倪道杰代理人提出已讓股票及信函等件、各爲其主張事實之證明、被告阮忠樞謝廷紱李廷魁劉承蔭謝宗華袁振黃劉篤齋宋葆華於最後言詞辯論、已受合法傳喚、均未到案、原告代理人、就該部分聲請由其一造辯論而爲判决、（理由）本件原告以浩然堂名義於民國十六年十一月十八日正存入被告天津

媒体报道的溥仪 9 万元案

天津县内档案调卷。至于未履行银行注册，不能认为应由股东偿还债务，根据银行清理情况，现尚盈余 20 余万元，可以还清债务。

10 月 19 日，天津地方法院下发最终审判结果，溥仪胜诉。根据天津地方法院民事判决（民国十八年地字第八五九号），被告偿还原告 9 万元，其中 8 万元应自 1928 年 10 月 18 日起，1 万元自同月 19 日起，均执行到终结日止，按月利 8.5 厘付给利息，如天津兴业银行财产不足清偿时，差额由被告股东承担清偿之责。诉讼费用由天津兴业银行承担。

此后，天津兴业银行股东倪道杰与陈光远先后提出上诉。倪道杰提出，其于 1927 年和 1928 年将股票转让，已经失去董事资格，自己与本案无关。陈光远提出，银行系合法注册股份公司，按规定有限公司欠债，只

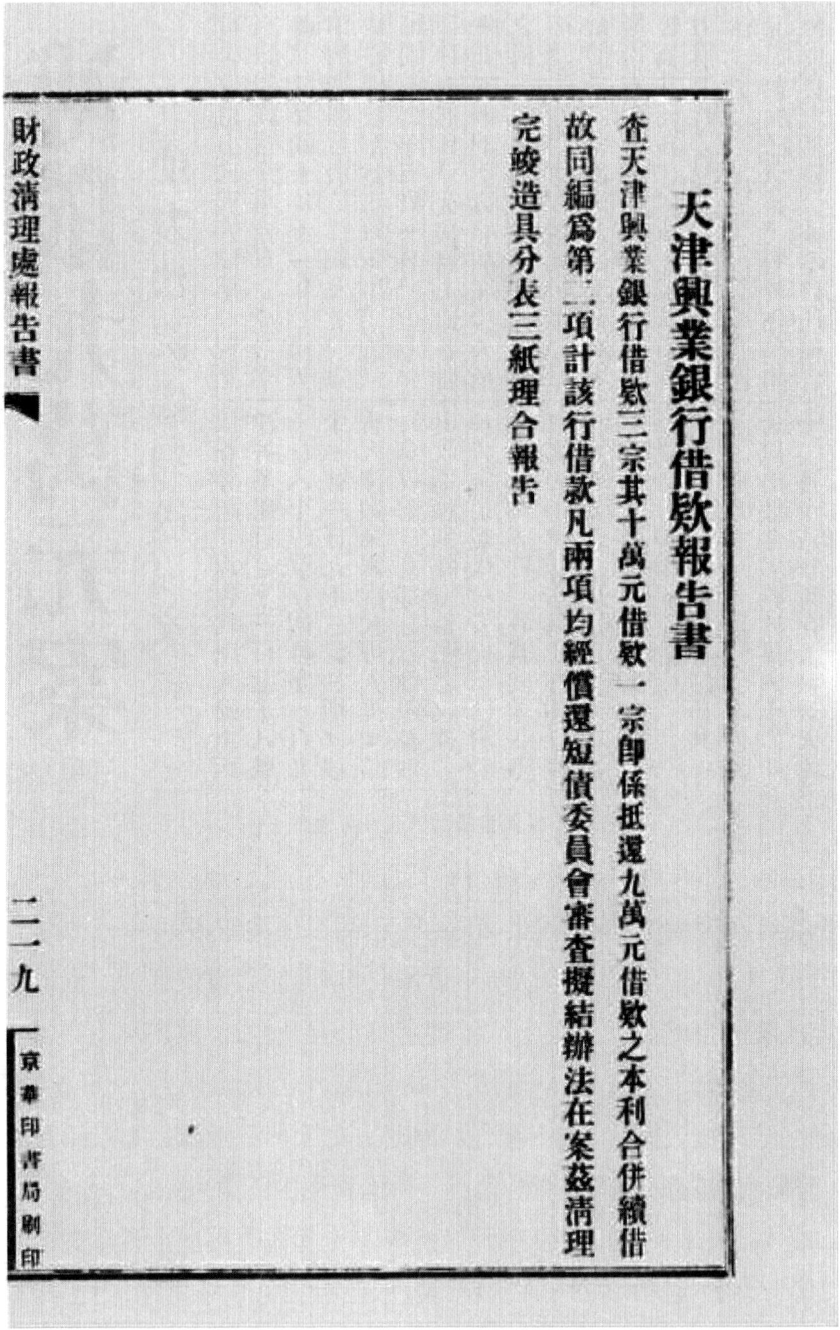

天津興業銀行借欵報告書

查天津興業銀行借欵三宗其十萬元借欵一宗即係抵還九萬元借欵之本利合併續借故同編爲第二項計該行借款凡兩項均經償還短債委員會審查擬結辦法在案茲清理完竣造具分表三紙理合報告

財政清理處報告書

二一九

京華印書局刷印

天津兴业银行借款报告书

就自身财产清偿，股东不负责任。此后，溥仪委托律师进行抗辩。1930年，河北省高等法院接受控辩双方的陈述，并维持原判。

溥仪刚刚经历了淑妃文绣的离婚案，又遇罗师开办《世界诚报》的诈骗案，损失不小。这次对天津兴业银行的9万元讨债案一拖再拖，没有最后的消息。这个案件，在溥仪《我的前半生》中也未提及。1931年11月10日，在日本特务土肥原贤二策划的天津事变中，溥仪出走天津，逃往东北成立伪满洲国，这笔讨债案不了了之，但也使陈光远受惊一场。

协和公司诈骗案震惊全国

祁礽奚

1927 年 7 月，天津协和贸易公司诈骗案震惊全国，由于数额高达 700 多万元，天津、北京、上海等地银行业、进出口业和货栈业都受到了影响，天津的中元实业银行以及德华、中法、远东三家银行的华账房随之倒闭。

天津协和贸易公司是一家由华人经营的进出口贸易公司，创立于 1918 年，最初资本 10 万元，后增至 30 万元。经理祁礽奚本名祁暄，福建人，早年毕业于福州英华书院，曾办过《警醒月报》《民心日报》，在福建颇有影响。后留学美国，回国后在天津基督教青年会工作，经过不断的努力，最后独自经营协和贸易公司。祁礽奚初期信用薄弱，与天津金融界素少联络。后采用多种手段，想方设法地拉拢金融界社会名人参与。1925 年聘请原交通银行协理王恭宽为天津协和贸易公司经理后，营业日益发展。此间一些名流子弟纷纷加入，如段祺瑞女婿、美国留学生奚伦，严修的孙子、美国留学生严仁曾等都担任天津协和贸易公司的要职。此外祁礽奚还拉入金融界的一些朋友，如中南银行王孟钟、中华懋业银行总经理张伯龙等，均为协和贸易公司股东。

1925年秋天，协和贸易公司和原美国驻津副领事康尼斯联合注册了中美合资瑞通洋行。由康尼斯任外方经理，严仁曾任中方经理，主要经营仓储业务和仓库内物品押款业务。瑞通洋行不过是祁礽奚拉拢美国人设立的皮包公司，目的就是为协和贸易公司出具栈单，方便协和贸易公司向各银行抵押借款。实际上，瑞通洋行的资本、办公场所、仓库等都由协和贸易公司提供，仓库管理人员也是协和贸易公司调过来的，由协和贸易公司发放薪水。瑞通洋行存货的户头也仅有协和贸易公司一家，所存货物主要是从美洲和澳洲进口的面粉、大米、五金等，出口货物则主要是蛋黄、羊绒、皮货、地毯等。仓库所存货物甚至连具体数目都没有，管理一片混乱。协和贸易公司和瑞通洋行相互勾结，利用瑞通洋行开出的假栈单做抵押贷款业务，轻易骗得金融机构数额巨大的贷款。协和贸易公司

协和贸易公司及瑞通货栈

资产不断扩大，注册资金达到百万元。1926 年，祁初奚在英租界摩西路（今南海路），投资几十万元盖了一座办公大楼，后面是五层楼的瑞通货栈。协和贸易公司营业分海内、海外、银行、海外汇兑等部，在青岛、大连、上海、汉口、北京设分公司。其与英国和记公司、法国和记公司订约往来，出口以桐油、核桃、皮货为主，进口以汽油、面粉、麻袋、纸张、五金为主，每年营业额一千万以上。其中瑞通货栈以此大楼为抵押在花旗银行贷款。而协和贸易公司遇有不顺，皆以瑞通货单作抵押。

1927 年 7 月，中国银行经理任凤苞发现协和贸易公司欠债太多，乃派人监视祁初奚的行动，又要求查看货栈。同时，祁初奚发给一位债权人保付支票，由中南银行付款，该行查账拒付。债权人前往瑞通货栈查询面粉，发现才有十余包，远不够抵押之数。祁初奚害怕露出马脚，立即将瑞通货栈封锁，此事为各债权人所知，纷纷前来交涉。祁初奚邀请股东开会，报告在青岛经营花生损失 70 万元，在汉口经营牛皮损失 80 余万元，在上海经营鸡蛋损失不下 100 万元，要求大家设法维持。起初有人提议，借款百万元以资救济，请祁初奚交出存货单，祁初奚拿不出来，最后双方不欢而散。

7 月 10 日，各债权人接到协和贸易公司紧急开会的通知。会上公司董事长王承桓、天津经理王恭宽报告祁初奚昨日失踪，究竟公司亏本若干并不知情。债权人当场查对，数额竟达数百万元，遂将王恭宽送往英租界工部局，又转到天津地方检察厅。11 日，中元实业银行以及外商中法银行、远东银行、德华银行华账房因债务牵累纷纷停业。不多日，祁初奚到英租界工部局自首。其被押至公司答复债权人，后经债权人召开多次会议，为收回款项，特成立协和贸易公司债权委员会，推举中国银行、中南银行、中华懋业银行、中华汇业银行、法商中法银行为会员。10 月 15 日，委员会经议定，请天津警察厅将祁初奚、王承桓、王恭宽传案看管。其中祁初奚拘押在军法处，其余二人押在警察厅。通过债权清理，共有中华懋业、中元实业、中南、中孚、中国、交通、浙江兴业、金城、农工、华威、中华汇

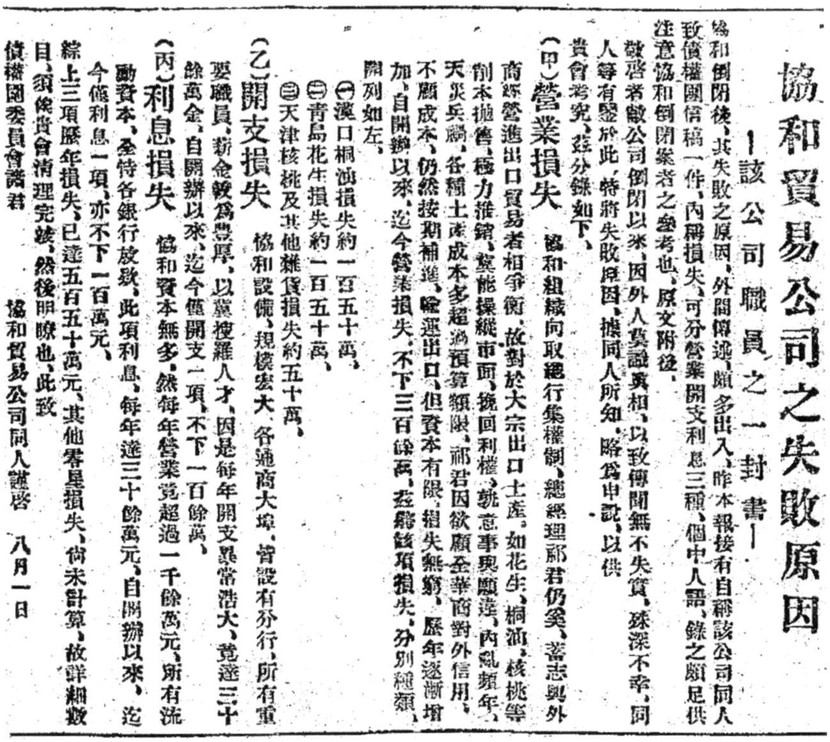

協和貿易公司之失敗原因

—該公司職員之一封書—

協和倒閉後，其失敗之原因，外間傳述，頗多出入，昨本報接有自稱該公司同人致債權團信稿一件，內稱損失，可分營業開支利息三種，個中人語，錄之頗足供注意協和倒閉案者之參考也，原文附後，

敬啓者敝公司倒閉以來，因外人莫識真相，以致傳聞無不失實，殊深不幸，同人等有鑒於此，特將失敗原因，據同人所知，略爲申說，以供貴會考究，茲分錄如下，

（甲）營業損失　協和組織向取總行集權制，總經理祁君仍奚，蓄志與外商經營進出口貿易者相爭衡，故對於大宗出口土產，如花生，桐油，核桃等削本拋售，極力推銷，冀能操縱市面，挽回利權，詎意事與願違，內亂頻年，天災兵禍，各種土產成本多超過預算額限，祁君因欲顧全華商對外信用，不顧成本，仍然按期補進，陸運出口，但資本有限，損失無窮，歷年遂漸增加，自開辦以來，迄今營業損失，不下三百餘萬，茲將該項損失，分別種類，開列如左，

㈠漢口桐油損失約一百五十萬，

㈡青島花生損失約一百五十萬，

㈢天津核桃及其他雜貨損失約五十萬，

（乙）開支損失　協和設備，規模宏大，各通商大埠，皆設有分行，所有重要職員，薪金較爲豐厚，以冀搜羅人才，因是每年開支異常浩大，竟達三十餘萬金，自開辦以來，迄今僅開支一項，不下一百餘萬，

（丙）利息損失　協和資本無多，然每年營業竟超過一千餘萬元，所有流動資本，全恃各銀行放款，此項利息，每年達三十餘萬元，自開辦以來，迄今僅利息一項，亦不下一百萬元，

綜上三項歷年損失，已達五百五十萬元，其他零星損失，尚未計算，故詳細數目，須俟貴會清理完竣，然後明瞭也，此致

債權團委員會諸君　協和貿易公司同人謹啓　八月一日

《益世报》刊登的协和贸易公司职员的一封信

业、中法、德华、远东、花旗15家银行，合计550万元。清理所得不过20余万元。第五次债权委员会决定由5家中资银行、3家外资银行组成新的债权委员会。10月17日，呈请地方法院办理。由于协和贸易公司债务达七八百万之巨，已无能力偿还。不久，狱中的祁礽奚致函债权人，建议由他担任清理，债权人可摊分实额两成，约计100万元，这两成中2/10作为投资，或借给协和，另募集资本30万元，合成50万元，以偿还未还之8/10，由出资人和新股东成立监委会，监理财政营业。最后债权人同意祁礽奚的意见，请省署监视办理。

1930年初，祁礽奚等三人保释出狱。由天津地方法院委任协和贸易公司破产管财人负责债权审定和追回协和借款，主要由债权委员会受理。此后，债权委员会积极筹措新的协和贸易公司，清偿遗留债务。

长芦五纲总羁押引风波

长芦盐商是天津历史上的富裕阶层，清乾隆年间举人杨一崑《天津论》云："第一是走盐商，走久接地方，一派纲总，更气象。水晶顶，海龙裳，大轿玻璃窗儿亮，跑如飞蝗，把运司衙门上。店役八九个，围随在轿旁，黑羔马褂是家常，他的来头可想。卖的盐，任意铺张，赔累了，还须借帑账。"简练的语言把长芦纲总奢侈的形象描写得淋漓尽致。这个阶层在天津威风了二百多年，直至 1928 年长芦五纲总羁押事件后，才开始走下坡路。

事情起因于天津长芦盐纲公所首席纲总李赞臣被捕。1928 年 10 月中旬，李家经营的瑞兴厚银号因亏欠外国银行近百万元资金而突然关门停业。鉴于李赞臣被捕关系重大，天津总商会会长张品题到公安局接洽保释，并有多名商人出面作保。1928 年 10 月 16 日，天津市公安局考虑到李氏"李善人家"是天津八大家，财产足以抵押外国银行的债务，于是同意了其弟李颂臣等人的请求，将李赞臣保释出来，清理债务。

此事未完，又爆发了五纲总案羁押事件。1928 年 10 月 19 日下午，天津芦纲公所王君直、杨丹忱、郭少岚、李少舫四位纲总，突然被天津市公安局同时逮捕，在宫北大街热河兴业银行暂时关押，听候查办。一时间，津门一片哗然，各盐商、工商业者惶恐不已，人人自危。1929 年 1 月，保释在外的李赞臣又被收监。据南京政府所云，长芦五纲总被捕系为追缴"盐斤加价、公运余利”。清末为修建津浦铁路筹款时，规定铁路沿线的河南和直隶等省筹资，从盐税中抵冲，食盐每斤加价四文。后改为作为铁路股本，发行股票，定期 10 年，自 1909 年 3 月 1 日开始实行，款项交给四省（直、鲁、苏、皖）公司管理。但 1914 年后，盐税实行均税制，每包 400 斤征税 8 元，旧税及加价一律免除。而津浦加价款偿还清后，加价款项应该停止收取，但是芦纲公所一直加收，所得款项被纲总们侵吞。此外长芦盐业还存在公运余利，即盐商王竹林、李子赫承办直豫 61 县盐引，由于经营不善，向外国银行借款 760 万元。民国后，长芦盐运使张镇芳确定，债务先由中央银行垫付，成立长芦公运公司承担债务，用接管 61 县盐引所得利润偿还。长芦公运公司最初由长芦盐运使管理，后来改由芦纲公所代办。1923 年，下野政客李廷玉率领部分盐商将公运公司接管，改为康济恒商运事务所，以包商身份将 61

王君直

民国时期长芦盐运署

县盐引租给二三十家运输商，从而与长芦纲总结下怨恨。1928年，李廷玉揭发长芦纲总的积弊，导致五纲总被捕。

天津公安局拘捕五纲总后，长时间查而不审，芦纲公所几近瘫痪。12月1日，天津总商会呈文天津卫戍总司令阎锡山、天津警备司令傅作义及天津特别市长崔廷献，恳请准予保释。但这是南京政府行为，晋系鞭长莫及。

1929年1月初，五纲总被解往南京。为了审理此案，南京政府成立了专门的“审讯长芦盐案委员会”，当时的司法院院长王宠惠为主任委员。此时，天津方面又传来了消息，由于案件牵涉津浦加价问题，直豫两省致电中央政治会议北平临时分会，希望转呈中央，一旦“公运余利”案件结束，应将李赞臣等人押解回津，以方便河北省、河南省清查追缴欠债。不久，南京政府表示同意。但“审讯长芦盐案委员会”审核工作进展缓慢，此案一拖再拖。

1929年7月中旬，芦纲公所闻讯蒋介石到北平视察，急忙公推刘景泉等四人为代表赶北平面见，并提出两点意见：一是呈请准予五纲总保外候审，一切责任由全体芦商及五纲总家属承担；二是呈请刘景泉等四名代表以身代押，换回五纲总，延医调治，以保其生命安全。蒋介石未予答复。同年8月，由赵戴文代理主席委员开庭审理此案。在审讯中发现，原控中的侵蚀公款，包括历任纲总，如要彻底追查，牵扯上层人物众多，更兼各纲总之所为均取得历任盐运使之许可，并皆有朋比分肥之情节。此案的审理刚一开始即宣告搁浅。

一年多的时间里，五纲总的家人耗巨资多方奔走，托人情了结此案，仅李赞臣家就垫出40万元，但无济于事。1930年1月16日，天津商会复呈文蒋介石，请求“准速饬依法审理，勿再延缓”。由于长期羁押，五纲总身体受到影响，其中王君直于1931年1月4日因病在南京去世。王君直之死，引起津城各界的强烈反响，天津总商会、各社会团体及各界人士纷纷致函南京政府，请求尽快了结此案，释放众纲总。

王君直在津的灵堂

在社会各界的重重压力下，南京政府不得不急令赵戴文赶快了结此案。1931 年 3 月 2 日，赵戴文遂以“事出有因，查无实据”为由，谕知原告所控无据；而对五纲总则以“手续错误，负有责任”为由，罚款 50 万。实际五纲总并未损失分文，名义上 50 万元先由芦纲公所垫付，后来也未向各纲总索要。

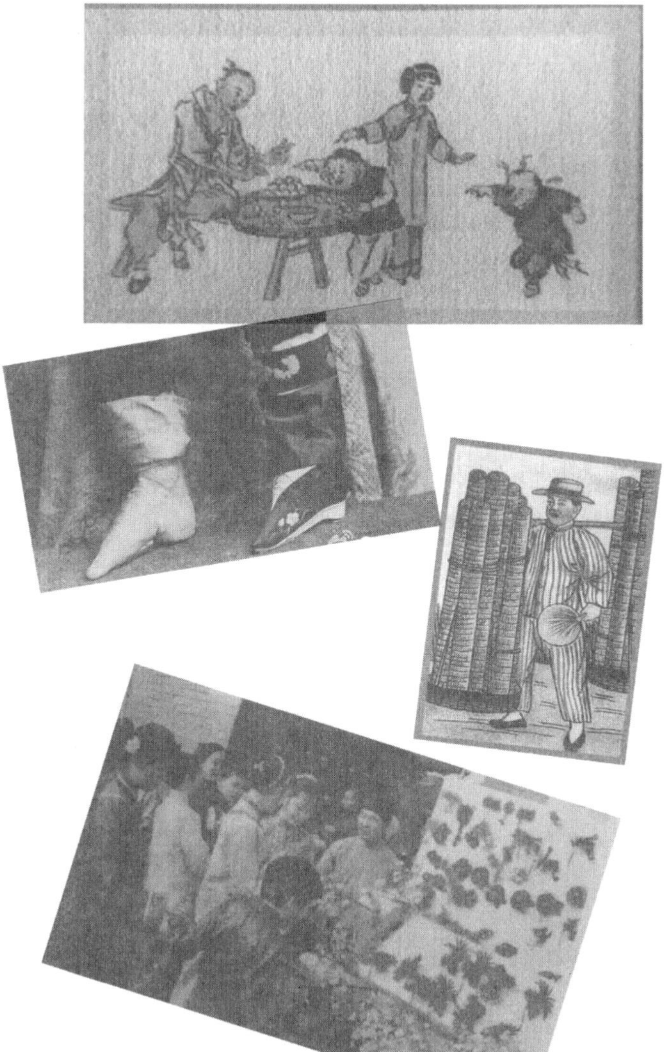

品牌传名

文美斋“百花笺”名声大噪

文美斋南纸局坐落于估衣街北首，店铺不大，却蜚声大江南北。正如严修先生所言：“吾乡近数十年文人墨客，乃至辞章书画金石篆刻名家，无论为土著为寓公，莫不知有文美斋南纸局。”特别是自文美斋主人邀请画家张兆祥绘制“百花诗笺谱”印刷发行后，更是名声大噪。

张兆祥

提起文美斋南纸局，不得不提焦书卿。焦书卿为天津人，在家行三，各界尊称“焦三先生”。他生于 1842 年，16 岁在文美斋学徒。文美斋创办于咸丰年间，早期以经营文房用品为主，由于没有特色，同治年间，店主江西游氏打算将店铺盘给他人。沽上士绅陆氏有意承接，但提出由焦书卿负责店铺经营。不料遭到焦书卿的回绝，称“我与游老板休戚与共，没有他，我不参与经营”。为此，陆氏搁置收购之事。焦书卿私下向亲友借贷津钱六千缗(缗也称贯或吊，大约 1000 文)与游氏合股经营，由焦书卿任店铺总司。按当时商业通例，总司每年按营业额领报酬。而焦书卿一无所取，每月仅领津钱十五缗之月薪而已。但是自焦书卿管理后，文美斋的生意日渐兴隆，不仅本金收回，并有营利，而且声播大江南北。

焦书卿经营店铺，善于思考，并以诚信为本。其办事认真，尤其重视货品的质量，货品入店必需一一检择，发现破损或垢渍，虽小必须择出。久而久之，名声在外。据称当时天津的官署衙门文牍用品所需，必取自文美斋，以至直隶及天津府县衙门的历任长官没有不知道焦书卿的。严修先生在京城翰林院时，所需竹连纸，都致信家人在文美斋购买。

焦书卿与时俱进，赞成维新。光绪年中叶，文美斋增加图书报纸销售，不仅经营传统的儒家著述，还经营当时流行的公案小说。如上海图书集成局印制的《绘图施公案》，其在天津独家经营，颇为畅销。焦书卿还重视广告，文美斋的名字经常见诸报纸，为此许多外埠文人来津都要逛一逛文美斋。焦书卿还与大名知府庞鸿书、山东巡抚周馥交上朋友，二人至津必到文美斋造访。1898 年戊戌变法时期，上海强学会出版的《时务报》在天津由文美斋代售，报社主笔汪康年的好友、北洋大臣幕僚周孟侯定期结账。文美斋还增添了印刷业务，以印四书五经为主，积累资本数十万元。后来，庞鸿书在大名设官书局，周馥在济南设官书局，皆从文美斋借款，焦书卿负责两个书局的经营，还在济南、张家口设置文美斋分号。

1892 年，焦书卿请张兆祥绘《百花诗笺谱》，声名鹊起。张兆祥绘的笺谱实为两种，三个版本。一种为《百花诗笺谱》朱刷单色，一函一百零二幅，由张兆祥绘画，查帖青书写题诗。1892 年初刊，1900 年庚子事变时被毁，1911 年重刻，形成两个版本。一种为《文美斋诗笺谱》，彩色套印，张兆祥绘，无题词，1911 年刊刻，二函一百幅。

张兆祥，字和庵（1852—1908），擅长花鸟，亦画山水与人物。早年师承孟绣村，后画风追邹小山、恽南田。其画民间传播较多，商店也多悬他的花卉画屏作为装饰，在天津影响较大。查帖青又名叠青，字凌汉，号铁道人，生卒事迹不详，从笺纸上钤的“北平查氏”和“水西遗脉”来看，其为水西庄查为仁的后代，曾是严修先生的业师。他为张兆祥的画题写了一百

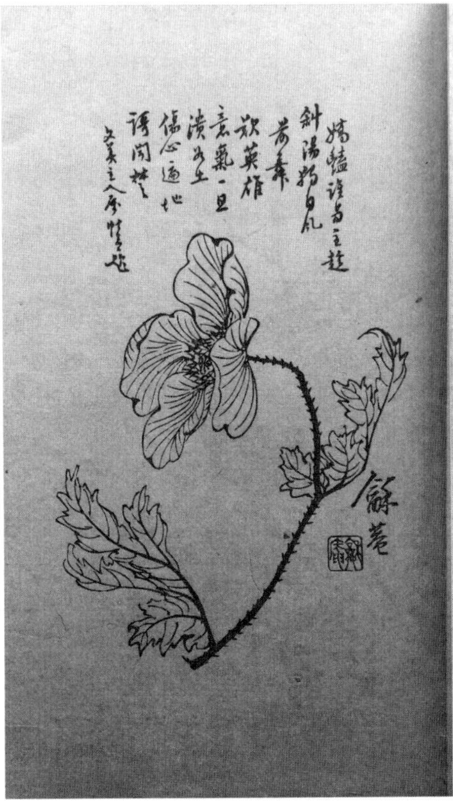

百花诗笺

文美斋诗笺谱扉页

零一首诗，意境优美真趣，加上错落有致、挥洒自如的草书，与张兆祥的画可谓珠联璧合，堪称双绝。笺纸的印制难度很大，套印一图需十几幅、二十几幅版片，版片的雕刻难度大、套色印刷的技术要求较高。从历史上看，无论《十竹斋笺谱》《萝轩变古笺谱》《荣宝斋笺谱》，还是《北平笺谱》，画稿大多成于众手。与之相比，张兆祥一人独绘两种笺谱，实属罕见。

《百花诗笺谱》成了文美斋的品牌，随后又印制了朱梦庐《花鸟笺》、沈兆沄的《百美图咏》、杨伯润的《语石斋画谱》，进而风靡一时，好评如潮。津沽文人墨客、寓公显贵无不赏识文美斋的文房用品及刊刻、经售的书籍，甚至文牍之需亦唯文美斋取用。

民国以后，文美斋经营艰难。1929 年 4 月，《大公报》刊登《天津锅店街文美斋南纸局通告》“兹以本号内感经营之困难，外受时局之影响，宣告歇业”。文美斋把字号、全部铺底货物、书版廉价出让。从此，这家开业七十余年的津门老号，结束了它的历史。

天津
鍋店街
文美齋南紙局通告
敬者本號創設至今已七十餘年之久所有創刊之版片經數十年之搜集種類繁多備極精美同業中誠爲獨步遐邇馳名藝術上堪稱佳選環球贊譽茲以本號內感經濟之困難外受時局之影響宣告歇業已經債權通過即將本埠鍋店街文美齋字號及全部舖底貨物書版以及各種版片等廉價出讓如願承此營業者請到估衣街高隆棧內樓上二十六號房文美齋債權維持會清理處面商或到鼓樓西板橋胡同周熙律師事務所磋商亦可自登報日起以兩星期爲限如願者每日早九點至十二點下午二點至六點接見勿悞特此通告
本齋主人謹啟

文美斋歇业通告

盛锡福“三帽”机制草帽

旧时人们讲究戴帽子，家里桌子上摆有放帽子的帽筒。说起天津做帽子的商号，首推盛锡福，其号称“中国制帽第一家”。盛锡福的帽子款式多，春夏秋冬各式各样，但最著名的却是机制草帽。

刘锡三及盛锡福广告

盛聚福帽庄是由山东省沙河镇湾头村人刘锡三创办的。刘锡三早年家境贫困，曾在青岛一家外国饭店里当“Boy”（茶房）。他生性聪明，业余时间学习英语，经朋友介绍到天津美商美清洋行当练习生，学习出口草帽辫业务，后提升为职员。1911 年，刘锡三除在美清洋行任职外，与其表兄芮某合资在天津估衣街归贾胡同南口租了一间门脸儿，开设盛聚福帽庄制作草帽，到秋天兼营弹棉花，买卖并不大。两次直奉战争期间，时局动荡，盛聚福迁到法租界天增里旁(即后来的交通旅馆旁)，租用一间门脸儿经营草帽。1925 年表兄芮某去世后，刘锡三独自经营。由于店面小、无法扩充，刘锡三通过东莱银行股东刘子山租赁银行的两层楼房(今渤海大楼旁)，将商店迁于此，改名盛锡福帽庄。盛锡福三个字颇有讲究，其中“盛”是希望买卖兴盛，“锡”是取刘锡三名字中间的一个字，“福”是因为刘锡三乳名“来福”，寓意福运吉祥。盛锡福的商标“三帽牌”也有说法，商标外面是一个圆圈，上面为“天津盛锡福自制”，其中“盛锡福”为三个大字，下面为环形的草帽辫，中间三顶帽子呈“品”字形，下面为“三帽商标”四个字，自上而下顺着一念，正好就是“锡三”。厂名和商标正合锡三之名，寓意着锡三创办的盛锡福。最下面两行字，分别为“国货”和“制帽专家”。此后，刘锡三辞去美清洋行职务，专门经营帽店。说起盛锡福的发家、兴盛，不得不提草帽。

盛锡福三帽牌商标

20 世纪 20 年代，日式硬平顶草帽风靡一时，这种草帽是日本商人用中国的草帽辫加工制成，又返销中国。但是这种草帽成本较高，很难形成批量销售。

当时盛锡福制作的圆顶宽边草帽样式陈旧，卖不过硬平顶式草帽。刘锡三考虑如从原料和加工方法上降低成本，可以与日式草帽一决高下。起初试验用普通漂白草帽辫制成硬式平顶草帽在市场上试销，效果很好。不久，一位叫桑斯的法国商人从本国运来一台折式草帽机器，本打算自己开厂生产，正巧法租界工部局召他工作，于是桑斯要把机器转售。当时在中国用机器制帽还属新鲜事，刘锡三觅得商机，一方面买下这台机器，另一方面聘请青岛漂白技师周绍熙到津，开启了中国制帽机械化的先河。当时，中国的漂白草帽辫价格低廉，一把草帽辫只有 2 角，可制成 5 顶草帽，再加上使用机器加工，成本也不过 2 元左右，而零售价每顶

火灾前的法租界盛锡福总号

6 元，比起日本的硬平顶草帽，不仅美观大方，而且售价低廉。其进入市场后，销量日益增加，不仅把日本货逐出中国市场，而且利润大增，1926 年三年结算大账时，共获利 10 多万元。

此后，盛锡福设立了进出口部（在原滨江道登瀛楼对过儿），办理进口澳洲羊毛（作为呢帽原料供给本厂）、出口草帽及其他贸易。由于业务逐渐发展，盛锡福又在本市法租界天祥市场内设立第一分销处。

1929 年 9 月，由于电线问题，盛锡福总号发生了一场火灾，机器设备和原料、成品、半成品等统统烧毁，损失很大。由于盛锡福在天祥市场、梨栈大街分号以及外地有一定的存货，又在久济保险公司办理保险理赔 65201 元，从东莱银行借款 18 万元，后在原址扩建大楼。总号暂迁光明社旁临时开业，新店于 1930 年春动工，当年 9 月落成。新建的总号占地一亩，由利生公司承建，连地下共计六层，前面是门市和办公，后面是工厂，建筑费用 9 万元，同时购置一部分新机器。工厂有工人 200 余名，技师 6 名。工厂内部分材料部、皮帽部、缎帽部、便帽部、草帽部、呢帽部、坤帽部、漂白部等。

盛锡福帽子在市场走俏，生意也走出天津，在北京、上海、南京、武汉、重庆、青岛、济南、徐州等地开设分号，还畅销南洋群岛一带。盛锡福不仅有草帽厂，还有通帽厂、印刷厂、毡帽厂，生意十分红火。

郭有恒“金表”洋袜子

袜子古称“足衣”或“足袋”，多由布缝制而成。1860 年，工业化的袜子在西方出现，随后传入中国。由于是从外国传来，如同洋火、洋蜡、洋油一样，被人们称之为洋袜子。早年间的洋袜子多在百货店出售，而且价格比较贵。旧时，人们穿袜子与穿衣服一样，袜子上也有补丁，为此各家各户都预备大大小小的袜楦。袜楦用木头按脚丫形状做成，补袜子时，用袜楦把袜子撑起，然后用布将窟窿缝上。补袜子是旧时妇女持家的一件大事。

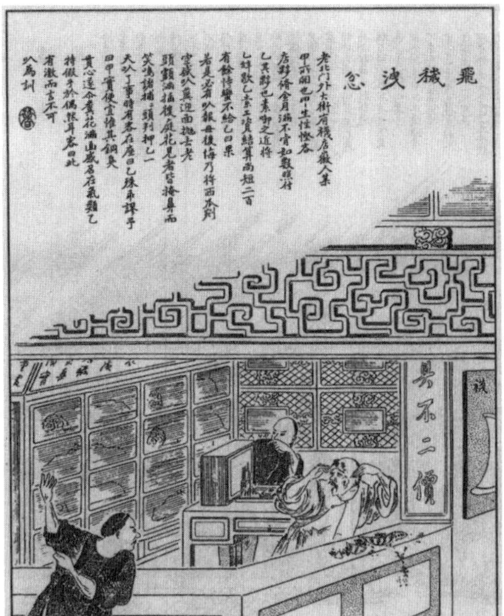

《点石斋画报》上的袜子店

1912 年，武清人郭有恒夫妇来到天津，在河北老铁桥(即金华桥)东药王庙学校旁经营机器织袜生意，取名郭有恒洋袜公司。公司起初规模较小，后来随着销路日广，规模不断扩大。郭有恒所制作的袜子由传统的三合股线织成，十分结实耐用。由于产品质量好，供不应求，凡穿过郭有恒袜子的人都说好。在洋货畅销的时代，中国货好于外国货的事情还是少有的。当时新闻记者了解情况后，十分佩服郭有恒，并赠俚语四句："武清郭有恒，创业在天津。夫妻齐努力，有志事竟成。"郭有恒在新闻媒体的鼓励下，精益求精，做好自己的袜子，在天津颇有影响。

为鼓励国货，《社会教育星期报》记者专门到郭有恒袜子公司进行采访，还将其公司的韵语广告发表在报上："近年来，大开通，我国人人讲卫生。细至一鞋一衣袜，力求轻便与精工。可惜多喜舶来品，利权未免向外倾。其中单就洋袜论，总算入口一大宗。质既不坚价又贵，未穿就破钱白扔。监我脑，吸我精，长此终古怎能成。自昔隐忧能启圣，国人大多一棒兴。无论朝野与上

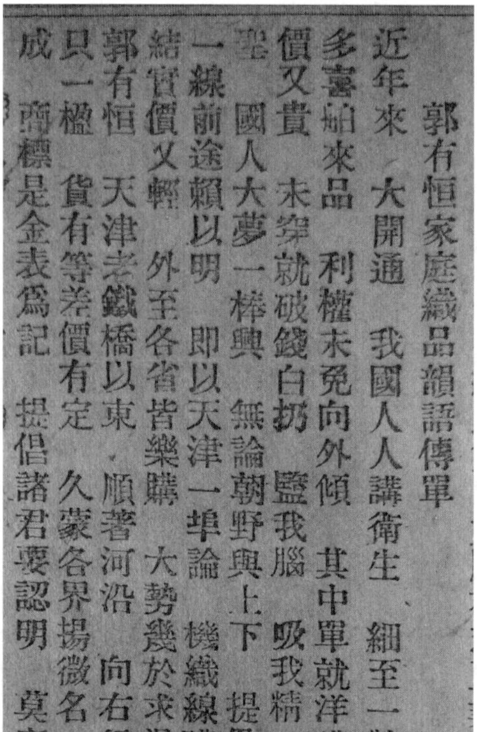

郭有恒家庭織品韻語傳單

近年來 大開通 我國人人講衛生 細至一鞋一衣襪 力求輕便與精工 可惜多喜舶來品 利權未免向外傾 其中單就洋襪論 總算入口一大宗 質既不堅價又貴 未穿就破錢白扔 監我腦 吸我精 長此終古怎能成 自昔殷憂能啓聖 國人大夢一棒興 無論朝野與上下 提倡國貨不絕聲 工商藉此有進步 一線前途賴以明 即以天津一隅論 機織線襪甚時興 原料皆係三合股 格外結實價又輕 外至各省皆樂購 大勢幾於求過供 織襪公司千百起 發行最早郭有恒 天津老鐵橋以東 順著河沿 向右行 藥王廟學校東隔壁 樓房門面只一楹 貨有等差價有定 久蒙各界揚微名 四方貴客能多購 數十百打亦現成 商標是金表爲記 提倡諸君要認明 莫忘民國四年事 五月九日六點鐘

《社会教育星期报》刊登的

《郭有恒家庭织品韵语传单》

下，提倡国货不绝声。工商藉此有进步，一线前途赖以明。即以天津一埠论，机制线袜甚时兴。原料皆系三合股，格外结实价又轻。外至各省皆乐购，大势几于求过供。织袜公司千百起，发行最早郭有恒。天津老铁桥以东，顺着河沿向右行。药王庙学校东隔壁，楼房门面只一楹。货有等差价有定，久蒙各界扬微名。四方贵客能多购，数十百打亦现成。商标是金表为记，提倡诸君要认明。莫忘民国四年事，五月九日六点钟。”这个广告，合辙押韵，通俗易懂，历数从洋货盛行到国货振兴，说明袜子原料是三合股的，价格实惠质量精良。广告还讲到公司的位置，以及注册商标“金表”和促销时间。

郭有恒袜店

22周年广告

郭有恒的国货事迹在《社会教育星期报》刊登后，影响很大。由于河北药王庙学校地址较偏，很多人不知道，为此郭有恒袜子公司又在北马路北海楼商场西面楼上设立分销处。为推广产品，特制定一个新的酬报主顾的优惠，即每逢星期六、星期日两天，门市零售按九折优惠。为让大家信任他的承诺，特作俚语附在报纸之上：“人生可贵是光阴，买物最怕是劳神。言无二价两有益，凡说谎者必赚人。有恒公司开张已数载，工精料实无比纶。今又设立分销处，不但特别酬报主顾，而且价目统一不胡云。”虽然语句不工整，但都是大实话，人们一看就懂。

随着社会进步，人们对袜子的追求不再是卫生方便了，而是厚薄分明。郭有恒洋袜子公司又分为男袜、女袜，丝袜与毛绒袜、线袜。除了北海楼商场，公司又在法租界梨栈大街的天祥市场设立支店。1934 年，郭有恒袜子公司成立 22 周年之际。特别在三处开始大减价活动，其中男女袜八折，毛绒线袜八五折。

随着时代的进步，人们逐步关注袜子的款式美观，上海袜子对市场的冲击很大，坚固耐用型的袜子逐步被淘汰。1930 年 5 月，一家专门经营上海足安袜厂的天津袜店在英租界小白楼朱家胡同口开业了，其出售的袜子颜色款式齐备，不仅丝袜、线袜全有，还设有补袜部，承揽补袜子的生意，很快就被市场接受。相比之下，郭有恒袜子的市场逐步萎缩，1937 年七七事变爆发后，就关张歇业，退出市场了。

盛名一时的“皮糖叶”

天津地处河海码头，尽得渔盐之利，为此饮食中对盐情有独钟，而不善甜品，但天津皮糖却十分著名。皮糖不是软糖，也不是胶皮糖，而是带着芝麻的皮糖，并分薄厚两种。旧时，皮糖是天津人茶余饭后“闲磕牙”的消闲食品。

天津地区的食糖皆由南方传入，皮糖亦然。追溯一下，颇有故事可言。旧时，天津城东南斜街有一家姓赵的，一家老小七口人，开设一家烟

老画片《三百六十行》中的卖南糖

馆，专门招待南来的运粮商人，并以此为活。一天，自福建来了一批粮船，一条船的船主到烟馆抽烟。抽完烟后，没有点新鲜东西吃吃，未免扫兴。于是，船主将福建盛行的皮糖做法传授给赵某，还答应再来天津时，顺便从福建带一船糖给他。福建船主没有食言，在第二年送粮时，真就给他带来一船糖。赵某趁着不花本钱的原料就干了起来，没承想，成了名震一时的皮糖赵家了。据说赵家兴旺时，卖皮糖挣来的钱都顾不上数，只倒向一间屋子里。一间屋子满了，再倒向另一间屋子。那时买皮糖之多，就可想而知了。由于钱多了，赵家开始置办产业，南斜街一带的房子大多数被他们买下，赵家成为这一带的大户人家。俗话说富不过三代，由于子孙不努力，赵家渐渐又衰落下来了。后来，南斜街再也找不到姓赵的人家，房子早已典卖一空。

就在赵家快要倒霉的时候，赵家两位姑奶奶接过这门手艺，一位成为皮糖叶家的宗师，另一位许配刘家。叶家得到真传，并继续研究创新，一直到赵家衰败，取而代之，一鸣惊人，一直传了几代。而刘家最初也与叶家分庭抗礼，但后人做出的皮糖不如叶家漂亮、好吃，随后无声无息了。

说起皮糖叶家，南门外的人都知道。叶家住在一个长方形的大院子中，整个院子就是一个作坊。1933 年 12 月，《益世报》记者专门采访了叶家，原来这是个家庭作坊。叶家老太太总揽全局，下面有三个儿子、五个儿媳（老大、老四早亡），十二三个小孩。除去太小的小孩外，不论男女都是糖房的工人。“他们的工作，分配得很好、很均匀，女人和孩子们除去预备应用的材料外，剩下的重活，由三个男人来担负。像炒芝麻、挑红果、择青梅，剥核桃仁等都归女人和孩子们去做，其他像煮糖、擀糖、做糖、剪糖……都要归这三个男人来办了。至于糖的分量，材料的配合，剪糖时块的大小，那更是重要中的重要事，也由这三个男人分着来负责”。

皮糖所用的原料离不开糖，有糖花，还有糖稀、粉子、白矾等。由于用得多，叶家大批购进，据说糖花还是从瑞典进口的。每天早晨，叶家有两

國二十二年 天津益世報 第四張 十二月十五日 星期

本市南門外
葉氏皮糖負盛名
福建糧船客傳來妙法
趙家姑太太克紹箕裘

皮糖所用的原料，重要的當然離不開糖 據他們自己說：糖分「糖花」，此外還有「棉稀」，「粉子」，「白礬」……等，都是不可少的，至於分量，都是關於人家的營業，記者不好意思去問，即便好意思去問，也怕人家不願意說，所以便沒找釘子去碰。這是我們中國工業者自古以來的習慣，一貫的 能使這種工藝由失傳而絕種 也不把他公開的宣布出 讓大家知道。

這些原料，他們因爲用的多，所以都大批的買進，據他們說：「糖花是用的瑞典國的」，可是瑞典的跟日本的，究竟由那裏不一樣，我們外行們又如何能分得出來呢？

原料與出賣

他們每天早晨有兩個人推着兩部車子，去到早市去擺賣，由四五點一直到十點鐘以後，每部車子都有個五十左右元錢的生意作。他們的主顧除去本地的一般小販外，還有各地來的小外客，像以前有山海關的，唐山的，北平的，滄州的：現在雖然也不免受了些影響，但，還能維持着他們的出品，不致有供過於求之虞。論價，以前他們是論斤賣，後來因爲糖花的行市高漲，論斤出賣不合適，所以便改成現在以塊作單位的論價法。他們現在分兩有：大條，每包十塊，十四大枚，小販再以每塊二大枚賣於吃主，每包可得利六大枚。小條，每包十塊，七大枚，小販再以每塊一大枚賣與吃主，每包可得利三大枚。此大條小條的分別，也就是因爲塊小，小條的塊恰恰就是大條的一半，所以價錢也便宜了一半。片糖每包十片，七大枚，小販再以每片一大枚賣出，每包可得利三大枚。把比片糖長三倍大的片，捲成捲，就又成了「捲」，每捲三大枚，小販明賣四大枚，每捲得利一大枚。就這樣由小販們三包五包，十包八包的零賣，一早晨兩部車裏共有百十元的生意，總算在這百業蕭條的現在社會中，很夠瞧的一行買賣了。

在過了晚市的時候，小販們也可以直接到他們家裏去買，所以常常瞧見，在綠色的窗戶外有「五掌櫃！二包大條，三包片，二十捲啊！」的呼聲。作者在那裡停留不到半小時，就已經聽過五六次了。

特別的味兒

據他們自己說：「我們的皮糖所以能有這樣好的銷路，別家出品，所以不能與我們對抗者，這裡的確是有原因，就是因爲我們的皮糖，不黏牙，放在嘴裏，無論如何嚼法，總是自成一體，決不黏住「上堂」或塞在牙縫，叫吃的人們感覺着在吃了皮糖，反倒難受，可是也不像崩豆那樣硬，是一種說不出的硬中軟，就在這硬與軟之間，吃的時候，有着一種特別風味……」說着，二掌櫃便拿了一塊剛剛剪好還溫着的大條，你看：這不是還熱啦嗎？拖不黏手用手擱拙，也不兩半，叫他兩半，容易，只慢慢一用勁，便立刻兩半了，假若使勁往桌面上一拍，立刻又碎了，破口處要早顯着「亮盆兒」像破了玻璃一樣……吹的好，一條大條成了兩塊，一塊給了作者說：「你嚐嚐！」那一塊便被摔碎在桌面上，果然，像摔碎了料器一樣，每一小塊，都有反光的「亮盆兒」被陽光照着一閃一閃的亮。作者拿了他半塊大條，感覺着一種說不出的味道，雖然甜，可不像糖那樣甜得都發了鹹，只淡淡的讓你領略了一種真正的糖甜出來，——或者這就是他們自己說的那說不出的風味！

葉家哥們，在這五個多月的皮糖季裏——由舊八月十五以後一直到轉年正月底止。已經很有把握，安然的把一年的衣，食，住，行完全賺起來，在其餘

《益世报》报道《叶氏皮糖负盛名》）

个人推着两辆小车去早市兜售，从早晨四五点钟一直售卖到十点以后，每辆车都有五十多元大洋的收入。他们的主顾除了天津当地的普通小贩外，还有来自山海关、唐山、北平、沧州的客商。皮糖最初论斤销售，后来因原料糖花涨价，论斤卖不合适，便改为以块为单位。大条每包 10 块，14 铜子批发，小贩再每块 2 铜子零售，每包得利 6 铜子。小条每包 10 块，7 个铜子，小贩再以每块 1 铜子零售，每包得利 3 铜子。大条与小条的区别，是因为每块小条是大条的一半，所以价钱也就差了一半。还有一种为片糖，每包 10 片，7 铜子，小贩以每片 1 铜子销售，每包得利 3 铜子。把片糖长三倍的大片卷成卷，又变成“卷”，每卷 3 铜子，小贩买 4 铜子，每卷得利 1 铜子。就这样小贩三包五包、十包八包的零购，一早晨两部车有一百多元的生意，也是不错了。早市以后，小贩可以直接到家去买。为此，南门外叶家一天生意不断。

当时天津的皮糖作坊不少，但叶家的皮糖不粘牙，放在嘴里，无论如何嚼，总是成一体的，绝不粘住上牙膛，也不塞进牙缝。另外，叶家皮糖能让人真正领略出糖的甜，有一种说不出来的甜美味道。为此，叶家皮糖在天津皮糖行业中独领风骚。皮糖每年销售季节仅五个多月，即从农历八

月十五以后忙到转年正月底。叶家在这五个多月中把一年的衣食住行费用全都赚过来了。一年时间有多半年闲，但他们不愿意安闲，又背起包袱推上小车，到市场上卖带有俄国商标的一元两丈的花布条。

后来叶家也销声匿迹了，位于梁家嘴的张家兴旺起来。据说张家第二代传人张均综合了刘家和叶家皮糖的特点，将皮糖技术推进了一大步，并有“皮糖张”之美誉，流传至今。

老美华专营“坤尖鞋”

老天津人都知道，南市口有家老美华鞋店，门脸儿不大，总是顾客盈门，由于该店专门经营坤尖鞋，颇受老一代缠足妇女的青睐，而许多年轻人到此多是看看热闹。

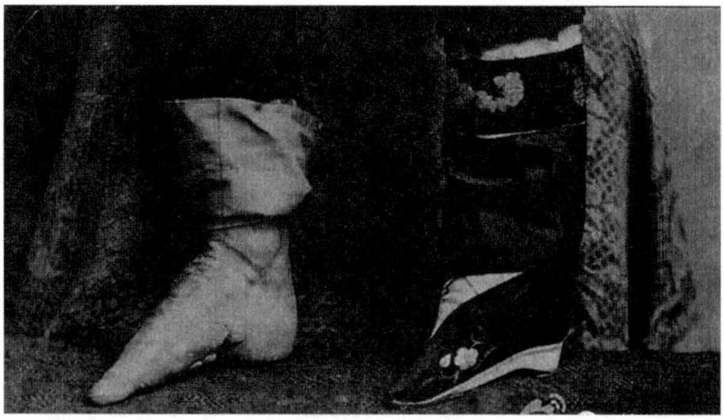

坤尖鞋

缠足是中国旧社会的陋习，其将女性的脚用布紧紧缠裹，使其畸形变小。旧时以小脚为美，天津还流行“香莲掠剩”“美人赞”等文辞，对三寸金莲大加称赞。反对缠足的运动始于清代末年。1887 年，维新派领袖康有为在家乡广东南海创办不缠足会，由于民众反对而失败。1897 年，梁启超、汪康年、谭嗣同、麦孟华、康广仁等维新人士在上海发起成立不缠足会。天津的维新人士，北洋大学堂总办王修植、天津水师学堂总办严复、天津武备学堂算学总教习卢靖、北洋育才馆教习夏曾佑等都参加不缠足会并给予资助。1898 年，外国传教士宝复礼、丁家立创立天足会天津分会，提倡去除妇女缠足的陋习。女教员陆文辅（画家陆文郁之姐）在天津首先放足，为此，天津教育家胡玉孙还写了一首《放足歌》，鼓励大家放足。但旧势力依然顽固，社会上依然存在缠足的现象，坤尖鞋仍为许多妇女所需要。旧时，这种鞋多为家庭妇女自己缝制，即使有专门制作的鞋店，但大都不规范，买到合适的坤尖鞋十分困难。

老美华鞋店始建于 1911 年，创始者为宜兴埠人庞鹤年，其早年做些小生意，积累了一些本钱。鉴于妇女坤尖鞋难做，于是庞鹤年在南市口开了专做弓鞋的老美华鞋店，前店后坊，店铺外檐装修三层楼，中间有一座宝塔，塔上挂有八个铜铃。店铺迎面挂有一幅仙鹤寿星图，由庞鹤年题诗：“一对仙鹤伴寿星，三层塔松拉铜铃。时有微风吹铃动，百里传遍迎客情。”这种装饰，具有一定的亲和力。

老美华鞋店

缠足妇女穿的坤尖鞋，鞋形似翘首的鸟头，鞋底为木质，弯曲如弓，故有“坤尖鞋”“弓鞋”之称。鞋的式样有很多，如眠鞋、换脚鞋、尖口鞋、踏堂鞋、网子鞋、莲鞋、棉鞋、套鞋、丧鞋、坤鞋、合脸鞋等数百种。考究的弓鞋在鞋头、鞋底、鞋里和鞋帮上绣满了各式各样的吉祥图案，有钱女子的弓鞋跟上还加缀珠宝等饰物。这种坤尖鞋制作技术难度很大，缝制尖头的前三针至关重要，这三针要平整，一定不能出“包柳”，如果不平的话，鞋的后跟就歪，没有鞋型。坤尖鞋也有青缎、粉缎、白缎、红缎等颜色。那时新娘出嫁时，都要选上一双红色缎面坤尖绣花鞋，又尖又窄的鞋面上绣着龙凤呈祥的图案。那时穿老美华的鞋上花轿，就是一种身份的象征。社会上名流商贾家的小姐和夫人都争相到老美华选购各种坤尖鞋，一些著名的老艺人上台演出的彩鞋（演出鞋），也都是由老美华的师傅画脚样、修楦并亲手制作的，穿老美华的鞋已经成为当时的一种时尚。

老美华不仅制作老年妇女坤尖鞋，还制作男士所穿的布鞋。老美华千层底布鞋的制作是非常讲究的，原材料选用新白布，用两层新布做“夹纸”。白布要求无杂色，没有纸，更不能用糟布。师傅用丝漏盖在布底上并印上颜色，再以印上的颜色为标记手工搓麻、纳底、纤边。纳底时夏季选用安徽的麻，冬季则用河北、张家口的油麻。因为安徽的麻夏季穿着软硬度适中，而冬季用油麻纳底鞋更结实耐穿。纳好的底码在大缸里用 60 度的水浸透，用 2 寸厚的木盖压好，缸口四周密封 24 小时，这样增加牢度，底子和线不脱股，起缸后再用木槌矫正鞋底形状，以日光或烤箱烘干。至今老美华仍然保持着这种制作布底鞋的传统工艺，这种布底鞋亦一直深受顾客的喜爱。

中华人民共和国成立后，老美华加入了鞋业公会。1956 年公私合营后，老美华成为市百货公司的下属门市部。此后，老美华很少经营绣花鞋，就连经营几十年的传统缎面鞋、坤尖鞋也改成线呢、平绒、呢子面的布鞋和棉鞋。“文化大革命”期间，老美华只销售男女条绒便鞋、革边鞋、人造革鞋。这一时期，鞋店改名为长虹鞋店。党的十一届三中全会后，恢复了老美华鞋店名称，也恢复了坤尖鞋、绣花鞋等传统产品。

“刘海”风葫芦响九霄

旧时进入农历腊月，天津的小孩子喜欢抖风葫芦，大街上、胡同里、院子中，不断地传出抖风葫芦“嗡嗡”作响的声音，为新春佳节带来了无限欢乐。

屈文台

风葫芦统称“空竹”，也叫“空钟”，历史悠久。明代就有“柳叶儿活，抽陀螺；柳叶青，抽空钟”的童谣，刘侗、于奕正《帝京景物略》中还有抽空钟的游戏记载。天津人大多把“风”字念白了，说成“闷葫芦”。

风葫芦于农历腊月畅销，即是时令商品，也是天津人应景的年货。早年间除了劝业场、天祥市场、泰康商场出售外，售卖风葫芦的多集中在宫南宫北大街上的天后宫。那里售卖风葫芦的摊一家挨一家，皆有自己的品牌，较著名的有修竹斋的“刘海”、铭远斋的“老寿星”和宝顺斋的“和合二仙”等，其中“刘海”风葫芦历史悠久，货品出色，最受欢迎。

修竹斋主人叫屈文台，武清县杨村岔百户村人，出生于咸丰七年（1857），自幼喜欢武术。其做风葫芦并非师传，而是由自己摸索学成的。屈文台 13 岁时迷恋抖风葫芦，其手法变幻多端，为乡人称赞。屈文台由于喜欢，进而了解了风葫芦的一些制作原理，慢慢地自己学会了制作。此后屈文台开始制售风葫芦，渐渐以此为业了。清朝光绪年间，他在天后宫张仙阁旁边开了一间店铺，名为修竹斋。平时在店铺出售风葫芦，每年春节前后，另在天后宫大殿前月台摆摊售卖。最初天后宫有三家卖风葫芦的，只有修竹斋经营时间最长，长达五十年之久。

修竹斋的风葫芦用料考究，横轴两头的“风匣”采用柳木制作，木质洁白；镶在这两个“风匣”周围的竹圈，用新采的毛竹；连接部分用鱼鳔黏合，并缠绕麻线。最主要的立眼位置、内部竹哨要安排适宜。经过一系列工序的精心制作，一个坚固的风葫芦整体便制成了。由于材料好与黏合牢固，修竹斋的风葫芦以结实耐摔而著称。

那时风葫芦分“双轮”和“单轮”两种。“双轮”在木轴两头各有一个“风匣”，平衡较好，抖起来容易；“单轮”在木轴的一头有个“风匣”，一头重，一头轻，抖起来比较困难。风葫芦种类很多，售价按“响”的多少而定。所谓“响”就是在抖转的时候从竹圈声眼里发出来的响声。如双轴的由 6 响到 38 响，单轴的由 3 响到 28 响。所有风葫芦的片上，皆贴一红纸小条，写着“响”数。

屈文台为区别其他各家制作的风葫芦，选择了传统故事“刘海戏金蟾”为商标，还请画师画了一个商标。每制作一个风葫芦，就用烙铁将“商标”烫在风葫芦的片上，由此传播开来。天津人语言简练，都称之为“刘海”风葫芦。由于“刘海”风葫芦的制作精细，久经摔碰也没有出现接口有裂痕的情况，因此颇受抖风葫芦爱好者的喜欢，当时流出一句歇后语“刘海风葫芦——好了”。由于“刘海”出名，天津大街上出现许多假“刘海”，干扰了修竹斋的生意。

当时，屈文台为证实自己的产品正宗，还动了一番脑筋。那时天后宫修竹斋有一醒目的标记，即悬挂一个特大的风葫芦模型和一个彩色绘画的“刘海戏金蟾”商标，还有价目表，此外，还摆放一个镜框，有屈文台的照片和“风葫芦大王，首创第一家，余在津已五十余年，真正老刘海”等文字，简单地介绍“刘海”风葫芦的创制经历。1928 年，老报人刘炎臣拜访过屈文台，说他“是一个瘦高个身材，唠唠叨叨爱说话，只要有人问他，他便很喜欢，和气的回答”。那时，到天后宫来的游人和香客都要参观修竹斋，尤其是春节期间，修竹斋围满了人群。修竹斋的风葫芦，在春节前后不到两个月的时间就销售一空。屈文台在天后宫货摊停业后，照常支着挂风葫芦的竹竿架子，这成为“刘海”风葫芦另一种招牌。

屈文台于 1938 年去世，终年 81 岁。此后修竹斋由屈文台儿子屈绍先经营，依旧继承“刘海”风葫芦商标。中华人民共和国成立后，1951 年《进步日报》报道宫北年货市场，称“空竹也是应景的年货，多集中在娘娘宫里，共有五六家，最著名的是屈文台‘刘海’风葫芦，上面烫着‘刘海戏金蟾’的图案，有单轮（轴）、双轮之分，从五响到十八响，样样俱全”。经过公私合营，修竹斋并入第四玩具厂。屈绍先后来辞退单干，继续做风葫芦。1968 年屈绍先故去，其子屈德武继承父业，成为制售“刘海”风葫芦的第三代。1984 年宫南北大街重修后改称古文化街，恢复了修竹斋老字号。今天，作为天津特有的民间工艺品，“刘海”风葫芦制作技艺被列为天津市非物质文化遗产之一。

“刘海”风葫芦

“金星”白酒香飘海外

爱喝酒的天津人都知道“直沽高粱”是天津名酒，但对酒的来历不一定清楚。“直沽高粱”产于河东大直沽，俗话说，“大直沽三宗宝，古庙、烧锅、台子高”，其中烧锅就是早年天津人对烧酒的别称。

大直沽在元代是南粮北运的漕运中转要地，造酒业应运而生，但那时造酒技术并不高，故有“直沽素无佳酿”的记载。明朝嘉靖年间，大直沽的酿酒业已形成规模。至清朝乾隆、嘉庆年间，大直沽造酒业十分兴盛，形成高粱干酒、玫瑰酒、五加皮三大名酒，闻名天津。道光年间恢复海运以后，东北地区的红高粱运到大直沽，充足的原料使直沽酒业得到大规模发展，诗人崔旭《津门百咏》由是咏赞“名酒同称大直沽，香如琥珀白如酥”。到了清朝末年，大直沽酿酒的烧锅已达16家，其中最著名的为义聚永烧锅。

大直沽出土的早期酒罈陶质酒坛盖

义聚永烧锅于1882年前后由天津人刘荣斋创办。1920年，刘荣

大直沽出土的早期酿酒与盛酒的器具

斋将义聚永交给了长子刘香九。刘香九名桂森，字香九，生于1884年，16岁时在估衣街敦庆隆绸缎庄学徒，20岁时在营口一家英国洋行做职员。接任义聚永烧锅后，刘香九锐意革新，开拓新局面，在天津众多酒业烧锅中独领风骚。

义聚永烧锅质量稳定，货真价实。光绪年间初创时，刘荣斋选用高档红高粱，从洗料、前净、后净、采曲、发酵、加气，到头淋、二淋，每道工序都操作认真，一丝不苟。特别在贮存方面，大缸深埋，锡盖加封，使高粱烧酒不跑味，酒精度数不降，因而产品甘洌可口，回味绵长。

刘香九掌门以后，烧锅众多，竞争激烈，加之外销受中间商挟制，大直沽烧锅销路一度不景气。但刘香九有独特的经营思路，他从扩充新品种入手，增产再制酒，以高粱烧酒为胚，另加辅料再制，改制成色酒，酿制

义聚永酒庄的打假广告

出玫瑰露、五加皮和状元红等，受到市场的认可。

大直沽白酒和再制酒虽然驰名，仅指望内销终究不是长久之计，必须打通外销渠道。清朝末年，“汕头帮”“福建帮”“广州帮”（简称“三帮”）商人北来经商，看中了大直沽的酒在南方和港、澳、南洋一带的市场，于是大量贩酒南运。这些商人中，有的是自运自销，有的是充当掮客，两边说合，从中吃佣金。其交易方法大部分是采取赊销的方式，货到付款，或“三节”算账。由于船期往返旷日持久，货款积压影响周转，大直沽烧锅多难于支持。

为了彻底摆脱“三帮”的控制，刘香久亲赴香港、新加坡。由于义聚永烧锅早已名冠南洋，刘香久所到之处受到了高规格的接待。当时新加坡《星岛日报》以头版大字“天津酒业巨子刘香久到星”做了报道。刘香久拜访当地酒业知名人士，了解市场情况，促使各商家争相直接订货，成为天津酒业直销南洋的首创。义聚永的酒不仅在新加坡、曼谷、雅加达、槟榔岛、马六甲、山达根等地畅销，通过转口，还远销到美国的檀香山、旧金山，加拿大的渥太华以及英、法、日、德等数十个国家和地区。

金星牌五加皮酒

义聚永烧锅声誉大增，也带来了新的问题。厦门、汕头个别奸商用火酒勾兑，仿造义聚永及大直沽其他烧锅的包装和标签，在本地和南洋销售。面对这种情况，刘香九开始关注产品的保护。他在营口洋行工作时，接触过大宗的货物和品牌产品。他认为作为一个有规模的、成熟的产品，没有自己的商标是不行的。通过反复斟酌，刘香久最后确定以“金星”作为商标，随后以金色的五角星为标识进行了商标注册。为了使义聚永烧锅更快地走向世界，他请来精通外文的表兄弟，帮助他在海外注册金星商标。刘香九在报纸上刊登启事：“惠顾诸君请认明金星招牌，绝不致悮。”

刘香九早年在敦庆隆绸缎庄学徒时，受到爱国商人宋则久的影响，注重提倡国货。1934年，他参加了国民政府在南京举办的“首都国货陈列展”。当时天津商会推选了13个商品，其中义聚永以3箱玫瑰露酒参展，获得实业部颁发的奖状。同年，为参加芝加哥世界博览会，天津商会致各行业公会，要“慎选精品”送展。义聚永烧锅以业界唯一产品再次入选。

1937年七七事变后，在日军的铁蹄下，大直沽酒业由于再制酒成本高、原料少、不时兴、占压资金太多等原因而停产多家。此时刘香九故去，但他打下了坚实基础，义聚永凭此得以走出低谷。

1949年天津解放后，全市酿酒业只剩下10家。1952年成立联营社，义聚永开始接受国营百货公司的委托加工。因为烟酒实行国家专卖，义聚永等烧锅收归国有，改为天津制酒厂第二车间，1958年改为河北省轻工业学院所属酿造厂，1962年后改为直沽酿酒厂。

“永”字凉席为国货争光

每逢夏季，许多家庭床上都要铺上凉席度暑。早年天津凉席以永丰凉席厂“永”字牌凉席最为有名，这说起来还有一些故事。

李彩轩

永丰凉席厂位于天津西站附近，成立于 1917 年。老板李彩轩名书瑞，字彩轩，后以字行，梁家嘴人。李彩轩的父亲李春华，为天津永盛竹号创建人。其长子、次子、三子均在该号经营，李彩轩行四。李彩轩聪明伶俐，就读于本村放生院小学，1906 年毕业，各科总平均 9 分，名列全校第一名。其中学就读于天津新学书院。新学书院为英国人赫立德博士创办，教师以欧美人居多，中国教师皆为新学人物。李彩轩在此接受了西方的先进教育，毕业后，曾在天津美孚石油公司当翻译，未久辞职，留学日本早稻田大学攻读工科，但仅年余，因夫人王氏患病而辍学归国。

李彩轩在日本期间，到东京一些工厂考察，尤对织席、瓷瓦和牙签制作感兴趣。参观之余，随手收集资料，不论是工艺流程、机器机床、原料配方以至工厂管理，均写成笔记，绘成草图。

老画片《三百六十行》中卖凉席

早年间，北方城乡夏季所用凉席为日本机制薄凉席控制市场，而原料皆来自中国。归国后的李彩轩遂下定决心办厂，以求抵制。为了探究日本人的制造工艺，他奔赴日本凉席原料供应地宁波，充作码头工人，搭乘运草轮船二次东渡日本，并乘机进入织席厂充当工人，数月后偷艺学成而归。直到1919年天津著名的教育家严修、林墨青参观工厂，事后撰有“参观记”刊于《社会教育星期报》上，李彩轩附船东渡“偷艺”的故事才得以披露，一时传为佳话。

办厂需要资金，李彩轩将想法告诉父兄后，三位兄长心存疑惑。李彩轩一再说明后，其兄长在父亲李春华的主持下，拨款2000元大洋，开办永丰凉席厂。设厂之前，他购入一台日本织机，但试用后发现并不理想。因为制造过程要先用一种机器织席身，又用一种机器锁边。前者由电机带动，后者为半手工，二者快慢速度不匹配。于是他以日本机器为参考，对我国农村使用的土布织机进行改造。他请了两位能工巧匠，按照他画的图纸，组装成机器。这种织机经过反复试验改进后，终于诞生了一种以木料为主体，既能织席又能锁边的新式织机。

永丰凉席厂全名为永丰机制凉席厂，厂址在天津西站西（现西青道东面）。工厂为两个大院，前院为办公室及印花车间、锅炉房，后院为两座楼房，一栋一楼为车间，有织机近百台，二楼为工人宿舍。一栋为仓库和整草车间。工厂重视工人的业余体育运动，设有篮球场及各种体育器械，工人近 200 人，男工全部来自农村，女工皆为附近居民。永丰凉席厂的产品有花素单人凉席、双人凉席、枕席、桌席、椅席等。

据 1931 年《天津特别市国货一览》记载，永丰凉席厂的凉席为一等，年产量为 80 余万条，产量质量居全市凉席厂之冠。永丰凉席厂开业仅一两年，就因物美价廉而赢得了很高的声誉，产品供不应求。1920 年其经营达到了高峰，一年获纯利 8 万元，而日本凉席则几乎绝迹于当时的市场。《天津志略》记载："凉席为吾国旧产，因不知改良，致国人多不爱用；又因日本制造品精细，每年输入甚巨。津市凉席业为图竞争起见，乃改用新法制造，出品可与日货抗衡。今本市营凉席者约六家，然规模较大者为永丰，地址西车站，商标为'永'字。"由此可见，"永"字凉席，在抵制日货、振

模宏瓷瓦公司广告宣传册

兴国货方面，做出了重大贡献。

在工厂管理方面，李彩轩先生参照日本、德国的先进企业管理方法，制定了科学实用的管理制度，同时重视工人福利待遇，男工全部住在单身宿舍，女工工时较男工少。工人膳食全部免费提供，标准不低，每周还有一次改善伙食的“犒劳”。工厂统一发放工作服，年节另有奖金或发“双月”工资。工人疾病由厂内负责治疗。职工家属遇有婚丧大事，给予特殊补助。除了工人福利外，李彩轩特别重视职工素质教育，定期对工人进行“经理训话”(即“讲大课”)，讲课内容有政治时事、道德教育、规章制度和业务知识等。除了永丰凉席厂，李彩轩还在邵公庄开设了一家模宏磁瓦公司，生产洋灰花砖、琉璃瓦、细缸瓦、花素磁瓦，为新式建筑和仿古建筑提供材料。

李彩轩还是一位爱国实业家，1927年天津市各界人民要求收回旅顺、大连，从而发动反对日本帝国主义的示威游行。他领导永丰凉席厂全体工人上街参加游行示威。李彩轩连年参加国货展览会，与爱国工商业者时相过从，1935年在基督教天津青年会主办的国货展览会上，“永”字凉席大出风头。1935年在青岛举行的“全国铁路沿线国货展览会”，也出售了不少凉席。“永”字凉席还参加“巴拿马赛会”，并获得优质产品奖。

“鸵鸟”墨水脱颖而出

旧时，在大胡同锅店街街北，有一家诚文信文具店，最初以印书为主，兼营文具纸张，后来研制了墨水。诚文信印的儿童读物让老天津人记忆犹新，而其生产的“鸵鸟”墨水至今仍在流传。

清代末年，西风东渐，美国钢笔与墨水输入中国。随着钢笔的推广应用，墨水需求量随之增大。据《清稗类钞》记载：“宣统时，有仿西法制墨水，以供书写者，人颇便之。”由于这种仿西法制墨水只是一种颜料溶液，既不能持久，还很容易褪色，因此很难为市场认可。民国后，蓝墨水输入中国，“派克”“瓦特门”“拜勒得”“飞笔”“犀夫利” 等品牌占据了市场。1925年以后，天津、上海、广州等地开始生产蓝黑墨水，提倡国货的宋则久先生颇有一番感慨，称“洋墨水，近来的用处很大，从前所用的，全是外国货，近年吾们本国制造的亦有，东西亦很不错”。他还把制作蓝墨水的方法写了出来。不久，天津鸿茂生文具店生产出蓝黑墨水。1938 年，鸿茂生的技术人员赵元亭脱离出来，在侯家后独资开设勤华墨水厂，生产“五星”牌墨水，由于价格低，大受欢迎。后来，鸿茂生又开办同协玉墨水厂与之竞争。但是鸿茂生、勤华、同协玉都生产质次价低盐性墨水，在购买力极低的情况下勉强维持生产。随着社会对高质量墨水需求增多，天津诚文信书局郭尧庭等人研制的“鸵鸟”墨水脱颖而出。

郭尧庭，山东招远人，1911年出生。1926年，其随着同乡到辽宁安东（今丹东市）诚文信文具店做学徒。诚文信文具店是山东招远刘氏家族的产业，1875年在山东潍县创办。安东诚文信于1915年开办，财东为刘子善。安东诚文信主营印刷，兼营文具纸张，在东北十分著名，除安东外，在沈阳、哈尔滨还开有分店。1934年，安东诚文信派郭尧庭到天津筹建分店。1935年，诚文信德记书局在锅店街正式开业。那时，经理为张言廷，郭尧庭任副经理，主要负责文具采购与推销。1937年，郭尧庭到日本东京、大阪采购钢笔、墨水等文具时，参观了墨水工厂，对墨水生产有了初步了解。1941年太平洋战争爆发后，欧美等国的进口墨水基本绝迹，这为国产墨水提供了发展机遇。1942年，天津诚文信由郭尧庭牵头试制墨水。他买了一本商务印书馆印制的《工业大全》，从中学到了一些墨水配比原料与生产基础知识，又聘请了一些有专业知识的人协助，由本店徐崇国为技术负责人，孙彦之配合共同研制。经过两年多的反复试验，郭尧庭调整配方比例，选择颜料，改变水质等，研制出少量的由蓝变黑的普通墨水，最初其以“丽得”为商标，供学校学生使用。

郭尧庭

1945年，天津诚文信正式研制出蓝黑墨水，即鞣酸铁墨水。由于“丽得”含有崇洋媚外的色彩，于是想用一个新商标替代，为此郭尧庭着实动了脑筋。他从“骆驼牌”爱耳颜料得到启发，感到“骆驼有耐久力，寓颜料久不褪色，而鸵鸟也是一种有耐力的动物，可以象征墨水字迹的牢固程度好，稳定性强，长期使用也不会沉淀变质”，而且鸵鸟在沙漠中畅行无阻，以此为品牌也有畅销全国的寓意。为此，郭尧庭选定了“鸵鸟”为商标。

“鸵鸟”墨水最初是作坊式生产，条件十分简陋，几间旧平房，一些缸缸盆盆。不过诚文信有印刷的优势，可以自印商标、包装盒以及广告宣传品。由于鸵鸟牌墨水为鞣酸铁墨水，与以往的盐性墨水相比，色彩稳定不褪色，投放市场后，受到各方的欢迎。

“鸵鸟”墨水得到市场认可后，诚文信抓了两件事：首先，聘请马翼鹏教授、杨恩吉工程师研究如何提高改进墨水质量。一是不惜重金购买进口德国金牛牌、披发牌品蓝块，还对单宁酸、胶、防腐剂、抗氧化剂、稳定剂等来料进行质量把关。二是制定工艺规程，严格按配方备料，按工艺加工。三是建立了化验室，添置了化验设施，增加了一些检测手段。此外还改进了设备和生产工具，尤其是墨水搅拌由手工改为机械，提高了均匀度和生产效率。其次，利用原有的销售渠道，在全国各大城市建立了销售网，到1946年底，其客户已达到500余家。诚文信在推销方式上，采取经销、代销、赊销、包销等多种手段。为适应不同的需要，包装上有1两、2两、3两和1公斤等多种规格，另外还可以零灌墨水，扩大了销售渠道。

“鸵鸟”墨水宣传资料

中华人民共和国成立后，民族工商业得到党和政府的关怀与扶持，“鸵鸟”墨水得以迅速发展。1950年，诚文信在海河西岸河沿马路（今张自忠路）开设分厂专门生产墨水。后来诚文信在锅店街印刷业务也迁到此地，更名为诚文信文具制造厂，停止商品零售，改为生产批发。1956年公私合营后，成立了天津墨水厂。此后“鸵鸟”墨水产品不断丰富，除蓝黑、纯蓝和红墨水外，又陆续生产出翠绿、黑色、碳素、绘图和仪表工艺墨水、书画墨汁等，并大量出口，深受市场欢迎。1998年企业改制，成立天津市鸵鸟墨水有限公司，又为企业发展注入了活力。

玉丰泰从“头面”寻商机

玉丰泰京花店

旧时天津妇女喜欢红色，过年时不仅穿红裤红袄，头上还别着红色的绒绢花。说起绒绢花，不得不提著名的玉丰泰京花店。这家百年老店不仅制作市民喜爱的绒绢花，还为戏曲演员制作“头面”，拓宽了销售渠道。

玉丰泰最初叫三义厚，创建于 1905 年，因三位手艺人合伙开办而得名。最初其在东门外天后宫内专做前来烧香的女客生意，并赊销给串街走巷的货郎。随着生意不断扩大，1927 年，三义厚由三人合伙改为卢玉山独资经营，并从天后宫内迁到宫南的捭子胡同的过街楼上，改名为“玉丰泰京花店”。天后宫内的作坊保留下来，作为玉丰泰的手工作坊，从而形成了前店后厂。

卢玉山经营有道，生意越做越红火，资金逐渐积累增加。1935 年玉丰泰又迁移到宫南大街一号，扩大了营业面积。新店开业后一直到 1946 年，这段时间成为玉丰泰的全盛时期，营业额创最高纪录，职工由原来的七八人发展到三十多人，资本也从千元增长到三万元。此后由于卢玉山年老体弱，不愿继续经营，遂将玉丰泰转让给以王锡伟为代表的十家股东合伙经营。合伙经营后，仍旧沿用玉丰泰京花店店名，在制作技术上不仅保持传统的工艺，而且在造型上不断翻新。从此该店经营的各种绒绢花，不仅为京津两地消费者欢迎，甚至远销香港、澳门地区。

颇受妇女欢迎的绒绢花

玉丰泰的绒绢花经久不衰，主要有几个原因：首先是内行经营，注重质量。早年天津几家绒花店，只有玉丰泰掌柜的是门里出身，对制作工艺要求较严。其次是追求时尚。玉丰泰迎合时代潮流，适应妇女的需求，选用新材料，走在同行的前面。最后是不断推陈出新。正当市面热销粗条绒花时，玉丰泰又研制出细条绒花上市，而且还讲究式样和含义，如“连生贵子”“事事如意”“喜报三元”“龙凤呈祥”“双喜临门”“状元金花”“石榴见子”等，既寓意吉祥，又造型新颖，生动别致。一时间，玉丰泰的绒绢花成了京津两地娶媳妇、聘闺女过彩礼的必备品。当时中上等家庭过彩礼时，如果没有玉丰泰的八对或十六对吉祥绒花礼盒，彩礼就感觉十分逊色。

玉丰泰除了针对市民销售外，还从梨园界寻求商机。这主要得益于店员李仲三。李仲三精明能干，不仅能制作精细的绒绢花，还精通销售业务。评剧演员花月仙是他的亲戚，有一次到玉丰泰买花，看了陈列的各种花样，认为有些很适合在演员的“头面”上使用，便建议李仲三到戏园子里去卖。李仲三听取了她的建议，选了一些式样装入提盒，开始在花月仙所在的戏班子推销，一炮打响。后来，李仲三把天津大小戏园子都跑遍了，戏园子的演员们与他很熟，如林玉梅、赵燕侠、陈桂秋、鲜灵霞、新凤霞、莲筱君、毕燕燕、韩俊卿等著名演员都经常买玉丰泰的花。李仲三在与演员们的交往中，也了解到不同人不同的习性和要求，便量身设计出特殊造型的绒花。玉丰泰为做好演员的生意，还采取赊账等办法，即先把花送去，让演员们试戴，最后再一次结清付款。这种方法深受演员们的欢迎。演员演出戴玉丰泰的绒花，相当于在无形中做了广告，从此一传十，十传百，京津两地都知道天津玉丰泰花色新、质量好。当时玉丰泰所经营的品种多达一百二十余种，销货量一直位居同行之首。玉丰泰抓住机遇，不断拓展，从制作出售绒、绢、纱花及绒制鱼、草、禽、兽等扩展到为戏剧演员制作“头面”。他们制作的“头面”，有绒花、绢花、光片、宝珠四大类，能够满足演员的各种需要，各地戏班皆慕名订购。

1949 年中华人民共和国成立后，玉丰泰有了新的发展，公私合营时又将义源和、万春祥、裕兴、东德顺四家花店全部并入，改称公私合营玉丰泰绒绢花店。资金增到十万元，职工有五十六人，形成绒花、绢花、纱花、珠花四个车间，基本做到尽产尽销，营业额达到三十四万元。为适应新时代的需要，玉丰泰还利用传统工艺，制作出一大批歌颂新生活的绒绢花，如“延安宝塔”“光荣花”“模范花”“插瓶花”“北海九龙”及反映计划生育的“一子光荣花”等，品种达到二百五十种，备受群众欢迎，成为永不凋谢的鲜花。

名人经商

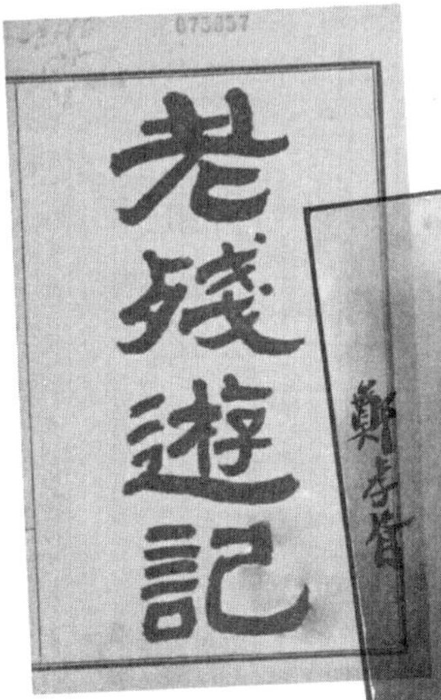
老殘遊記

鄭孝胥

The NEW 1930
WILLYS
SIX-CYLINDER TRUCK
威利斯
特點
中國大陸商業公司
High Compression Engine Four-speed Transmission
女界福

刘鹗在津投资报馆

提起刘鹗，最使人印象深刻的是晚清谴责小说《老残游记》。其实刘鹗除了写小说，还是一位文物收藏家和商人。他从事收藏的经济来源是经商办实业。

刘鹗

刘鹗经商发端于淮安一家烟草商店。刘鹗出生于江苏六合，当时其父刘成忠尚在北京做官。1877年，刘成忠在江苏淮安县购买了大量的房产和土地，从此举家落户淮安。1884年，刘成忠去世，家计由长兄刘孟熊主持，刘鹗不愿过寄生生活，决心走出一条依靠自己实现抱负的道路。他向母亲索要了一些资本，在淮安县城的南市桥开了一家有三间铺面的烟草店。奇怪的是，他的烟草店没有招牌，只在柜台顶端竖起一块长条型的匾额，上面书写“旦巴哥”三个大字，书法极其工整。路人见了都摇头不解，就连淮安的秀才们也都搞不清楚这三字出自何典故，遂被人们视为淮安一怪。殊不知刘鹗熟悉日语，“旦巴哥”一词出自日语烟草的音译。刘鹗的店铺出售烟叶、烟丝品种齐全，有衡烟、香丝、关东烟等。刘孟熊见刘鹗自谋生路甚是欢喜，特推荐一练达诚笃之人帮助他经营。刘鹗对此人非常信任，让他主持营业，司理账目。未料想一年过来，年终结账时店资却折阅几尽。除夕之夜，此人心里颇不安定，刘鹗安慰他，并用酒食留其度岁。此人感到内疚，夜半竟自刎于刘家。唯恐家人无端索诈，此人又遗书家人言明实情。就这样，这个烟草店仅开办一年，就闭门谢客了。

烟草店经营失败后，刘鹗经商的决心没有泯灭，而且锐意不减。1886年，他在上海开办石昌书局，经营石印业务，不久因涉讼而停业。刘鹗喜欢医学，有在扬州行医的经历，据刘德隆《刘鹗年谱长编》记载，1897 年 6 月，刘鹗“开始担任津海关官医”，从此与天津结缘。

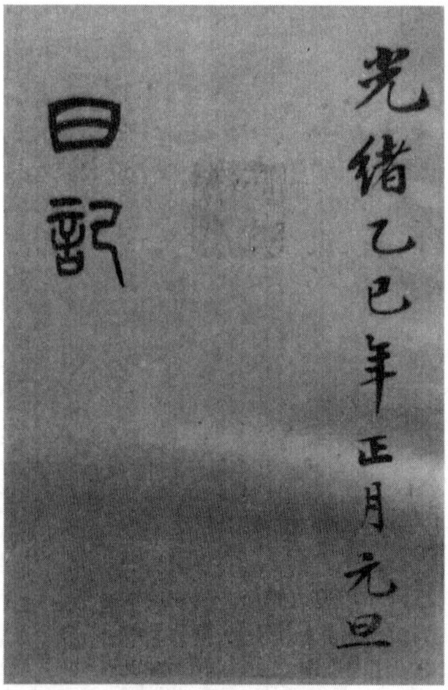

刘鹗《光绪乙巳年日记》

刘鹗喜爱收藏碑帖和古钱，与同样有此爱好的《天津日日新闻》主笔方若成为挚友。《天津日日新闻》前身即《国闻报》。《国闻报》曾由严复、王修植等人经营，1898 年转让给日本人，由方若担任主编。此间，刘鹗在《国闻报》上发表过《风潮论》等文章。1900 年庚子事变，位于法租界海大道的《国闻报》馆毁于炮火，故迁到天津城外天后宫北玉皇阁前，更名为《天津日日新闻》，起初该报使用中日两种文字。1902 年，原馆主西村博另办日文报纸《北清日报》，而将《天津日日新闻》转让给方若。此时刘鹗入股《天津日日新闻》和印字馆，报纸也全部使用中文。这一年《天津日日新闻》搬至日租界旭街中孝西里。从《刘鹗日记》的记载看，印字馆距离报社不远，也在日租界。日记中有出资购买印刷机的记载。乙巳(1905)年九月初八：“报馆机器初四夜毁，修理三日不能用，决机(计)购新机器一部，予贴费一千金，并汇沪二千金为浦口税契之用。”刘鹗办过印刷厂，对印刷机并不外行。当时印刷设备多从上海进口,所以才有向上海汇二千元为浦口契税之说。《天津日日新闻》对刘鹗的小说出版提供了很大帮助。目前发现的《老残游记》初版本,应该是1904年《天津日日新闻》版本。阿英先生藏有《天津日日新闻》粘贴本1至10回一册,中缝上题《老残游记》书名,下为页码及"天津日日新闻"6字。刘鹗嫡孙刘厚泽存线装单行本两册,上册自1至12卷,下册13至20卷。扉页上题"老残游记"四字,下角有"药雨"两字印章,可见是方若的藏品(方若字药雨),书后印"印刷所:天津日日新闻社;发行所:天津孟晋书社,每部定价大洋三角半"。书上无出版日期,却被后人推断为"最早的一种单行本"。

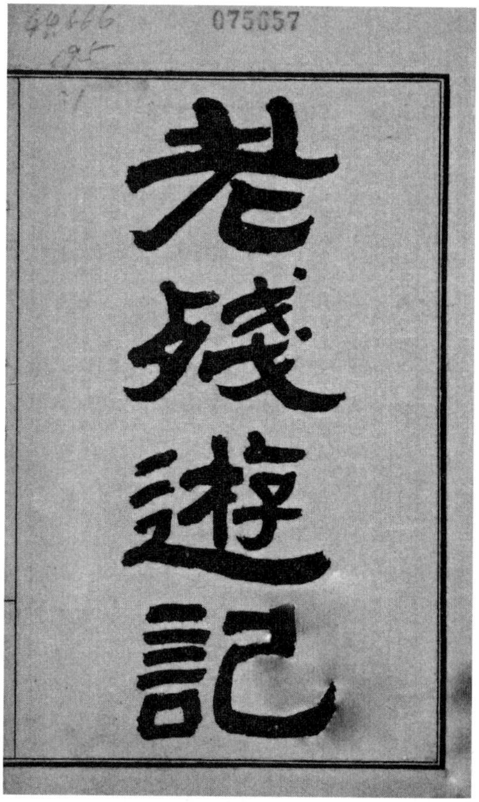

《老残游记》扉页

刘鹗在天津另一项投资是海北精盐公司。该公司创建于光绪末年,由刘鹗与日本驻天津领事馆领事郑永昌一起筹建。天津的长芦盐业十分发达,他们计划购买粗盐加工成精盐后运销到朝鲜、日本。郑永昌是日籍朝鲜人,在日本与朝鲜有许多关系。1905年至1906年,为了经营海北精盐公司,刘鹗经常住在天津,下榻就是日租界中孝西里《天津日日新闻》报馆旁,据说这是报馆特意为刘鹗准备的在津寓所。

刘鹗除了在天津投资报馆与精盐公司,还投资过铁路、煤矿和纺织厂。在封建时代,能够有这样的商业投资意识,还是难能可贵的。

罗振玉办贻安堂经籍铺

1919年初夏，罗振玉结束了在日本八年的旅居生活回国，在上海略做停留后，便北上定居天津，长达十年之久。在天津租界内，罗振玉感受了繁华与安逸，经历了末代皇帝溥仪移居张园，挚友王国维投湖自尽等事件，其间还潜心学术，自办书店与印刷厂，反映出一位落魄士大夫的生活。

罗振玉

罗振玉在天津，最初经友人王季烈帮助，在日租界租住“今是园”，随后津人金钺将英租界墙子河外集贤村（也称金家花园）借与其住。1920年秋，罗振玉在法租界31号路(今锦州道)营建嘉乐里新宅。罗振玉以收藏古物而闻名，原准备“预于津沽赁楼三楹，以贮由海东(日本)运归之书卷长物”，但是“生计日枯，已谋售书事”，于是在嘉乐里西首开设了一家书店贻安堂经籍铺，出售罗振玉的著述和旅日期间在“永慕园”编印的古籍书册，一时为士林关注，名震一方。

贻安堂经籍铺由罗振玉长子罗福成主

持，在1921年《学衡》杂志上刊登着贻安堂出售的书目。其中甲骨类，有罗振玉编《铁云藏龟》《铁云藏龟之余》《殷墟书契前编》《殷墟书契后编》《殷墟书契菁华》《殷墟古器物图录》《殷墟书契考释》《殷墟书契待问编》；王国维编《戬寿堂所藏殷墟文字》《殷卜辞中所见先公先王考》《殷周制度论》；英人明义士编《殷墟卜辞》；孙诒让《契文举例》；商承祚《殷墟文字类编》等。还有其他古文字著述，其中以罗氏自印图书为主。

1920年，罗振玉在天津创办博爱工厂，招收年轻的旗人。工厂由其四子罗福葆管理，最初租房经营，后在河北购地建厂。博爱工厂本是一家手工业传习所，初设织布、织带、织巾、织帘、制漆、布砂纸等科。当第一期学生毕业后，罢黜各科，专设印刷一科。为筹集资金，他还听从好友金梁的建议，从募集的资金中抽出五万元，招募商股，创办东华银行。罗振玉还在北京设立贞苦堂，以恤孤嫠。由于战事频仍，银行连年亏空，不能续办。而博爱印刷厂也因“津沽为商业地，文化未开，印书者少”，为此只能个人出资印行古籍来维持运转。不久，法国大学院开展东方文化研究，聘请罗振玉为东方联络员。于是，罗振玉纠合南北同道成立东方学会。学会拟办印刷局，利用博爱工厂，印书数十种。

罗振玉在津印书卖书的同时，仍不忘学术交流。在清末，罗振玉与刘鹗、方若、王孝禹并称四大碑刻收藏家，其与《天津日日新闻》主笔方若过从甚密，又结识了津门碑刻收藏家周季木。此外，罗振玉还与前清遗老金梁、张绍曾、张人骏、劳乃宣、升允等一起谈古。他与梁启超也有交往，因校勘王念孙、王引之父子遗书，需要参考《高邮王氏四世文集》，特赴饮冰室借阅。他还专门赴天津城厢东门拜访甲骨文研究家王襄，参观所藏，感觉“天津王氏所藏卜文甚佳，约七八百纸，其佳者约得大半”。他还与住在一条街上的大藏书家李盛铎来往密切，并获准翻刻一些珍版典籍。罗振玉对天津颇有好感，曾言：“读书著书，北方最便，到此两月所见，殆逾于海东（日本）一二年。”

罗振玉在嘉乐里潜心著述，1921年，他被巴黎文学院选为文学院通信员，其在《亚洲学术杂志》上发表《高昌曲斌造寺碑释文并跋》《补宋书宗室世系表》等文章，影响颇大，还在《学衡》杂志上，发表了《魏正始石经残字跋》《汉石经残字集录续编》等。

罗振玉在天津还与欧洲汉学家有过交往，法国人伯希和寄来流落海外的唐《切韵》残卷复印本。1922 年，俄国汉学家伊凤阁专程到天津拜访罗振玉。伊凤阁曾在中国游学，清末开始系统整理俄国探险家科兹洛夫从中国黑水地区掠走的西夏文献，发现、鉴定并报道了《掌中珠》《文海》《文海杂类》《音同》等西夏文字典籍。1912 年，罗振玉在日本见过伊凤阁，得见《掌中珠》一页。罗振玉深知这部书的学术价值，次年即向伊凤阁借得《掌中珠》九页，付诸影印。《掌中珠》开始在中国学术界流传，但内容只不过是全书的四分之一。这次伊凤阁来访，罗振玉向他借得全书照片，即命长子罗福成校对、整理、抄写，1924 年，《掌中珠》由贻安堂经籍铺作为《绝域方言集》第一种刊行于世，这便是后来流通较广的罗抄本。

贻安堂经籍铺刊印的《涅般经悉谈章》

贻安堂经籍铺主要刊刻罗振玉的个人著录，还筹划刊刻《永丰乡人稿》《松翁近稿》《海外吉金录》《庚辛成仁录》等。罗振玉还通过收购明清大内档案，编印了《国朝官印集录》。1928 年冬，罗振玉出售嘉乐里住宅，全家迁往旅顺，贻安堂经籍铺和印刷厂结束了历史使命。

郑孝胥投资受骗

郑孝胥与天津有较深的因缘。1925 年 2 月 28 日,郑孝胥被下野的末代皇帝溥仪招至天津,最初总管内务,后来又总管外务,甚至招来儿子郑垂到天津一起为溥仪服务。郑孝胥在津期间除当值清室政务外,闲暇时间很多,便在英租界广东道(今唐山道)的夜起庵(郑的书房)会友、写字。其书法自成一家,久负盛名。最初鬻字,每年三千金,后逐年递增,到津以后,每年一万二千金。虽当时“干戈遍地,百业凋零”,而求书者有增无减。此间他为天津许多商号书写匾额,如“天华景”“东莱银行”“聚兴诚银行”等。溥仪给的俸禄杯水车薪,而他的笔润,可谓“累黍不爽矣”,并以此自给。有人恭维这是“天之所以报施贤者”。

郑孝胥

民国后的天津商业十分发

达，有着巨大的投资商机，郑孝胥毅然放下士大夫清高的姿态，投资入股天津的一些产业。郑孝胥在上海时就曾入股商务印书馆，并一直担任商务印书馆董事，有重要事项还要到上海参加董事会议。到天津后，郑孝胥投资了周学熙等人开办的启新洋灰公司，多次参加启新洋灰公司股东会。郑孝胥闲暇时间喜欢逛商场，经常去德庆市场、天祥市场、泰康商场，上海最大的百货公司先施公司股东黄文谦准备在天津投资时，因为在天津人地生疏，便托朋友徐良帮忙。徐良乃前清大臣徐勤的大公子，保皇派的代表。徐良久居天津，经常到张园，与郑孝胥熟悉。徐良帮助中原公司在日租界旭街选地，还当上了中原公司的秘书。1927 年 5 月 29 日，黄文谦来到天津筹办中原公司，郑孝胥经徐良的介绍与之相识。在黄文谦的劝说下，郑孝胥同意入股千余元。1928 年中原公司盛大开业，楼上设立妙舞台剧场，经黄文谦邀请，郑孝胥书写剧场楹联，颇得好评。

除了中原公司外，郑孝胥还与溥仪一起投资《世界诚报》。1929 年 6 月，德国柏林电联通讯社驻远东记者罗师求见溥仪，打算在天津投资《世界诚报》，出版中英文 16 页报纸。开办费约需 2 万元，罗师扬言在中国、英国、日本招股，以为清室复辟之用。溥仪并不认可，却经不住罗师巧舌如簧，后答应入股 3000 元，指令郑孝胥代表小朝廷负责此事。郑孝胥介绍了一些新闻界的朋友参与了报纸的规划。由于资金不充裕，罗师又托郑孝胥帮助向银行贷款。郑孝胥找到其经常存款的上海银行，将自己存折作为抵押，借款 4000 元，40 天归还。起初《世界诚报》颇有势头，聘请知名报人朱志钧、钱秉如为总编辑和副总编辑。报纸对外号称筹款 20 万元，实际仅 3000 元，许多内行人料定办不成。郑孝胥的公子郑垂也觉得罗师不靠谱，来信让父亲留心。郑孝胥回信教训郑垂："不能冒险，焉能举事。"由于资金拮据，罗师颇有悔意，而朱志钧、钱秉如愿意维持，郑孝胥也给予很大信任，还为报纸书写了报头。经过一番准备，报纸最初计划于 1929 年 10 月 10 日出版，后又改到 10 月 25 日。1929 年 10 月 12 日，在《大公报》刊登广告《世界诚报发刊露布》，公布了报纸的一些规划。11 月 28 日《申

世界誠報發刊露布

1929 年 10 月《益世报》刊登《世界诚报发刊》消息

报》有一条《溥仪在津被骗》的消息，说《世界诚报》筹备一个多月，因营业不振即将倒闭。罗师并不懂经营，向各印刷局购买旧材料，价格未谈好，即运至报馆。罗师还购买了数架印刷机，招收了 20 多名工人与职员。罗师经常对外称《世界诚报》即将出版，并在各报大登广告，却一再展期，终无确信。其所买到的旧机器及材料，价格不明。而报纸筹备月余之久，职员、工人分文未得，导致众人大哗，一切事务均陷停顿。

此外，总编辑朱志钧发现所购铅字太旧不合用，重铸约需费用千元左右，请郑孝胥筹款被驳回。不久，朱志钧、钱秉如找到郑孝胥，说要购买五号铅字，需要200元，如得之即可出报。不得已，郑孝胥从自己口袋掏出。报纸要出，又遇到注册问题。报纸最初计划在英租界电灯房后48号办报，后改为日租界福岛街(今多伦道)79号。罗师原打算在日租界办报，日本总领事不解，“罗师为英人，不在英租界营业，为何在日租界营业”，遂被驳回。罗师又找到英国总领事，又被驳回，最后迁到意租界六号路(今自由道)。

1929年11月14日，上海银行借款到期，罗师根本还不上，郑孝胥又自掏4000元还了借款。翌年1月23日，郑孝胥要求罗师还2000元，余2000元展期两月。但不久，报馆来人“言诚报不能度岁，求援助，状甚迫切，且云，苟得度岁，万不至绝望”。前债未还，郑孝胥又掏出1000元。

1930年1月5日，《世界诚报》正式出报，创刊仅三个月竟遭夭折。溥仪小朝廷人都说郑孝胥被罗师骗了。陈宝琛更是加以讽刺，称：“苏龛(郑孝胥的字)，苏龛，真乃疏忽不堪；慷慨，慷慨，岂非慷他人之慨。”

袁克定曾任开滦督办

袁克定(1878-1955),字云台。袁克定是袁世凯的长子,出生在河南项城县。母亲于氏,出身河南沈丘一家富户。袁克定在袁世凯的三十二个子女中,是唯一的嫡出。由于出生时,额头上长着一块记,所以小名叫"记光"。袁克定一直跟随袁世凯身边,由大姨太沈氏抚养。其家庭教师是一个德国牧师,因此他通晓德文,英文也相当不错。袁克定18岁结婚,妻子是吴大澂的女儿吴本娴。

早年的袁克定并不显山露水,只是在清廷当差。1907年,袁世凯任外务部尚书时,他任农工商部右参议,1909年升为右丞。

袁克定

1911年10月,武昌起义爆发。时任内阁总理大臣的袁世凯特命袁克定代表自己赴武汉前线。当时的冯国璋不明白袁世凯的心思,一鼓作气攻占汉阳,并欲渡长江。袁克定闻讯,并急电袁世凯。后来袁世凯电令冯国璋按兵不动,勿过长江，促成了袁世凯与革命党的南北议和。由于袁克定在汪精卫因谋刺摄政王载沣后的减刑与获释中出力不小，袁克定与汪精卫换帖结拜为兄弟，并由袁克定全权代表袁世凯与汪精卫商谈南北议和事宜。1912 年 2 月，南京临时参议院选举袁世凯为临时大总统，以接任两天前辞职的孙中山先生，并选举黎元洪为副总统。在黎元洪入京就任副总统那天，袁克定应袁世凯之召速回京师。他在骑马驰往彰德车站途中，不料从马上坠下摔成残疾，后被称为“袁大瘸子”。

1915 年 8 月，袁克定暗中策动，成立了筹安会，鼓励袁世凯称帝。当年 12 月 12 日，袁世凯向全国宣布承受帝位，不久爆发讨袁运动。1916 年 3 月 22 日，袁世凯宣布取消帝制的诏书，帝制共维持 83 天。袁克定在洪宪复辟中表现积极，企谋以“太子”的身份攫取国家权力。不久袁世凯去世，按照袁世凯的遗嘱，请徐世昌主持各家的分家析产。分家后，袁家除了四姨太、九姨太住在彰德外，各房陆续搬到天津。

说到袁世凯的财产，还要提到开滦矿务局。开滦前身开平矿务局，为李鸿章委派轮船招商局总办唐廷枢所办。该局为官督商办，“虽有商股，

开滦矿务局大楼

实同官产”。1900 年为八国联军占领后，开平矿务局被英商墨林公司渗入,更名为开平矿务公司。后来矿权丧失,变为英商企业。1906 年,直隶总督袁世凯命周学熙创办滦州煤矿,形成“以滦制开”。1912 年 1 月双方达成协议,签订了“联合办理草合同”,成立了开滦矿务总局。根据《开滦矿务总局联合草合同》,开滦矿务总局呈请中国政府派矿务督办一员,随时监察保护经营事业,并报告于中国政府,其薪水由开滦矿务总局支付。同年 4 月 5 日,直隶总督张锡銮通知滦州矿务有限公司,由袁克定任开滦矿务总局督办。1912 年 5 月 21 日,开滦矿务总局督办袁克定关于对开平公司厘定主权问题及条件,列单照会开平公司签认。1912 年 6 月,袁世凯把持的北洋政府批准了“联合办理正合同”。

1915 年袁世凯死后,袁克定迁居天津隐居。其住在德租界 16 号(今台北路 6 号 3 号楼),过着寓公的生活。袁克定当上开滦矿务局督办后，并未实际参与管理，平常事务由协理李士伟代理。按照开滦矿务局合同规定，中英双方资本各为 100 万英镑，但由于经营管理权掌握在英国人手中，英方督办纳森掌握着实权。但开滦督办月薪 2000 大洋，还是一件美差。其间袁克定逍遥自在,早年信佛,自号慧能居士。此间,生母于氏和大姨太太沈氏相继在天津去世。由于沈氏自幼抚养他,其去世时袁克定反穿羊皮袄,以示重孝。

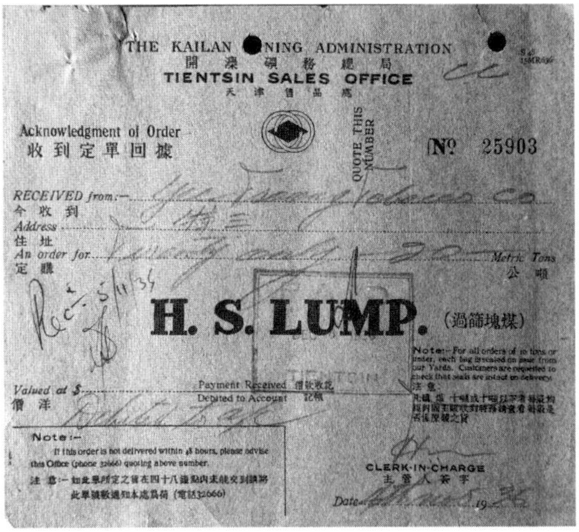
THE KAILAN NING ADMINISTRATION
開灤礦務總局
TIENTSIN SALES OFFICE
天津售品處
Acknowledgment of Order
收到定單回據
QUOTE THIS NUMBER
№ 25903
RECEIVED from:—
今收到
Address
住址
An order for Metric Tons
定購 公噸
H. S. LUMP. (過篩塊煤)
Valued at $
價洋
Payment Received 價款收訖
Debited to Account 記賬
Note:—
If this order is not delivered within 48 hours, please advise this Office (phone 32660) quoting above number.
CLERK-IN-CHARGE
主管人簽字
Date 19

开滦矿务局收据

袁克定虽在野,但有北洋政府旧人呵护,并不担心。袁世凯死后,袁克定以家长自居,袁世凯的各房姨太太有事也都请示他。1928 年东北易帜后，晋军入天津。袁克定对未来有所担心，也担心兄弟之间有事，彼此有牵连。同年5月，袁克定偕诸弟在《益世报》发布启示："予兄弟十七人于丙辰年析产后，散居各地，自立门户，所有个人事业各自负责。"11月28日，袁克定到开滦矿务总局议事部议事会上辞去开滦矿务总局督办之职。

“安福财神”王郅隆

王郅隆本是商人出身，后利用皖系的权势敛财，当上了北洋政府财政部部长，成为皖系政客安福俱乐部的干将，并为之筹措了大量的活动经费，时人称之为“安福财神”。

王郅隆

王郅隆(1888—1923)，字祝三，天津津南葛沽人(又称天津县阮家庄人)，先祖为粮商，到了父亲王鸣礼改以撑船为生。王郅隆兄弟五人，排行第三，故字祝三。早年王郅隆曾和五弟王蕴隆到东北粮行学徒，并在外柜揽生意。此后，王郅隆做起粮、木商的“跑合”生意，有了积累，离开东北，在唐山开设义发祥杂货铺，零售兼批发。后来王郅隆回津开办元庆木厂，经营建筑工程。正好天主教徒柴天宠负责修建天津及津南一带天主教堂，王郅隆遂与柴天宠熟识，揽到了一些生意，赚了一大笔钱，又开设了荣庆号米庄。后来，柴天宠成为紫竹林天主教堂总管，准备在津办报，并委托天主教徒英敛之经营，后拉上王郅隆、德商洋行买办张连璧，以及法国领事馆翻译李敬宇一起投资开办《大公报》，其中柴天宠与王郅隆的股份比重较大。

王郅隆经营得法，有了积蓄，还捐了一个候补道。有了钱，他还时常转转骰子，赌赌小牌。有一次，遇到新建陆军营务处军官倪嗣冲赌牌输了两万元，赌徒逼他交钱，倪嗣冲拿不出来，被押至警察局。后来王郅隆出面替他还账，倪氏十分感动。倪嗣冲当上了安徽督军后，聘请王郅隆为后路局总办。王郅隆从财政部领出安武军军饷后，存入银行，再分期汇寄安徽。就这样，王郅隆利用军饷作为周转资金，做生意，获利颇丰。王郅隆又为皖系军阀徐树铮赏识，历任黑龙江、湖北和安徽等省盐务榷运局总办。王郅隆利用皖系的权势，大发其财，拥资甚丰。他先后投资天津华昌火柴公司、丹华火柴公司。1911 年，王郅隆与倪嗣冲、段芝贵经营盐务，与徐树铮、段芝贵合谋侵占长芦盐商何炳宗等人的资产后，组织天津长顺盐业公司，入股井陉、正丰煤矿公司。民国以后，他与皖系军阀关系密切。1915 年，他劝段祺瑞、倪嗣冲等人对工业进行投资。并亲赴上海，向申新纱厂老板荣宗敬请教办厂秘诀。随后，他联合皖系军阀投资裕元纺织股份有限公司（后为棉纺二厂），王郅隆、倪嗣冲等数人共投资 200 万元，其中倪嗣冲投资过

裕元纱厂王祝山总经理纪念碑

半，为 110 万元。1916 年，王郅隆在小刘庄购地 262 亩，翌年建成投产。工厂有纱锭 25000 枚，织机 500 台。裕元董事会由段祺瑞、倪嗣冲、徐树铮、王揖唐、曹汝霖、朱启钤、吴鼎昌、周作民、段芝贵、段谷香、王克敏、陆宗舆等人组成，王郅隆出任总经理。1916 年 9 月，在徐树铮的支持下，王郅隆集资购进《大公报》，自任总董，聘胡政之为经理兼总编辑，使该报成为皖系的喉舌。

1917 年，他联合倪嗣冲投资周作民兴办的金城银行，自任总董。该行在华北地区与中南、大陆和盐业三大银行并驾齐驱，时有“北四行”之称。

1917 年 11 月，皖系政客在北京组织安福俱乐部，王郅隆常任干事兼会计课主任，成为皖系干将，不久被选为参议院议员。倪嗣冲曾竭力向段祺瑞推荐王郅隆任财政总长，但由于安福系内部多数人反对未果。1919 年，王郅隆的荣庆米庄以段祺瑞政府参战处的名义使用军用照，采购江浙大米北运天津，并由天津向日本出口，获取暴利。同年，王郅隆还创办裕兴面粉公司、义生源米庄，到 1920 年，其拥有资产四五百万银圆。由于王郅隆为安福系筹措了大量的活动经费，所以被称为安福系“财神”。1918 年 8 月 12 日，《申报》刊载邵飘萍的文章《北京特别通讯》称：“现在财政尚未有人。彼辈心目中所视为最适当之人物即为王郅隆氏。盖王向为督军们料理财产，不啻督军团之账房，以总账房而为财政总长，自最可靠而又最易于指挥。”不久，王郅隆当上了北洋政府安福内阁财政总长。

1920 年 7 月，直皖战争中皖系失败，王被列为“安福十大祸首”之一，被吴佩孚通缉。他到北京日本兵营避难，后偷偷回津。他的家被抄，财产在报纸上公布。1922 年 11 月，王郅隆在《益世报》发表启事，表示逃到天津是“择地就医，静待昭雪”，并且今后“誓不再闻世事，亲友中如有枉顾者，恕不接待”。

1923 年春，王郅隆经青岛逃到日本。他向日本大仓商行洽谈借款 300 万元，又向日本其他大财团商谈借款事宜，以作为安福系与直系作战之用。事已垂成，将要签字，当年 9 月 1 日，时逢日本关东大地震，王郅隆遇难身亡，死于横滨。

1925年，段祺瑞重掌政权，议决将王郅隆生平事迹及在日本被震灾殒命等情形记录下来，在原籍天津竖立纪念碑，永垂久远。后纪念碑安放在裕元纱厂，时逢王郅隆去世两年，段祺瑞派员送“勋高筹国”匾额一方，以示悼念。

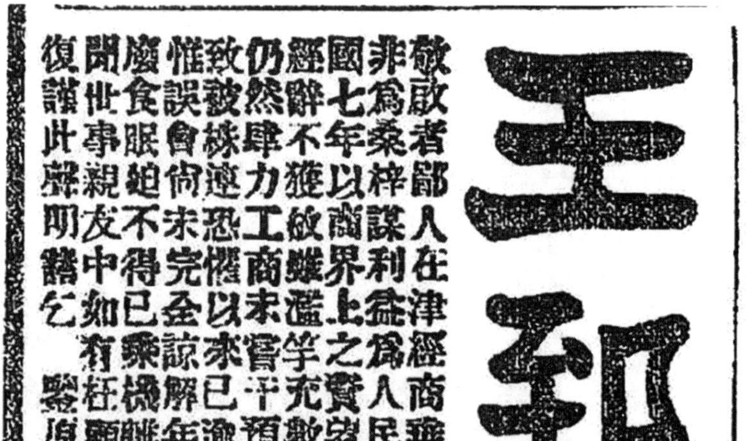

王郅隆啟事

敬啟者鄙人在津經商垂四十年首創實業艱苦備嘗無
非爲桑梓謀利益爲人民廣生計苦心孤詣人所共知民
國七年以商界上之資望被選爲參議院議員原非本願
經辭不獲故雖濫竽充數僅於要案出席數次隨同畫諾
仍然肆力工商末嘗干預政事直皖之役不幸竟因誤會
致被緝逮恐懼以來已逾兩載按法律雖早經偵察無據
惟誤會倘未完全諒解年老多病精力日衰近更加劇幾
廢食眠絕不得已乘機離京擇地就醫靜待昭雪審不再
問世事親友中如有枉顧者恕不接待承惠函件亦不作
復謝此聲明諸乞鑒原是幸

1922年王郅隆在《益世报》发表的启事

李准在津购地建房

李准(1871—1936),字直绳,四川省邻水县李家坝人,清代历任广东候补道员、总兵、广东水师提督兼任巡防营统领。在任水师提督时,李准曾乘坐兵舰巡视南海诸岛,故南海诸岛中有一块岛礁被命名为“李准滩”,以示纪念。中华民国成立后,李准任北洋政府公府高等军事顾问,并授予陆军中将。他在北京供职,却居住在天津。1925年,李准辞去顾问之职,赋闲于津。李准精通书法,并卖字获取笔润。他擅长写剧本,与京津名伶交往密切,还喜欢著文,曾著《粤中从政录》《广东革命大事记》《任庵闻见录》《任庵自编年谱》等。除此之外,李准还有一项收入,即来自房地产投资。

李准

李准投资房地产比较早。1911年,李准在香港避难,就买下了罗便臣道两所房屋以为居室。其自号“居夷道人”,打算成为隐居香港的世外之人,不再闻听外事。这一年,李准还在广州天平横街九水坊购买五亩余地,建住宅洋楼。但施工未竣,辛亥革命爆发,遂停工,后此楼被民军敢死队占据。李准颇具商业头脑,1912 年与友人马笏庭投资 40 万,联合购置在汇丰银行抵押的香港辅善堂以及德辅道万芳楼水池街朝秀里等房产。此项投资李准出资 8 万,马笏庭出资 2 万,剩余 30 万又在汇丰银行抵押贷款。李准所购房产月收租 2000 余元,除交利息千余元外,尚余千余元以资家用。这种贷款购房颇似现代人的投资做法,但在一百多年前,可谓十分超前。同年 9 月,李准又购买了香港德辅道昭隆街 3 号一处房产,投资 12 万元。算下来,他在香港共投资了三处房产。

李准在天津买房始于 1913 年,这一年,他被委任为北洋政府公府高级军事顾问。李准颇有政治头脑,他虽在京城任职,但不置产业,只是租房居住。他把投资目光放在天津租界。这年秋天,李准以 15000 两白银买下天津英租界戈登路(今湖北路)18 号洋楼一所。这所楼占地三亩九分,树木极多,但房屋破旧,工料也很平常,屋子也不多,主要预备自香港来的眷属居住。翌年秋天,李准原配黄夫人携二女儿梅荪及外孙夏柏林自港来津便住在这里。

1916 年,李准在天津英租界广东路(今唐山道)购地三亩余,建成一所五楼五底的两层洋楼,10 月落成。12 月,黄夫人率子侄辈迁居于此。同年,李准以 15 万元变卖香港德辅道昭隆街房产以还汇丰银行之贷款,仅留香港中兴栈之铺业,月收租 1200 元以作家用。1919 年,广东路的房地产以 34000 元卖给原陕西督军陈树藩。

1917 年 6 月,李准在法租界 32 号路(今赤峰道)购地四亩三分。经过设计、画图、购料,开始施工,不料 8 月暴雨成灾,马路积水数尺,于是停工,眷属全迁至北京。10 月水退,李准才携家眷回津。

1918 年,李准出售戈登路 18 号住宅,得 26500 元。3 月,法租界 32 号路住宅重新开工建设。8 月竣工,共建成两楼两底洋楼 11 所,其中自住 2 所,出租 9 所,名曰泰安里。这项土建工程,耗费资金 8 万余元。9 月,李准全家迁入泰安里 11 号。李准喜好书画,于是将泰安里 10 号改为天津寓公同人俱乐部。“故每日除学书外,当夕阳西下,即与二三友人看竹于此焉。”

1925 年夏,李准出售法租界泰安里房产于福建督军周荫人,得款 15 万元,除还贷款,尚余 10 万元。于是,李准又购买了英租界 58 号路(今芷江路)一块土地。该地八亩八分,建自住大洋楼 2 所,出租楼房 13 所。同年冬天,出租楼房竣工,名曰泰华里。翌年 5 月,自住楼竣工,中旬迁居。这次盖房用地六亩六分,尚余二亩二分。1928 年冬,李准将 58 号路泰华里剩余二亩二分土地,售与原北洋政府财政总长刘恩源,共得 23000 元。

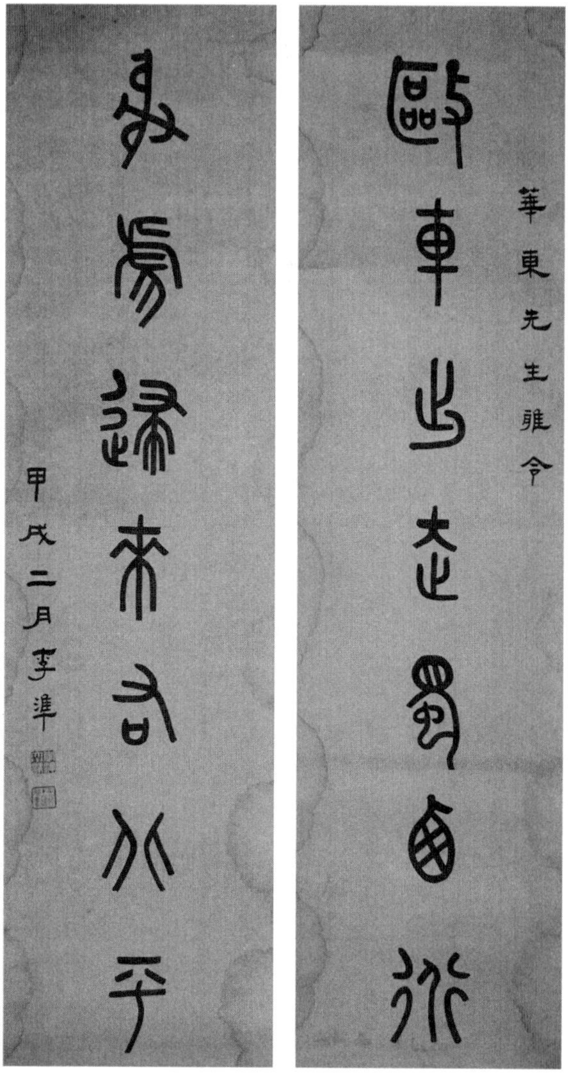

李准书写的篆字楹联

李准在天津从事房地产投资,除第一处外,广东路、32 号路、58 号路,皆为购地建房,说明他具备一定的经济头脑和超前意识,特别是在租界尚未形成规模时进行投资,土地和建筑成本较低,挣了不少钱。但是李准喜欢应酬,在津拥有一个大家庭,一妻二妾、三子、十三女。而且他的胞弟

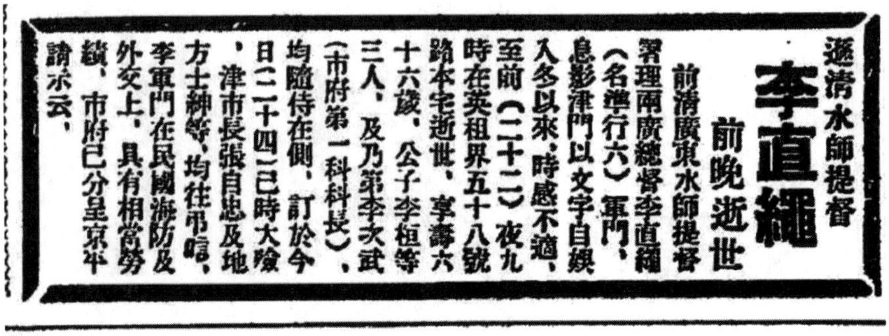

遜清水師提督

李直繩

前晚逝世

前清廣東水師提督署理兩廣總督李直繩（名準行六）軍門，息影津門以文字自娛，入冬以來，時感不適，至前（二十二）夜九時在英租界五十八號路本宅逝世，享壽六十六歲，公子李植等三人，及乃弟李次武（市府第一科科長），均隨侍在側，訂於今日（二十四）巳時大殮，津市長張自忠及地方士紳等，均往弔唁，李軍門在民國海防及外交上，具有相當勞績，市府已分呈京平請示云，

1936年12月《益世报》刊登的李准去世消息

也跟随他生活，家累很重。1930年李准在津过六十大寿，都是亲友凑钱举办的。为了面子，李准还在国民饭店举办一场堂会，耗费1000多大洋，连他自己都说“亦过太费”。李准在津时，还有一些四川亲友依附于他。为了节省资金，李准后来不得不令这些人回川，将自主楼房由2所改为1所，腾出的房屋用于租赁。1932年，李准感到“年来困处津门，欲归不得。而房产不易脱手，日用维艰，节衣缩食，亦难支持”。说明其处境艰难。李准于1936年病逝于天津。

宋则久提倡国货

在天津近代工商业发展中，由于外国的商品倾销和资本输入，民族工商业在中国举步维艰，从而产生了“挽回利权”的呼声和国货运动，领导天津国货运动的领袖人物为爱国商人宋则久。

宋则久

宋则久（1867—1956），名寿恒，天津人，出身商人之家，15 岁在义德泰绸缎庄学徒，由于精通业务、踏实肯干，又被庆祥、隆聚、德生锦先后聘任，最后到了敦庆隆。敦庆隆坐落估衣街西口，老板纪锦斋委任他为上海驻庄采购。由于喜欢读书，宋则久深谙商业经营，1899 年受聘敦庆隆绸缎庄经理。他在绸缎庄带头销售国产布，业务蒸蒸日上。1901 年，袁世凯继李鸿章任直隶总督兼北洋大臣后，兴办“北洋实业”。1903 年，周学照组建直隶工艺总局，下设考工厂、工商研究会和工业售品所。翌年，聘任宋则久为考工厂议绅和考工审查员，并主持工商研究会。从此宋则久考察了许多国货产品和厂家，还将工商研究会办得有声有色。1905 年，他见外国肥皂、牙粉盛行，积极创办天津造胰公司和报国公司（牙粉厂）制造国货。他倡导国货，牵头成立直隶国货维持会并自任会长。

1912 年 3 月 2 日，考工厂在“壬子兵变”中摧毁，重建后改名为天津工业售品总所。因为是官办，经营不善，难以维持。翌年开始招商承办，宋则久毅然辞去敦庆隆布庄经理职务，以仅有的两万元，接办天津工业售品总所(以下简称售品所)。宋则久接办后仍沿用原名，坚持非国货不卖，遂成当时国内唯一专售国货的新型百货商店。

售品所位于北马路，商场大门两旁镌刻八个大字“欢迎参观”“随时入看”。每逢休息日或节假日，商场皆举办宣传国货的演说。1915 年至 1916 年，直隶国货维持会先后在河北公园、北马路售品所和北京彰义门大街举办五次国货展览会，强化了民众对国货的认知，并促进了销售。

宋则久既提倡国货，也关注国事，积极投身各次爱国政治运动之中。自 1905 年参加反对《华工条约》抵制美货运动后，还投身反对二十一条运动、五四运动以及五卅运动。每次爱国游行活动中，宋则久率领同人高举国货售品所大旗，沿途散发传单，讲演宣传；五四运动中，售品所的发票和包装纸上，还打上了“为国雪耻”的戳记。宋则久成为爱国运动的领袖，还担任天津总商会董事、天津国民大会促成会主席等职。

在振兴国货的同时，他创办《白话报》和《售品所半月报》，宣传提倡国货，向民众讲解“挽回利权”、强国富民的道理。他用顺口溜的方式编著《维持国货歌》，曾四易其稿。其二云：“洋货好，洋货好，每年进口四万万，雪白银子不见了。洋货好，洋货好，中国立场立不住，穷人遍地怎样了。洋货好，洋货好，漏卮不塞国将亡。高丽前车不远了。洋货好，洋货好，夷齐义不食周粟，吾人什么办不了。国货好，国货好，人人尽用本国货，工场多时闲人少。国货好，国货好，事浮于人工价涨，得钱容易穷人少。国货好，国货好，衣食充足知礼义，地方安靖盗贼少。国货好，国货好，漏卮既塞国富强，吾人担负自然少。”

售品所向全国各地采购著名的土特产品，充实了国货货源，商品由最初的 300 多种增加到 4800 多种。1923 年，为了突出经营国货的特点，

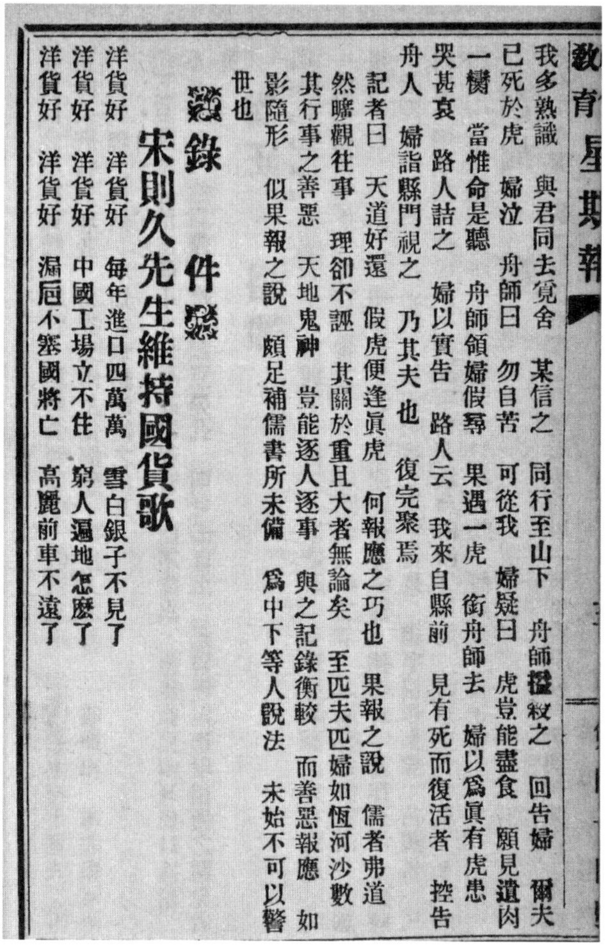

教育星期報

我多熟識　與君同去覓舍　某信之　同行至山下　舟師擬殺之　回告婦　爾夫已死於虎　婦泣　舟師曰　勿自苦　可從我　婦疑曰　虎豈能盡食　願見遺肉一臠　當惟命是聽　舟師領婦假孥　果遇一虎　銜舟師去　婦以爲眞有虎患哭甚哀　路人詰之　婦以實告　路人云　我來自縣前　見有死而復活者　控告舟人　婦詣縣門視之　乃其夫也　復完聚焉

記者曰　天道好還　假虎便逢眞虎　何報應之巧也　果報之說　儒者弗道然瞻觀往事　理卻不誣　其關於重且大者無論矣　至匹夫匹婦如恆河沙數其行事之善惡　天地鬼神　豈能逐人逐事　與之記錄衡較　而善惡報應　如影隨形　似果報之說　頗足補儒書所未備　爲中下等人說法　未始不可以警世也

錄件

宋則久先生維持國貨歌

洋貨好　洋貨好　每年進口四萬萬　雪白銀子不見了
洋貨好　洋貨好　中國工場立不住　窮人遍地怎麽了
洋貨好　洋貨好　漏卮不塞國將亡　高麗前車不遠了

宋则久《维持国货歌》

售品所改称天津国货售品所。1926 年，售品所被军阀李景林查封。售品所改组为天津国货售品所股份公司，宋则久辞去总经理，改为名誉顾问。

1928 年，河南省主席冯玉祥邀请宋则久去开封，借助他的经商经验，开办一个国货市场。这个市场位于开封南大街，共有房屋八十余间，省政府投入三万余元。1929 年 3 月，河南省工商厅成立，宋则久任厅长。宋则久在河南大规模提倡国货，并成立国货维持协进会，颇有成效。不久发生蒋桂冯阎大战，冯玉祥辞去河南省主席，工商厅奉令裁撤。此后，宋则久仍任河南省政府委员。

位于北马路的中华百货售品所

1931年，宋则久回到天津，任售品所监察人，次年任董事长。

1931年，售品所在法租界25号路（今辽宁路）设立天津零售分所。此后又在英租界24号路（今曲阜道）、法租界6号路（今哈尔滨道）；北京前门、王府井大街以及济南、太原、西安设立分所。1937年七七事变后，天津为日军所占领。1939年，因使用"国货"二字受到警告，天津国货售品所被迫改称天津百货售品所。不久，宋则久离津，避居北平香山。1947年，售品所又改名为中华百货售品所，并添设国外贸易部经营进出口业务。宋则久晚年在香山养老，1956年1月病逝于北京。

颜惠庆经营贸易公司

颜惠庆在北洋政府显赫一时，曾担任过驻外大使、外交总长、内务总长等职。1926 年春，颜惠庆任国务总理并摄行总统职务。正值其仕途的高峰，爆发了第二次直奉战争，由于直系倒台，1927 年被迫下野。正如他所言"张作霖大帅以胜利者姿态进京之后，我便举家迁往天津"。

颜惠庆对天津的印象颇好，称"天津与北京不同，乃是一处繁忙兴旺的商业都会，北方货物汇集之地与海外贸易的中心。国内外货物在这里分流。此地大小工厂林立。数家知名的大企业均在天津设立总部，如开滦矿务总局、启新洋灰公司、久大精盐公司等。此外，还有数家大型的地毯厂，其中最著名的莫过于仁立麻纺公司。中国许多银行包括大陆银行在天津拥有众多的股东，所以，需要立足华北来开展投资业务"。这里住着不少颜惠庆的旧友，多为下野的军阀官僚。1927 年，他

颜惠庆

在天津主要是与朋友聚会，还参加南开大学的一些活动。他在天津大陆银行、启新洋灰公司、开滦矿务局、盐业银行、中国银行也有过投资，大多数都是吃红利。

1928 年 2 月，大陆银行经理谈荔孙请客，与他进行了一次长谈，邀请他共同组建进出口贸易公司。谈荔孙曾在日本留学，十分欣赏大仓财团的投资模式，决定效仿大仓经营企业方针，以金融资本扶助工商业的发展。而颜惠庆具有特殊的政治地位，中外朋友很多，正是谈荔孙所物色的合作对象。于是其决定投资二十五万元在天津设立大陆商业公司，由颜惠庆任董事长，李倜夫任总经理，主要经营进出口业务。公司设在法租界 2 号路（今大沽路以东的长春道）大陆大楼四楼。

颜惠庆从一个闲来无事的寓公，马上转变成一位忙碌的实业家，并因此十分兴奋。他的办公室每天都有银行家、实业家、经纪人，宾客川流不息，应酬颇多。颜惠庆函嘱下属在报纸上刊登广告："谓惠庆现担任大陆商业公司董事长，事务繁忙，如有关于贸易事项，请驾临敝公司面谈，此外恕未能接见。"

颜惠庆为公司起草了中英文章程以及各项规定，上任不久就谈成了一笔业务，出口四万包面粉，获利一千两白银。公司面粉业务打开销路

海河边上的大陆商业公司仓库

后，接着又开展核桃、黄麻、煤等出口贸易，逐步形成出口大宗土特产的特色，业务单一扎实。大陆商业公司有一定的资金优势，其在万国桥（今解放桥）旁建有两座大仓库，还投资了华昌公司仓库，这使得货物周转十分方便。由于颜惠庆是资深的外交家，其与中国驻外大使、参赞以及外国驻华大使、领事非常熟悉，开展业务十分方便。他与开滦矿务局和井陉矿务局的外方经理熟悉，遂开展了煤炭国内业务和出口业务。他有许多外国朋友，1929 年美国通用汽车公司业务代表亨比干特来到公司，达成了经销汽车协议。当时谈荔孙反对经销汽车，但颜惠庆比较坚持，公司便于1930 年成立了汽车部。除了通用汽车公司，颜惠庆还与美国威利斯奈特汽车公司达成经销协议。该公司的业务代表是美国著名财阀花旗银行的泰特。威利斯轿车和威利斯载重汽车在国内十分受欢迎。1930 年，公司计划经销一百辆卡车，六十辆轿车。颜惠庆还从天津美丰、万国等汽车洋行挖来人才，开展汽车营销业务。汽车部下设汽车零件部（法租界 2 号路 14 号）和汽车修理厂（英租界俄国浮桥旁），业务开展得十分顺利。1934 年经北平市批准，大陆商业公司还承揽颐和园至城内的长途汽车。北平市鉴于原来各车行价目不一、车辆不整、时间不定，游客搭乘不便的情况，特准大陆商业公司开辟颐和园专用长途汽车，在市内指定停车地点，确定

大陆商业公司销售威利斯汽车的报纸广告

工作内容、价目及往来时间。

随着业务范围的扩大，大陆商业公司被奉为“国内自办贸易公司之巨擘”。公司设有出口部、进口部、煤炭部、汽车部，还在北平、青岛、上海设有分公司。此外，大陆商业公司还投资成立轮船拖驳公司，收购一家煤矿和天津庆丰面粉公司。1928 年，公司预计营业额 300 万元，利润为 10%。1931 年与 1930 年相比，公司利润增长 25%。正当要展示商业才能之时，爆发了九一八事变，颜惠庆被南京政府委任驻美大使兼国联代表，随后又任驻苏联大使。1933 年底，颜惠庆回国后，继续主持大陆商业公司。当时中国社会动荡不安，1934 年大陆商业公司业务开始亏损，上半年亏损 8 万元。颜惠庆总结教训，认为“由于扩展过快，经营项目过多，而商品进出口贸易又需累年经验始能贯通，我等缺乏历练，结果公司损失加重。加上时局愈来愈糟，于是决定偃旗息鼓，终止了业务”。

由于颜惠庆担任启新洋灰公司副董事长，也为启新洋灰公司做了很多工作。1935 年，启新洋灰公司在南京投资江南水泥公司后，一直由颜惠庆担任江南水泥公司董事长。

商界名流王文典

王文典(1882—1950),浙江遂安人,早年在杭州东文学堂学习,后留学日本大阪工业学校学习染织。王文典回国后,在上海开办华新织染厂、物华织绸厂,在苏州创办电气厂,还发行《国货调查》杂志,大力提倡国货。王文典还积极投身民主革命,1911年辛亥革命爆发时,王文典在浙江组织义勇敢死队,担任敢死队第一队队长,策动浙江督军,并随浙江民军攻打南京。1913年,北洋政府农商、外交两部派伍廷芳与王文典赴南洋参加"嘉年华"中国国货展览会,并考察当地工商业状况,其感触颇多。王文典发现国货不振有三大原因:第一,国人没有自办出口。于是他创办小吕宋陆泉公司,所产丝织品远销外洋,获利甚厚。第二,关税不能自主,外商享有特权。为此,1912年,他在上海发起"裁厘加税"活动,以国货维持会主任会长名义上书政府,要求裁撤厘金,增加进口税。第三,航业完全为外国人操纵。王文典遂提出挽救航权,扩充航业的主张。王文典曾有许多从政为官的机会,却始终拒绝。据他说,他父亲不许他做

王文典

官，恐怕坏了他的人格，染上不好的习惯。于是王文典抱定“做社会事业，不做官”的信条，并始终不变。后来王文典担任上海总商会会董、全国国货展览会副会长、全国国货提倡总会会长、全国商会联合会副会长等职，逐步成为一名商界的公众人物。其后又成为阎锡山的幕僚，担任山西的商务顾问，自此王文典从南方向北方发展。1925 年五卅惨案发生，北京民众在天安门集会，反对日本侵略者暴行，他被推举为游行示威副指挥。1927 年 3 月 1 日，王文典补选为京师总商会会长。

王文典在日本留学期间，与日本华侨简照南相识。后来简照南回国，有感于天津北洋烟草公司生产的“龙珠”卷烟销售很好，又认识一名村井烟草株式会社的技师，于是购置四台蝴蝶式卷烟机，1905 年在香港成立广东南洋烟草公司，与北洋烟草公司形成南北呼应之势。1909 年广东南洋烟草公司改组为南洋兄弟烟草公司，但产品影响仅限于南方市场，意欲开辟北方市场。1915 年 10 月，南洋兄弟烟草公司在天津奥租界设立分公司，后又搬到法租界马家口。打开北方市场必须选择一个强有力的人物。1928 年，简照南聘请王文典担任南洋兄弟烟草公司天津分公司经理，负责华北的卷烟销售业务。同年，王文典出任中华懋业银行天津分行经理，并当选为天津商会常务董事，天津卷烟业同业公会主席，担任染织、纺织、搪瓷等公司董事，从而定居天津。

1931 年九一八事变爆发后，王文典召集米业、瓷业、洋纸业十五家同业公会开会，发出对日经济绝交，并被推选为大会主席。他提出：“此次对日，非有坚韧卓绝之毅力，不足以洗五分钟之讥。鄙人对于此种潮流，可谓已饱经刺激，故此次对于经济绝交，拟一持久决绝办法。”他号召商人减食、减餐来节省资金，支持代替日货的工厂，为军事提供资金。1932 年 7 月，王文典代表天津卷烟业同业公会向天津商会建议：商人自动减餐，省下来的钱用作反日救国基金。此建议很快被天津商会采纳，随后商会要求商人从当年 8 月 1 日起正式减餐。首批进行减餐的五个同业公会名单中，卷烟商人最多。同年，天津商会成立救国基金委员会时，王文典与天

商會整委介紹

～卞白眉～

卞壽孫、字白眉、江蘇儀徵人、一九一一年美國白朗大學政治經濟科學士、民元返國後、歷任中國銀行委員及秘書、總稽核、中孚銀行副經理兼總稽核現任中國銀行董事兼天津分行經理、中孚、國貨、大生等銀行董監事、服務金融界二十有餘年、並曾任天津銀行公會會長及主席委員、及天津市商會董事、

～王文典～

王文典、浙江遂安縣人、年五十五歲、杭州東文學校畢業生、曾任全國商會聯合會會長、京師總商會會長、上海國貨維持會、粵漢鐵路維持會會長、菲律濱賽會監督、代表外交部農商部赴菲律濱嘉年華會、上海各界公舉赴海牙和平會代表、特派赴暹邏小呂宋考察商務專使、特派爲全國國貨展覽會副會長、粵參衆二議院公舉出席國際和平會議代表、中俄會議專門委員會委員長、中華懋業銀行總行委員長、天津懋業銀行經理、前天津市商會常務委員、現任南洋兄弟烟草公司華北總經理、天津市捲烟業同業公會主席、

《益世报》刊登的《商会整委介绍》，中间为王文典

津商会会长卞白眉均被推举为保管委员之一。王文典还积极参加天津反日救国联合会工作。1932 年 11 月，其与张伯苓一起发起成立废止内战大

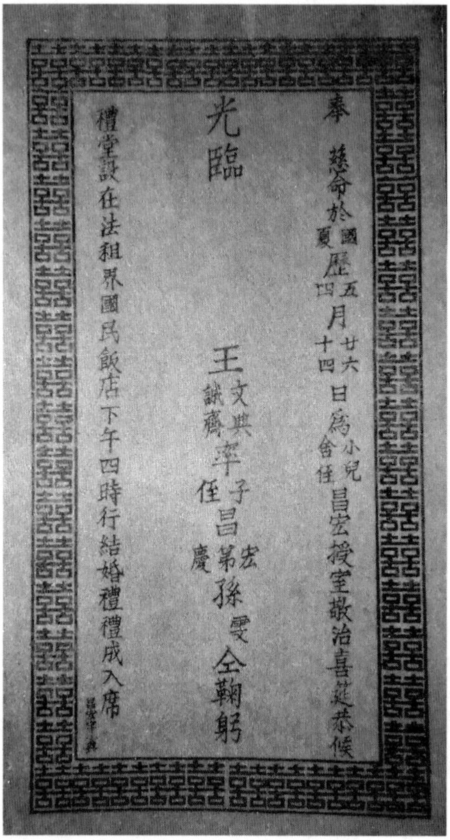
奉
慈命於國曆五月廿六日（夏曆四月十四日）爲小兒昌宏、舍侄昌慶授室敬治喜筵恭候
光臨
王文典、誠齋率子昌宏、侄昌慶、弟孫雯仝鞠躬
禮堂設在法租界國民飯店下午四時行結婚禮禮成入席

王文典儿子结婚时的请帖

同盟，担任天津分会副会长。

王文典热心慈善及公益事业，担任天津慈善事业委员会委员，天津救济水灾委员会干事，天津浙江会馆董事长等。1937 年 4 月，天津市商会常委王文典随天津市市长张自忠将军率领冀察两省以及平津两市代表团赴日考察。

1937 年七七事变爆发后，全市有难民三四十万人需要救助，王文典与孟少臣、纪仲石等十余名商人，决定在全市设立收容所五六十处，收容露宿各处之难民。同年南洋兄弟烟草公司改组，加入官方股份。为此，王文典退出股东行列。

王文典作为社会公众人物，与媒体交往密切。其喜欢京剧，梅兰芳、马连良等京剧艺术家来津的演出都要观看。前几年，王文典的大量遗物散到民间，为天津收藏界所关注，在北京也曾拍卖过一批王文典的生前照片。

左次修经营艺术品

左次修是旅居天津的一位名士，能诗、能写、能画，曾为《益世报》和《北洋画报》撰写诗词、杂文、书法、篆刻，还写过一部《卷帘西风记》的长篇小说，在文坛上颇有名声。1931 年 9 月 21 日，《北洋画报》还出了一期专刊《艺术家左次修介绍专页》，引起读者的关注。在大家的印象中，左次修是一名作家、书画家和艺术家，其实他还是一位颇具经济头脑的生意人，曾干过一些小买卖，颇具声色。

左次修，又名修髯，字熙，安徽桐城人。桐城左氏是与方、姚、张、马并称的当地五大望族之一，历史上最有名的人物是其十一世祖左光斗。左次修出身诗书之家，早年随父宦游山东。其虽然士子出身，却能与时俱进。20 岁时，左次修就开了一家照相馆，那时中国人还不懂艺术摄影，拍照大多为大头像、全家福。而左次修独辟蹊径，拍过许多艺术照，颇为轰动。二十多年后，他还为《北洋画报》提供了一张明星王人美口叼一枝玫瑰的小照《妬花》，非常新潮。

左次修精通外文，曾任逊帝溥仪老师庄士敦的秘书，宦海沉浮二十年。庄士敦随溥仪一度寄居津门，后去了山东威海，而左次修却留守津门。左次修大约 1928 年来天津，最初为《益世报》撰稿，发表小说、杂文和诗词，杂文多针砭时弊，如《昔日旧军阀一幕》《妙哉怪理想》《一堆改良政

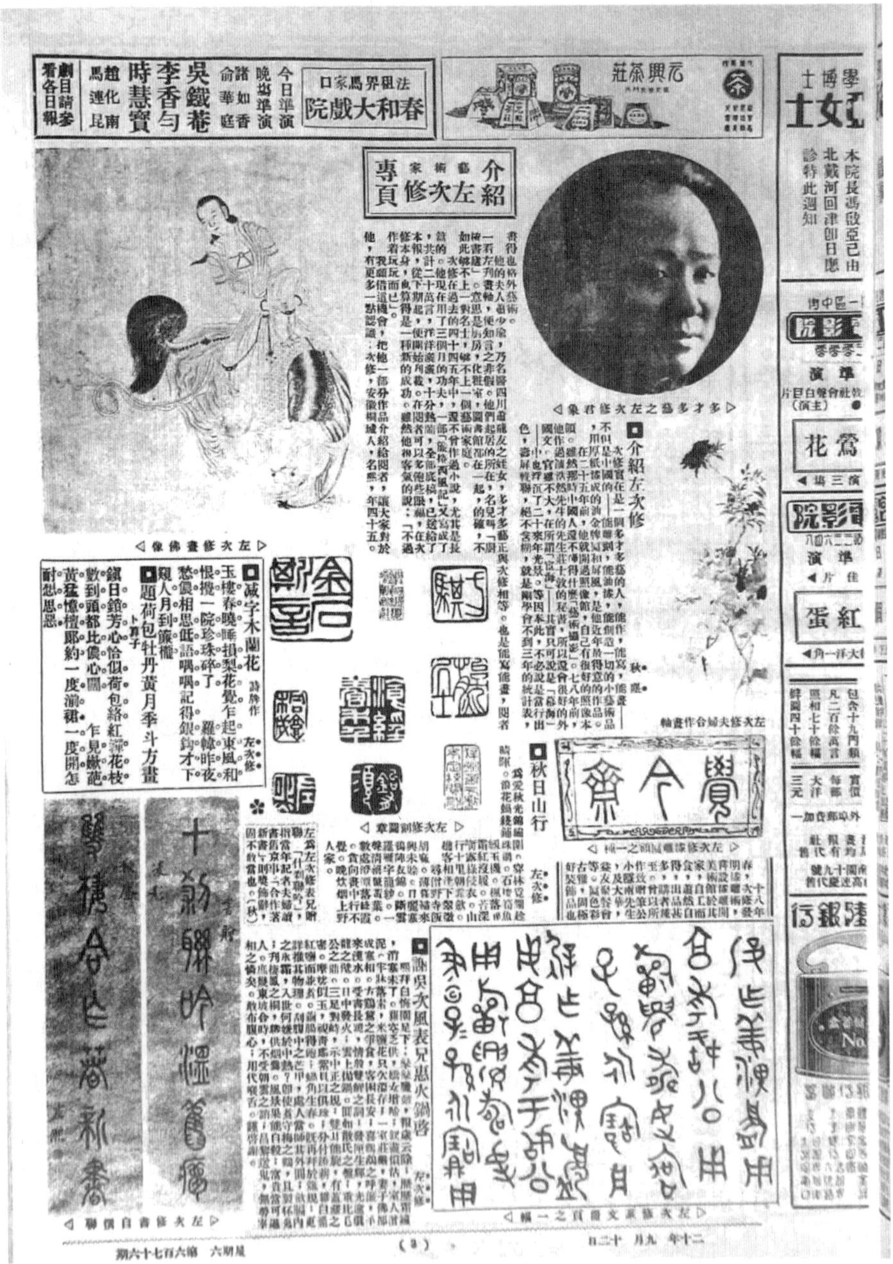
法租界馬家口 春和大戲院

今日準演 晚場準演 諸如香 俞華庭 吳鐵菴 李香勻 時慧寶 趙化南 馬連昆 劇目請參看各日報

元興茶莊

介紹藝術家左次修專頁

介紹左次修

多才多藝之左次修君象

左次修畫佛像

左次修夫婦合作畫軸

減字木蘭花

秋日山行

左次修刻圖章

左次修題匾之一種

左次修篆文冊頁之一幅

左次修書自撰聯

二十年九月十二日 （3） 星期六 第六百七十六期

《北洋画报》为左次修开设的专版

簾捲西風記

第一九一回

左次修

（未完）

左次修在《北洋画报》连载的《帘卷西风记》

策》等。他关注妇女问题，专门撰写新诗《新闺杂咏》在报纸上连载，如“自开汽车”“溜冰”“听无线电”“剪发”“戎装”等，描绘新女性的新生活。1931年左次修开始创作长篇小说，他用三个月时间，写成二十万字的《帘卷西风记》，在《北洋画报》连载。当记者问起创作经过，却言“不过玩玩而已”。

左次修还是一位艺术家，能书善画，画以花鸟见长。书法早年间学姚古凤，后钻研篆书，与黄孙宰、丁佛言先生契合。左次修还善刻印，曾刻《六十甲子章》。退居津门后，起初为人撰写寿屏、挽联。1929年春，发明漆雕艺术，即将厚纸漆成油金牌匾和屏风，在上面雕刻成各种图形，然后涂上各种颜色的油漆，五彩斑斓，浓艳古雅，按客人爱好，悬挂室内，于竹联木匾之外，别创一格。

左次修夫人萧少瑜为名医萧龙友的侄女，也能诗善画，作品经常见于报端。他们的室名“厨梳书庐”非常怪异，说明厨房、梳妆房、书房均在一起。朋友吴秋尘说“不然不如此，够不上一对名士，够不上一个艺术家庭”。“厨梳书庐”还是一个雕漆展卖商店。左次修为许多名人雕刻名匾，其为大华饭店雕刻“大华”，还有一副直匾“始于斯者，莫不盛道之”。他与《北洋画报》相熟，曾为王小隐作“忆婉庐”，小匾不到三尺，黄底黑字，周围白边雕刻着六七十尊佛像，形态各异。他还为冯笔公雕刻“不患得失斋”，

左次修制作的“不患得失斋”匾

浅紫色的底，黑字白边，朱色图章，章中篆文，皆与匾的主人有关。左次修还雕刻了孙中山先生的遗像，栩栩如生，像旁雕刻遗嘱全文，蝇头小楷，后为一买主看到，倾资而得。“厨梳书庐”每日有人参观、购买，而左次修也“自工而食，萧然自得”。

左次修的家庭博物馆边展边售，遂引起经济学家段季达、名医李博九的关注，二人愿意与左次修合作，计划于英租界寿宾里旁开一家百货商店（他们自己称之为杂货铺）。他们理想的商店不注重规模，但追求商品新颖，主要出售各地之名特产品，如北平月盛斋之酱羊肉、六必居之象牙萝卜、李博九大夫发明之药品、左次修的雕漆等。左次修喜欢美术，段、李二人特嘱其负责商店装修。左次修虽是文人，却具有商业头脑，对商店的名称颇费了一番脑筋。商店为三人所开，定名为“二加一百货公司”，新奇怪异，引人注目。而出售物品极其特别，命名也很风雅，如糕中之“刘不题”，饼饵中之“干脆”“学而食”，化妆品中之“花袭人”等，均为其他商店所没有。商店最初在英租界寿宾里一号，地点略显偏僻，后改在法租界26号路（今大沽路以西的滨江道）西首。由于地处繁华之区、店名奇特、商品新颖，吸引市民进店驻足，生意十分兴隆。

后来左次修有事南归，返回天津后，在整理海河委员会找到一份差事，为此将商店关闭。1937年七七事变后，左氏迁居济南，曾与友人共同发起筹办张自忠学校和工厂。济南沦陷后，他蓄须明志，拒与日伪合作，后为生计所迫，以卖画为活，并在叔丈人萧龙友的帮助下创办了同康药房，悬壶济世，发明了中成药“六一油”。1945年后，左次修受聘齐鲁大学，教授文化史、诗词等课，晚年居住大明湖畔。

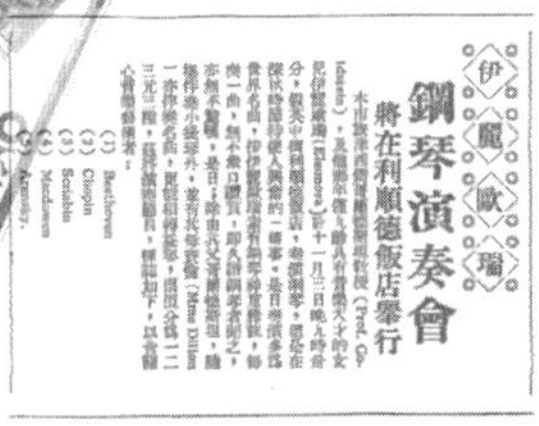
伊麗歐瑞
鋼琴演奏會
將在利順德飯店舉行

生财有道

公兴存由代销发家

早年，天津有一家以经营粮食为主的老字号——公兴存米庄。其虽名为米庄，却不单纯经营粮食，还经营卷烟、煤油，开办了两家面粉厂、四家蛋厂，并经营进出口生意。公兴存米庄生意遍布各地，在法租界海河边拥有办公大楼及三层楼仓库，俨然是一个跨界的综合型工商一体的新兴企业。

公兴存米庄成立于1909年，原始资本为白银一万两，大股东是后来任张作霖大帅府顾问的黄钰，其拥有股金五千两；其次为李少波，其拥有股金三千两；罗承汉，其拥有股金两千两。李少波任经理，罗承汉任副经理。李少波原名捷希，字少波，祖居天津，善于经商，开拓务实，惨淡经营公兴存近四十年，使公兴存有了一定规模。

裕兴合分号

公兴存米庄成立之初，以面粉、大米、杂粮购销为主要业务，大米、杂粮由河北、河南、陕西等地收购后运到天津批发零售，面粉在上海设庄收购运到天津销售。公兴存信誉好，购销渠道畅通，网点遍布各地，在河北、河南、山西、北京、安徽、山东、江苏以及东北三省，设有公裕存、中裕存、中和存、中兴存、中发存、源记号、豫兴存、公孚号、裕记号、裕兴合、庆兴号、益兴存、益和号、冶兴号、协记号、益兴恒等分号，有健全的销售网络。李少波熟悉中外商业知识，营业经验丰富，不满足于单纯经营粮食，他利用自己的销售网络，先后经销亚细亚煤油、洋烛，太古洋行的食糖，卜内门洋碱，利华肥皂，瑞中火柴等。由于这些都属于代销，先发货，货卖出去再结钱，不占用资金，所以能形成供销双赢。一方面，这些外国公司利用公兴存获得了市场；另一方面，公兴存也获取了商业利益。

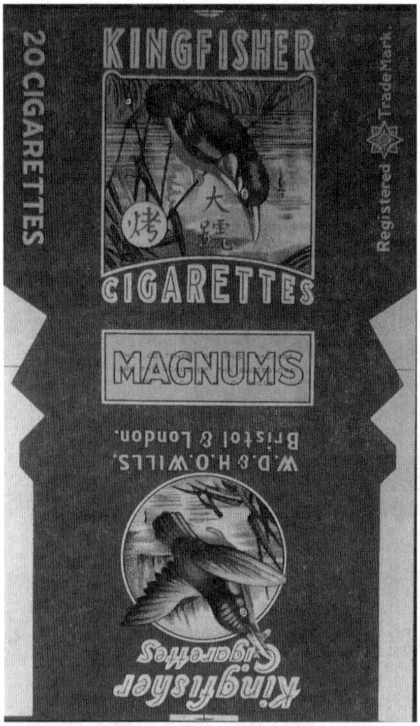

翠鸟牌卷烟商标

1918年，为打开天津卷烟市场，天津英美烟公司鉴于公兴存资本雄厚、销售网络健全，便邀请经销翠鸟牌卷烟。起初每月不过数小箱，几个月过后增至每月三百箱，成绩斐然，从而得到英美烟公司的赏识。他们总结了公兴存的经营经验：一是公兴存在天津有名望，资本充裕；二是富有营业经验，出奇用智，以各种新颖的商业手段推广生意；三是商业交际面广，主顾、辅号众多，与天津许多商号都有货物来往。自经销翠鸟获得成功后，公兴存又经销英美烟公司的红锡包、哈德门等牌号，销量年年增加。1921年，在英美烟公司的授意下，公兴存约同德美烟行，婉劝天津各分经销商与英美烟公司签订合同，一律不代售其他公司卷烟。当时在公兴存、德美两大

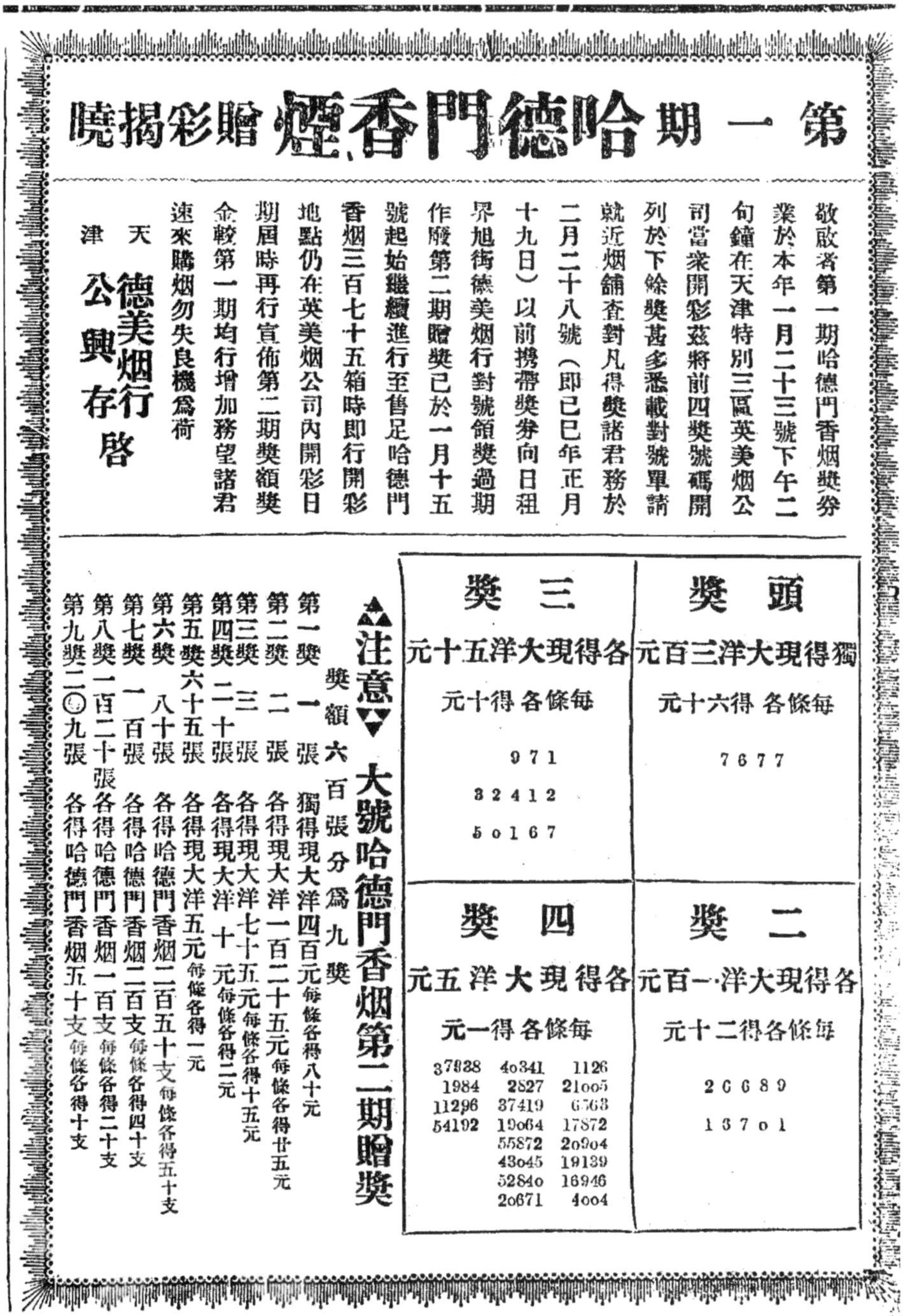

第一期哈德門香煙贈彩揭曉

敬啟者第一期哈德門香烟獎券業於本年一月二十三號下午二句鐘在天津特別三區英美烟公司當衆開彩茲將前四獎號碼開列於下餘獎甚多悉載對號單請就近烟舖查對凡得獎諸君務於二月二十八號（即己巳年正月十九日）以前携帶獎券向日租界旭街德美烟行對號領獎過期作廢第二期贈獎已於一月十五號起始繼續進行至售足哈德門香烟三百七十五箱時即行開彩地點仍在英美烟公司內開彩日期屆時再行宣佈第二期獎額獎金較第一期均行增加務望諸君速來購烟勿失良機爲荷

天津 德美烟行 公興存 啓

頭獎
獨得現大洋三百元
每條各得六十元
7677

二獎
各得現大洋一百元
每條各得二十元
20689
13701

三獎
各得現大洋五十元
每條各得十元
971
32412
50167

四獎
各得現大洋五元
每條各得一元
37938 40341 1126
1984 2827 21005
11296 37419 6768
54192 19064 17872
55872 20904
43045 19139
52840 16946
20671 4004

注意 大號哈德門香烟第二期贈獎

獎額六百張分爲九獎

第一獎一張 獨得現大洋四百元每條各得八十元
第二獎二張 各得現大洋一百二十五元每條各得廿五元
第三獎三張 各得現大洋七十五元每條各得十五元
第四獎二十張 各得現大洋十元每條各得二元
第五獎六十五張 各得現大洋五元每條各得一元
第六獎八十張 各得哈德門香烟二百五十支每條各得五十支
第七獎一百張 各得哈德門香烟二百支每條各得四十支
第八獎一百二十張 各得哈德門香烟一百支每條各得二十支
第九獎二〇九張 各得哈德門香烟五十支每條各得十支

公兴存与德美烟行关于哈德门卷烟揭彩广告

经销商下面，有 84 家分经销商，1200 家零售商，几乎控制了整个天津市场。1938 年，英美烟公司卷烟销售量占全市总销量的 81.57%，这与公兴存的贡献密不可分。

随着资本的积累，公兴存开始由商转工。其首先开办面粉厂。李少波最初依靠上海面粉工厂供货，由于价格与销路均听命于上海，不愿意仰人鼻息，于是李少波在天津合资开办了大丰面粉厂和嘉瑞面粉厂。其次开办蛋厂。为了打破英商和记洋行垄断天津及华北蛋业市场的局面，李少波先后在桑园、丰镇、保定、榆次开办了四家蛋厂，收购鲜蛋后运到天津销售。在此基础上，公兴存还积极发展进出口贸易，最初通过天津外商永兴洋行、宝隆洋行及华商兴隆公司代理鲜蛋出口。李少波有鉴于此，乃开始考虑自营直接出口。当时公兴存大部分职员虽无较高学历，但长期代理英美烟公司等外商业务，积累了一些经营经验。随后李少波聘请留学美国又有进出口业务经验的房轮甫为公兴存出口部主任，另外又从原有职员中通晓英文者选择两人，把出口贸易办得十分红火。当时公兴存销往西欧、北美的“鸡牌”蛋黄、蛋品质量上乘，售价高于其他公司的产品。当时正逢第二次世界大战前夕，粮价暴涨，公兴存获利更为丰厚，所积存的外汇已达数十万美元，分别存在麦加利银行和汇丰银行。李少波同时又利用出口获取的外汇，向加拿大、澳大利亚购买面粉，定名“水牛”牌商标，自己租船直接运到天津，又获取成倍的利润。

公兴存由代销发家，业务兴旺发展四十余年，公司也由金汤桥旁迁到法租界海河沿岸的三层大楼。1939 年，李少波因病去世，享年六十七岁。由于公兴存业务范围大，分支机构多，没有一个像李少波那样能总揽全局的人，事业难以为继，经股东商议，公兴存宣告停业。

同陞和的连锁经营

老天津卫有一家老字号,在梨栈大街(今和平路)不足百米的地方开了两家店,这就是著名的同陞和鞋帽店。第一分店开在竹远里胡同口,第二分店开在惠中饭店楼下,生意十分红火。许多人对第二分店(后为天津鞋店)印象较深:两层楼的铺面,几百米的经营面积,许多人在这里买过鞋。殊不知同陞和本为五家分店连锁经营,除了这两家外,还有估衣街、东北角及北京王府井分店。这家老店历史悠久,同陞和的总经理李溪涛的儿子李夫恩曾撰写过回忆录,讲述了许多鲜为人知的故事。

同陞和的五家店以估衣街老店历史最久,最初其以做帽子发家。当年老店里挂有晚清贵胄铁良书写的一副对联:"同心偕力功成和,陞宫冠戴彩元多。"落款是壬寅年(1902),说明同陞和起码在1902年以前就创办了。

同陞和创始人莫荫萱为宝坻县人,早年为北门外竹竿巷长兴鞋店的走街,后来与河东同和货栈股东孙东园、赵宪章、王筱亭、赵馨山等共同集资五千银圆,在估衣街归贾胡同口开办帽子作坊。最初只做内局批发生意,制作瓜皮帽、三块瓦将军帽、红缨帽、女式帽、儿童帽等。后来选择在估衣街中段,开了一家坐南朝北的大商店——同陞和帽店。为了便于管理,后边又将制帽作坊迁来,前店后厂,经营四季帽子,兼卖妇女用的

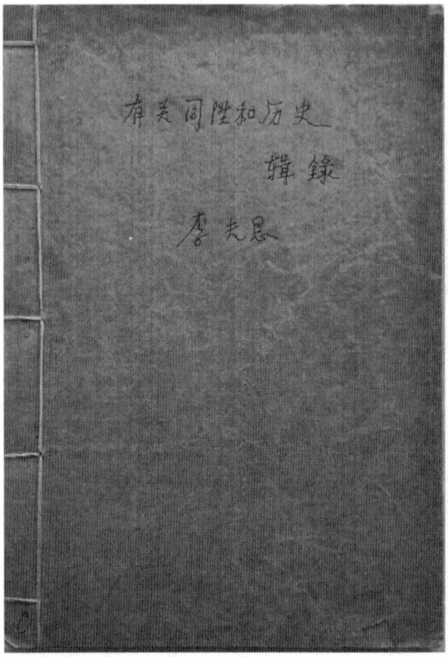

李夫恩《有关同陞和历史辑录》手稿封面

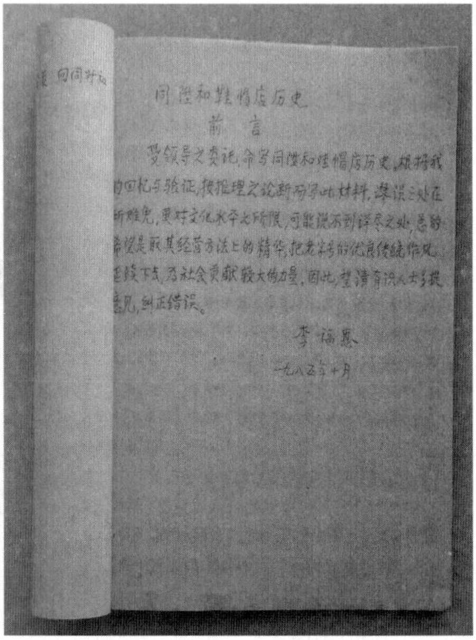

李夫恩撰写的同陞和历史手稿

化妆品。由于地理位置优越，同陞和帽店生意十分红火。1923年，同陞和帽店的股东之间在利润分配上出现分歧。莫荫萱将王筱亭、赵馨山清算出号，随后又让孙东园、赵宪章撤股，形成独家经营，仍沿用同陞和帽店字号。由于摊子较大，莫荫萱起用两个徒弟李溪涛和王质甫为助手。

随着天津商业中心向租界转移，莫荫萱把经营的目光逐渐转向租界，实行连锁经营。1926年，李溪涛与法租界房地产商范竹斋商量，租赁其梨栈大街竹远里旁门面设立第一分店。由于其居于闹市，富人较多。第一分店开始添置了高级水獭、海龙、貂皮、羊剪绒皮帽经营，还有进口的草帽、呢帽、大礼帽等，营业大有起色，门市热闹非凡。

1928年，莫荫萱因年老多病，无力管理生意，于是撤股出伙。李溪涛、王质甫接办后，对股东进行改组，吸收作坊管事郑耀庭、张伯衡和莫荫萱的侄子莫泽霖入伙，其中李溪涛股份最大，为总经理。在经营过程中，李溪涛让儿子李夫恩也介入了经营。

1930年，李溪涛以甩货为名，在惠中饭店楼下光明社影院(后改称光明影院）旁租赁门面，把在一些洋行订的“杂八凑”货统统作为甩货，起名同陞和非常特卖部，如同今天商场的特卖场。其开业后，颇受欢迎，顾客人山人海。后来李溪涛把同陞和非常特卖部摇身一变，变为同陞和第二分店。

1932 年，李溪涛选择在北平东安市场旁开设了第三分店，结果一炮打响，北平的销路令他十分欣喜。1933 年，同陞和在天津兴建了呢帽厂，自行生产呢帽。过去皆从美、意、德等国进口的高档帽子都由自己生产，成本降低，销路顺畅。

1935 年，正兴德茶庄购买了东北角天津常关的办公用房，改建成三层楼的正兴德茶庄分号，而楼下的门面房十分诱人。此时东北角一带商业环境良好，为此李溪涛与股东们商量后，果断地租下一间，同时在后面增加做鞋作坊，挂出同陞和帽店的牌匾，并注册“钟星牌”商标，开业后生意兴旺。从此，同陞和形成了五家商店的经营格局。

东马路上的同陞和鞋帽店

连锁经营使同陞和经营范围和名气增大，但在同行之中，遇到了盛锡福、凤祥、同馨和的竞争。虽然在竞争中，同陞和压倒了几个对手，但由于盛锡福技术力量强、产品更新快、规模批量大，同陞和很难战胜它。李溪涛苦思冥想，从人的头上想到脚，感悟出人可以不戴帽子，但谁也不能不穿鞋。鞋的市场永远是巨大的，就这样，同陞和由单一帽子开始向鞋帽转移。鞋的经营，从北京分店开始。当时北京鞋的市场被“内联陞”“步云斋”把持，于是李溪涛先从这两家经营的产品进行研究。“内联陞”和“步云斋”过去为朝廷服务，一直生产朝靴。民国后，又转营布鞋，市场主要在底层人群。而高档鞋的生产很少有人问津，这为同陞和提供了进入市场的缺口。

同陞和发展壮大为五店二厂，财富积累丰厚，但五人在经营策略上出现了分歧。经过王质甫提议，五人达成改组协议：五个经理各管一店，北平三分店归李溪涛、官银号四分店归王质甫、惠中饭店二分店归郑耀庭、梨栈大街一分店归莫泽霖、估衣街总店归张伯衡。除北平独家经营，天津各店在字号之下，挂上文记（王质甫名王文升）、耀记、霖记、衡记字样，独立经营，自负盈亏，并约定都不能以同陞和的名义开设分店。

中华人民共和国成立后，同陞和鞋帽店经历了公私合营后，发展壮大。后来，惠中饭店分店更名为天津鞋店，官银号同陞和鞋帽店扩建成天津最大的鞋帽店。北京的同陞和经过公私合营后去掉帽子经营，改为同陞和鞋店，并恢复了前店后厂的经营方式。

华竹广告宣传门道多

天津华竹商店是以销售绸缎布料服装为主的老字号，其与时俱进，善于做广告，在天津颇具盛名。旧时华竹曾与谦祥益、瑞蚨祥、元隆号称四大绸缎庄。

华竹最初称华竹号，创办于 1919 年，地址位于估衣街中间路南。华竹前店后厂，最初以经营绸缎、西服、军装、雨衣闻名，故也称华竹呢绒西服庄。1927 年，华竹在日租界旭街开了第一支店，1928 年在法租界马家口开

华竹在大胡同的彩门广告

了第二支店。华竹下设函售部、绸缎部、呢绒部、国产部、匹头部、时装部、西装部、赠券部、寿衣部。华竹老板于桐龄，字琴轩，年轻有为，头脑聪明，在销售上颇有一些手段，尤为重视广告宣传。华竹开业伊始，就在报纸上刊登广告。华竹专设广告文牍部，长年在《益世报》《大公报》《商报》等做广告。最初，华竹推出了赠彩票活动，即凡到华竹预定中西服装交付预定款的，照数赠彩票。如交全款的，加倍赠彩票，开彩时登报公布。这种带有游戏性质的促销，吸引了一些时尚人物的眼球。后来华竹还推出馈赠物品活动，在《益世报》开展剪报减钱活动，购一匹省一元，购半匹省五角。1923 年后，华竹开展岁末减价活动，库存的大衣按照八五折促销。此后还开展春季打折、秋季打折活动。

1936 年华竹在《益世报》的整版广告

华竹的广告不断推陈出新，非常亲民，1924 年，其推出贺年广告，刊登一位身着马褂的老板，摘下礼帽，笑着哈腰迎接顾客，“恭贺各界诸君新春获福。去年阁下顺事增岁可慕可贺！今年再祝阁下尤其顺心顺意”。这些吉祥的拜年话，说得让人心情舒畅。天津人讲究春节穿新衣服，华竹广告称：“衣服年！身穿时髦装束，到处受人恭维，想穿阔绰衣履花钱不多，请到华竹里，纯毛哔叽一件大褂，雅韵纱一件马褂，一套衣裳只要您四元半钱。”天津人讲究春节送礼，华竹于 1930 年推出春节礼券，在《大公报》登广告，说明礼券“印刷精良，装潢完美，馈赠亲朋，十分佳妙”。华竹广告也紧跟社会政治形势。1928 年南北统一，华竹在报纸刊登中山服广告，称“政学工商各界鉴：人人必要穿的中山装”，中间放一幅蒋介石穿中山装的照片。1929 年国民政府提倡公历，华竹在《益世报》刊登赠送新年历的广告，称“去旧革新，倡行国历，天津华竹为迎合新潮流起见，特不惜重资本，在大减价期间，随货恭送。既买便宜货，又得应用月份牌，好机会勿坐失”。推礼券、送年历这些现代商业的宣传手段，早在九十年前，已经被华竹采用。

1928 年天津设立特别市后，华竹改名为天津特别市华竹商店。此后，华竹的生意越做越大，不仅有制衣工厂、三大门市商店，还在上海、北平设有分庄；不仅零售，还有批发，在天津也是响当当的大买卖。华竹在报纸上的广告也由过去的豆腐块，变成四分之一、半版以及整版。华竹的广告做得好，主要还是商品好，其成立不久，就在上海设庄采购布料及成衣，新颖而时尚。

在经营过程中，华竹也经历了一些风波。1929 年，天津店员工会培训店员骨干，导致华竹商店东家不满，要开除几位店员。后经市长崔廷献、国民党市党部莫子镇，以及市商会董事王文典、卞白眉等出面调解，几个月后方才成功。1931 年日租界发生便衣队事件，华竹第一支店一度被迫停业，业务暂时集中在法租界第二分店。1932 年 3 月 26 日，法租界第二支店门前引爆炸弹，一扇玻璃被炸毁。1932 年 9 月，东马路仁昌、估衣街华竹、瑞蚨祥先后发现三枚炸弹。其中华竹估衣街总店在晚 7 点半时，进来一名 20 多岁的年轻人，进门后他就将炸弹向屋顶抛去，转身跑走，导致 4 名店员被炸伤，店铺橱窗玻璃和货架被炸毁。1932 年 11 月 17 日晚，法租界第二支店突然闯进 4 个劫匪，掠去 400 元大洋后扬长而去。频发事件，让华竹商店开始收缩业务，不久关闭估衣街总号，将业务仅保留法租界和日租界两号。随着天津沦陷，生意越来越不好做。

1949年天津解放后，各大绸缎庄的生意都比较兴旺，特别是一些农村消费者进城后，形成了新的消费群体。但只有华竹一家，因绸缎呢绒货品占七成，棉布仅占三成，生意显得萧条。为了适应工农兵需要，华竹开始加大购进棉布，进货发展到九成，货色齐全，并开始开展打折促销活动，营业好转。不久，华竹打出“为人民服务，老商店举行比赛大竞卖”的广告，可见这家老商店不忘与时俱进。

启泰栈从事杂粮批发

旧时河东大王庄海河岸边有太古洋行河东码头及货栈，人称太古大院。1937 年 9 月，商人屈秀章集资租用太古大院开办启泰粮栈，在此存放粮食，开办东坝粮食批发市场，成为当时天津最大的杂粮交易市场。

说到粮食交易，海河东岸有得天独厚的条件。金元时期，大直沽是海漕的交卸地。后来海漕转为河槽，运粮依靠南运河、北运河、大清河和子牙河，形成了粮食交易市场的西集与北集。当时南运河的来粮就近卸在西集，主要由怡和、华丰裕、同孚新三家斗店经营；从北运河、子牙河的来粮多卸在北集，主要由万顺、同

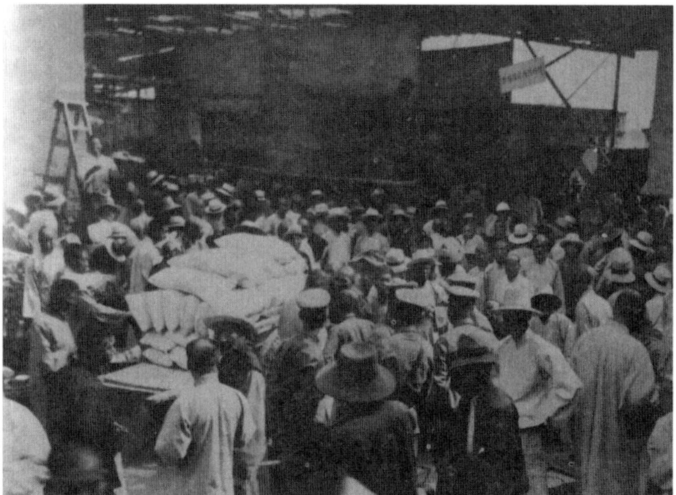

天津粮食交易市场

顺永两家斗店经营。随着河东老龙头火车站通车、沿河租界的建立以及海上漕运的开辟，从铁路和海上运来的粮食日渐增多，传统的西集、北集交易变得冷落。于是粮食商人利用海河东西河坝就地交易，很快形成了河坝粮食交易市场。特别是屈秀章开办启泰粮栈后，转年成立天津杂粮交易市场，使东河坝成为天津市粮食的主要集散地。

屈秀章(1901—1981)，天津人，早年在天津新学书院求学，毕业后在怡和斗店工作。斗是旧时计量粮食的容器，因粮店买卖粮食用斗来计量，故称粮店为斗店。怡和斗店是一家老字号，开办于道光年间，是天津斗店的首户。由于屈秀章既有文化，又有经营头脑，因此倍受店东的重视，很快升为总稽核。屈秀章有投资意识，在斗店工作时还入股福中贸易公司、裕兴银号和一家五金行。当河坝市场发展起来后，他看准粮业今后的发展趋势，便脱离怡和斗店，集资开办了新的粮栈。屈秀章颇具开创意识，一改旧时“斗店”的叫法，最初称庆记启泰栈。

启泰栈的资金主要用于场地租赁费，除办公用房外，粮食进栈则露天存放，下面铺上楞木，上面用苇席围成圈顶，苫布封顶，每月按实际丈量面积向太古洋行交租。在经营上，主要依靠经纪人和外柜。经纪人每天领客商进栈探样，同时外柜代客商洽谈生意。而大量雇佣的人员是装卸工人，他们从事扛包、码垛、封席、装运等工作。由铁路、轮船运来的粮食直接装卸，其他渠道则用汽车、马车、地扒车装运入库。业务忙时，启泰栈还临时雇佣码头临时工。

启泰栈主要经营粮食批发生意。来自北方各地的粮商将贩运的粮食运到天津交卸仓库后，由外柜代老客张罗卖货，成交后粮栈获得佣金一份。如粮商急于得到货款，粮栈可以代客垫款，可由栈房垫付 50%以下的资金，按日计息，但利率高于银行贷款。进库的粮食主要销往分布天津各地的米面铺。成交方式由会戳(粮食经纪人)从中撮合，或由各米铺直接进栈购买。

启泰栈开市后，颇为顺利。屈秀章为了垄断天津的杂粮市场，联合东坝帮大户兴隆栈经理岳福臣、山东帮大户泰丰栈经理邹馨泉,结成以本地帮、东帮、山东帮为主体的天津市杂粮业同业公会,由屈秀章担任会长。从 1938 年开始,启泰栈逐步变成天津杂粮的主要交易市场。

河东启泰栈

启泰栈重视杂粮经营标准,从杂粮中选出样板(也称码子货),如小站银芳稻、北河小米、沙流河玉米、吉林满仓金大豆、明光毛豆、宿州芝麻为标准货,其他地方产品照此按比例缩价。

启泰栈作为天津市杂粮交易市场,还起到平抑天津粮食市场价格的作用。其与天津西集、北集五大斗店保持着密切联系。每天第一盘生意开出,立即电话与各处联系,并听取西集、北集行情。每天开盘价以头一天收盘价为准。

在粮食出口方面,启泰栈一改旧时斗店的经营方式,有几项创新。一是代客报验。以往粮食出口须经商检局抽样化验,出具证明,手续烦琐,启泰栈改为由栈方代办,方便许多。二是代客报关。出口粮食,须交纳海关税,栈方可代客办理报关纳税手续。三是提供信息服务。栈方及时提供各种出口运输信息等。

启泰栈成立时,天津已为日军占领,随后华北大部分地区沦陷。1939 年,日军成立了“米谷组合”,强迫粮商、粮栈加入,控制粮食的销售。屈秀章在日军的指示下,担任天津粮食输出联合办事处处长、杂粮公会会长。屈秀章出于无奈为日军卖命,为了摆脱当汉奸的窘境,他暗中联系国民党军人马法五,不料被日本宪兵队发现。一天深夜,屈秀章乔装逃往重庆。屈秀章逃走后，启泰栈由副经理安焕章的儿子安维康继任，又推出股东赵锡章担任副经理，维持残局。

1945 年抗日战争胜利后，天津杂粮交易市场又在启泰栈恢复。但随着解放战争爆发，粮食经营十分不稳定。屈秀章回到天津，不再经营启泰栈了，后去了台湾。此间启泰栈股东发生了矛盾，最后安维康辞职，股东赵星久出任经理。1949 年中华人民共和国成立后，启泰栈杂粮市场取消，后改为天津市粮食局大王庄粮库。

冠生园广式月饼叫绝

天津是移民城市,“五方杂居”,先民中有大量的南方人。他们在天津从政经商,故此有了闽粤会馆、广东会馆、江苏会馆、浙江会馆等。他们在天津生活,有南方人的美食需求,故此有了南味食品店,较著名的有稻香村、生春阳。不过这两家都是加盟经营,如天津稻香村的字号太多,并有明记、森记、全记、源记、德记、合记、福记、信记、祥记、朋记、钟记之分。还有一家南味店冠生园,也十分著名。其为上海冠生园的分号,在北方仅此一家,该店不仅经营传统的冠生园南味食品,还推陈出新,给天津人留下了深刻的印象。

冠生园创办人冼冠生,1887 年出生于广东南海, 父亲做服装生意。1903 年,年仅 16 岁的冼冠生只身到上海闯荡。1918 年,冼冠生在上海老城厢,与伶界好友合资 500 元,并以自己的名字命名,开设了冠生园食品店,经营粤式茶食。1924 年,在上海文艺界名流郑正秋、薛瑶卿帮助下,冼冠生与黄翰良、徐振东等 9 人联合集资 50 万元,正式成立了冠生园食品股份有限公司。次年,注册“生”字商标。

冠生园开发了 300 多种食品,建立了自己的工厂,主要自制生产腊味制品、蜜饯、糕点、糖果、罐头、饮料、香港牛肉干、广式月饼,还有独特的果汁牛肉、话梅、杏花软糖、鱼皮花生、果酱夹心糖、乌结糖等,在上海颇具影响。

在南方的事业稳固后，冠生园开始进军北方，开办了冠生园天津分店。有文章称天津冠生园开办于1930年，可1926年的报纸上已出现了天津冠生园的广告了。天津冠生园是上海冠生园股份有限公司在长江以北开办的唯一分号，最初在法租界马家口，即26号路(今大沽路以西的滨江道)，占地面积约100平方米。天津冠生园由冼冠生的高徒李寿初及夫人刘瑞芳负责经营，当时该店注册职工11人，除一部分蜜饯、罐头、饮料、糖果由上海冠生园供应外，天津冠生园还自建后坊，自制加工一些产品，如广式月饼、糕点、面包、腊肠、腊肉、叉烧肉、火腿等，尤其是广式月饼，在天津填补了一定的空白。每届午后食品出炉后，门前顾客排长队购买，可见其产品备受天津人的欢迎。

冠生园1929年的打假广告

此前，天津的传统月饼属于京式月饼，皮、馅、糖适中。种类不外乎提浆、五仁、百果几种。冠生园的月饼改变了这种局面，广式月饼讲究皮薄、馅足、高甜度，品种有莲蓉、蛋黄、金腿、五仁、甜肉、咸肉、枣泥、豆沙、椰丝等。冠生园也有百果，里面包括杏仁、橄榄仁、红瓜、湘莲子、金华火腿、金丝蜜枣、蜜饯、冬瓜、橘饼、潮州蔗糖等。其卖点除了原料，还有新式烘焙炉制造，所以味道不一样。一些商人见冠生园的月饼畅销，也开始仿冒。1927年，冠生园登报启示："近日市面之同类点心，称价廉者，意欲竞争，实则材料卑劣，分量轻微，以愚顽者不明，特希诸君细研口味料作分量之优劣问题，即告解决矣。”冠生园的果汁牛肉、樱花软糖、药制陈皮梅十分著名，市场上也出现了仿冒产品。为此，冠生园经常在《大公报》《益世报》上登广告，告诉消费者如何甄别。这也是冠生园广告宣传的独到之处，即所谓“三分成本、三分毛利、三分广告”。

冠生园一贯秉承“本心、本领、本钱”的“三本主义”，生意十分兴隆，据说仅中秋节月饼销售的盈利，就可以维持一年的开支，这也为一些不法之徒觊觎。1932 年 9 月 13 日，临近中秋佳节，冠生园发售广式月饼，生意甚旺，特派会计包性养去附近的明华银行向上海总店汇款。行至春和戏院(即后来的工人剧场)时，一位三十多岁的青年持尖刀向包性养的手臂连砍两刀，并将其所持的 1200 元大洋抢去。包性养晕倒在地，随后法租界工部局派巡捕追缉，歹徒早已形影无踪了。

1937 年七七事变爆发后，上海冠生园迁往内地，天津冠生园开始独立经营，与上海总店无业务往来。天津冠生园经理李寿初主张质量第一，卫生第一，品种齐全，真工实料，信誉至上，与稻香村各家形成一定的市场竞争。20 世纪 30 年代至 40 年代初，是天津冠生园发展的鼎盛阶段，其还在北京、唐山设有分销处。1945 年抗战胜利后，天津冠生园销售下降，业务清淡。

1949 年中华人民共和国成立后，冠生园经历公私合营，调整商业网点，扩大经营面积，组建为天津冠生园食品公司，经济效益显著提高。

位于和平路的冠生园

永安饭店因办画展出名

民国时期，位于法租界27号路（今新华路）的永安饭店备受国人瞩目，其实它并非以饭菜可口而出名，而是以举办画展而引人关注，由于受到美术爱好者的青睐，永安饭店一时成为平津乃至北方的美术界沙龙。

永安饭店前身为福禄林饭店，为前北洋政府财政部部长李思浩投资的广东菜馆。1927年春，福禄林率先开办交际舞场，“到福禄林去跳跳舞，到电影院去出出风头”成为青年人的时尚。1927年5月中旬，潘守廉、严修、华世奎、徐世光、赵元礼等12位名流联名写信给李思浩，称跳交际舞有伤风化，劝说停办舞会。随后在天津引起一场禁舞风波，不久福禄林宣告歇业。

1930年11月，西餐名师孙世熙看中此地。孙世熙早年在俄罗斯、法国学习西餐，归国后在鲍尔德、正昌、国民饭店等餐厅为西餐主厨。此次投资永安饭店，店面重新装修，“礼堂辉煌配设花灯万盏，楼房宏丽能容珠履三千”。永安饭店擅长俄、法、德、美大菜和各种西点，并在夜间增设家庭舞会及西餐夜宵等，颇受中外人士欢迎，不时在此举办寿宴、堂会等。由于永安饭店地处闹市，店堂宽敞，是办画展的极佳场地。1931年6月，北平美术专科学院在永安饭店举办国画展览，作品数十幅，展期三天。同年10月，画家赵望云及绿蕖画会也在永安饭店举行画展。这些画展十分成功，遂引起平津美术界的关注。1933 年 10 月，北平国画展览会移至天津，在永安饭店展览 5 天，而且有张肖谦、李鹤筹、卜孝怀、秦仲文、孙佩璋、周元亮等北平著名画家亲到天津，携精品 400 余幅参展，并由天津画家苏吉亨进行布置，再加上《大公报》《益世报》的宣传，颇为轰动。一时间，永安画展为南北美术界人士瞩目。此后，贺天健、徐宾屡、邱石冥、董慧山、邵逸轩、周怀民、周元亮、金瑞卿、宋怡素、孙淑龄先后办画展。撷芳社、绿蕖画会、天津图画刺绣研究所等团体每年都在这里举办画展。除了国画，1937 年，天津漫画协会在此举办赈灾漫画展。1941 年，法国画展及辛莲子速写奇迹展也在永安饭店举办。

天津早期的画展

永安饭店除了办画展，还举办收藏展。1932 年 7 月，展示收藏家存忠阁赵氏藏品的“寸楮千古——忠节明贤遗翰展览”在永安饭店举办。其不仅有史可法、文天祥、宋濂、于谦、刘伯温、王守仁、方孝孺、苏东坡、刘石庵、黄庭坚、倪元璐、钱樾等 100 余幅书法、信札，还有刘松年、袁江、查士标、赵之谦、郎世宁、觉非、恽南田、唐伯虎等宋元明清画家作品。这些书画原为宁波天一阁范氏旧藏。展期三天，轰动津城。1937 年 4 月，在津的寓公金梁六十大寿，他的门生王文典提出在此举办寿宴，同时开办收藏展。金梁是著名的收藏家和鉴赏家，这一天，他拿出所藏珍玩字画精品，在永安饭店展出。

永安画展还是慈善事业的体现。1934 年，黄河决口，灾民无数。永安饭店举办黄灾画展，共举办三次，许多是收藏家的捐助。1934 年 4 月，江浙书画家携千余幅国画在津举办赈灾画展。永安饭店画展，还为新人提供了展示才能的机会，如举办陈少梅、李苦禅、慕凌飞的画展。陈少梅由北京来天津主持湖社画会天津分会时，只有 22 岁。其后在永安饭店二楼举办画展，颇得天津画界的好评，称其“正复异彩当空，万丈光芒，盛可知也”。

张大千、张善子昆仲画名饮誉海内，1934 年 1 月 1 日至 3 日在永安饭店，举办张善子、张大千画展。然后应中国画研究学会的邀请，在北平展出。当时平津画界对张大千并不了解，于是张的朋友于非庵在《晨报》上刊文，推崇张大千，谓其可奴视一切，复引张大千之诗：“老子腹中容有物，蜉蝣撼树笑儿曹。”由于揄扬太过，颇遭北平画家不满。而在画展上，张大千展出一幅

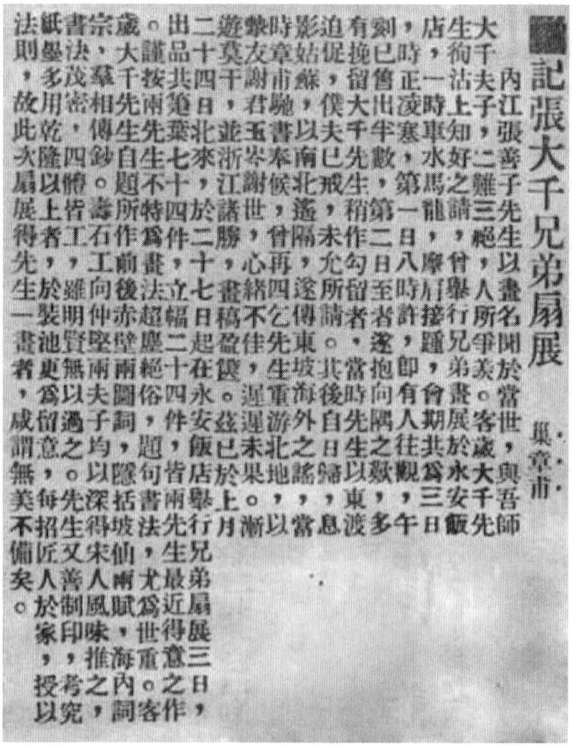
記張大千兄弟扇展
巢章甫

1935 年 8 月 1 日巢章甫《记张大千兄弟扇展》

与于非闇合作的《仕女扑蝶图》，上有题诗："非闇画蝴蝶，不减马江香。大千补仕女，自比郭清狂。若令徐娘见，吹牛两大王。"当时在展厅中，北平画会会长周肇祥对徐燕孙说："你看这幅画，是存心同你开玩笑，这徐娘就是你徐燕孙也。"徐燕孙听此言十分愤怒，想与之对簿公堂，其与北平蔡礼、梁柱两位大律师关系密切，一起商议如何处理这事，认为公堂状告不妥，遂利用《实报》撰文，向张大千、于非闇进行公开挑战。后来，徐燕孙延聘蔡礼大律师，具状北平地方法院，控告张大千恶意诽谤。张大千则搬出蔡礼的老师江庸为其辩护。江庸时任北京政法大学（今中国政法大学）校长，力主双方庭外和解。后经傅增湘、周养庵从中调解，双方握手言和。1936 年 1 月 11 日至 13 日，张大千、徐燕孙、于非闇联袂来津，在永安饭店举行了三日公开画展。

永安坚持办画展多年，不仅从租场地、卖画中获利，而且还带动了饭店的生意。1949 年 1 月天津解放后，永安饭店在《进步日报》发表启事，称原经理因年老体衰而辞职，股东公推刘青轩为经理。此后，永安饭店的画展也就不再举办了。

利顺德以音乐会招徕顾客

利顺德创建于1863年，是中国近代首家外商开办的大饭店。该饭店因豪华舒适的客房及可口的饭菜而备受外籍人士和中国上层人物的青睐。除此之外，利顺德还以音乐会招徕顾客。

英租界是西方音乐的传播地，清代末年，美国驻津领事博目哩发起吸烟自由音乐会。后来英租界居民组建了一支城市乐队，由业余乐手毕格尔担任指挥。这支乐队在利顺德对面的维多利亚花园每周演出四到五场，乐队保留100首乐曲，其中威尔第的《游吟诗人》最为著名。

租界外国侨民组织的演出

利顺德重视音乐演出，特别是美国第十五步兵团进驻天津以后，由于其有一支演艺高超的乐队，所以每逢重大活动，这支乐队往往受到邀请，在利顺德进行表演。1929 年 1 月，天津万国扶轮社为盲人学校筹募基金，特在利顺德举办中西服装赛艳会，容纳千人的宴会厅座无虚席。会上，十多名中西女士进行了服装表演，为这次表演助兴，美国第十五步兵团 8 名乐手演奏了中外名曲，“和音悦耳，颇为斯会生色不少”。

利顺德的音乐会在 20 世纪 30 年代最为兴盛，天津艺术界通常将 9 月至转年 4 月视为音乐季节，音乐会大都在这期间举行。一些知名国际音乐家在全球巡回演出中，往往把天津作为一站，而天津音乐会大部分放在利顺德。票价按位置一般分为 1 元、3 元、4 元，最高达到 5 元到 5.5 元。为优待学生，利顺德还将部分票价降到 1 元。

出席音乐会的观众有英美等西方人士和中国音乐爱好者，但还有一些是俄国侨民。利顺德饭店的河对岸曾是俄租界，1924 年俄租界被中国政府收回以后，俄国侨民多迁移到利顺德附近的小白楼地区。这些俄国侨民多为沙皇时代贵族、公务员、军官、企业家。20 世纪 30 年代，俄侨有

利顺德饭店

近六千余人。这些人出身高贵，喜欢音乐。利顺德的音乐会多聘请逃亡西方的沙皇时代的俄罗斯艺术家在此演出。1934 年 6 月 1 日，俄罗斯青年作曲家及钢琴演奏家采浦宁来津公演。采浦宁父母是著名的作曲家与演奏家，哥哥在彼得堡皇家歌剧院担任指挥，师从著名音乐家沙高夫。十月革命后，采浦宁流亡美国，蜚声歌坛。同年 6 月 8 日，俄罗斯男低音歌唱家罗的可夫在利顺德演出，罗氏驰名欧洲，此次从上海到天津演出，由克拉金夫人钢琴伴奏，颇受欢迎。1936 年 3 月，著名的俄罗斯男低音歌唱家夏里亚宾来津，虽然他是在耀华中学举办的两场音乐会，但夏里亚宾夫妇住在利顺德。1937 年 6 月 19 日和 22 日，世界著名的三大音乐家：小提琴演奏家匹亚斯托罗、大提琴演奏家舒斯特、钢琴演奏家米罗维曲在利顺德举办了两场联合演奏会。三位音乐家合作堪称最负盛名的三重奏乐团，他们都出生在俄国，后在美国成名。他们计划在日本演出10 场后来津，结果在日本一个月演出 25 场，推迟了三周才到天津，依然受到前所未有的轰动。

除俄国音乐家外，英国、意大利、德国音乐家也在利顺德举办音乐会，如 1934 年 11 月 11 日，英国著名钢琴家、作曲家司考特举办钢琴音乐会，并现场进行艺术讲解。同年 12 月 4 日，意大利歌剧团著名歌唱家娄意欧、法丽亚、马蒂耶斯在利顺德举办音乐会，其中娄意欧为男高音，法丽亚为抒情女高音，马蒂耶斯为花腔女高音。首场演出，甚博好评，又于 8 日举办第二场演出。1935 年 5 月 3 日、5 日，德国小提琴家西满、戈尔栢、莉丽、克萝丝在利顺德举办弦乐四重奏。音乐会上还讲解了小提琴演奏技法，这是他们来华的首场演出，离津后，他们又赴上海演出。为此《益世报·音乐周刊》于 5 月 10 日专门特辟一版论述德意志派歌剧艺术。

1937 年，利顺德的音乐会密度最大。2 月 15 日、17 日，法国大提琴演奏家马夏洛演出；3 月 8 日，英国小提琴演奏家爱尔曼演出；4 月，德国钢琴家席罗他、瓦加顿来津演出；6 月，世界著名的三大音乐家匹亚斯托罗、舒斯特、米罗维曲演出。此外，3 月 22 日，维也纳国立音乐学院钢琴教授

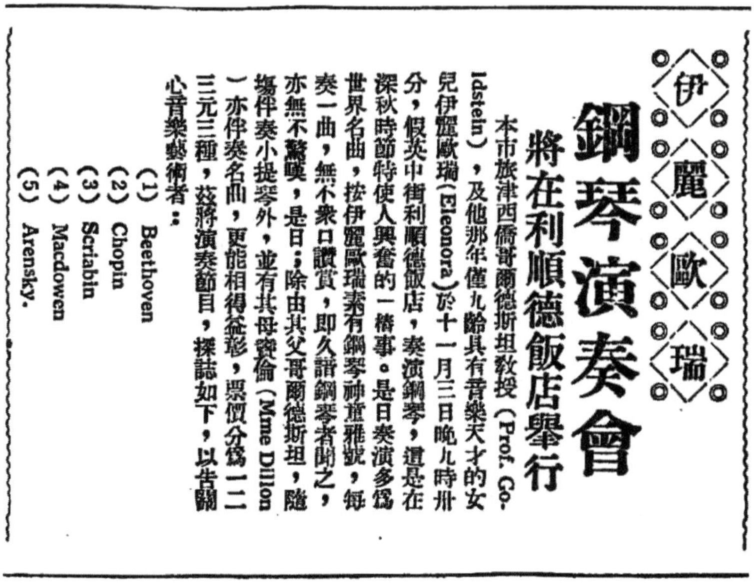
伊麗歐瑞
鋼琴演奏會
將在利順德飯店舉行
本市旅津西僑哥爾德斯坦教授（Prof. Goldstein），及他那年僅九齡具有音樂天才的女兒伊麗歐瑞（Eleonora）於十一月三日晚九時卅分，假英中街利順德飯店，奏演鋼琴，這是在深秋時節特使人興奮的一樁事。是日奏演多為世界名曲，按伊麗歐瑞素有鋼琴神童雅號，每奏一曲，無不衆口讚賞，即久諳鋼琴者聞之，亦無不驚嘆，是日：除由其父哥爾德斯坦，隨場伴奏小提琴外，並有其母賓倫（Mme Dillon）亦伴奏名曲，更能相得益彰，票價分為一二三元三種，茲將演奏節目，探誌如下，以告關心音樂藝術者：
（1） Beethoven
（2） Chopin
（3） Scriabin
（4） Macdowen
（5） Arensky.

1936 年《益世报》刊登的利顺德钢琴音乐会

保罗·温阁滕在利顺德进行钢琴演奏会。此前温阁滕在上海工部局管弦音乐会上表演独奏，而其在津弹奏的乐曲极为精彩，多为温氏演奏的经典，难怪《大公报》记者称“津人耳福当在沪人之上也”。

除了从国外邀请音乐家演出外，1936 年 11 月 3 日，旅津外侨歌尔德斯坦教授及他年仅 9 岁的女儿伊丽欧瑞也在利顺德举办钢琴演奏会。伊丽欧瑞为钢琴神童，是日演奏多首世界名曲，父亲歌尔德斯坦以小提琴伴奏。1935 年，被誉为“中国唯一跳舞家”的刘孟霞、陈高聪由上海来津，先在意租界意商运动场演出数日，再去北平演出，最后又回到天津，在利顺德举办告别演出。

利顺德的音乐会高雅而时尚，颇受中外艺术家的好评，也给饭店增加了生意与客源。1937 年七七事变，天津沦陷后，利顺德的音乐会基本上绝迹了。1945 年抗战胜利以后，只有扶轮社和万国狮子会在此举办联欢会，动听的音乐会成为人们的回忆。

大华饭店专做名人生意

20 世纪二三十年代，一大批清朝遗老、下野的北洋政府官僚移居天津。这些人手握重金在津投资，不仅使房地产业蒸蒸日上，而且让饮食娱乐业悄然兴起。饭店、酒楼、咖啡馆、舞厅、西餐厅如雨后春笋，遍布街巷。但大多数场所为低端消费，尤其是西餐厅良莠不齐，饮食精美、设备华贵、服务考究的并不多见。其中利顺德、裕中、皇宫、鲍尔德带有旅馆性质，一些人并不喜欢。希腊人开的正昌、德国人开的起士林比较正宗，但"讲究的人们素不领教"。在这种情势下，大华饭店因清洁、整齐、高贵，脱颖而出。

大华饭店正门

大华饭店英文为 Cefe Riche，是巴黎最讲究的饭店名称，下面注明 Restaurant de luxe，含意为"最优等的餐馆"，此前上海静安寺就有一家。天津大华饭店位于法租界 12 号路（今营口道）与梨栈大街（今和平路)交口的德泰洋行楼上。大华是股份制公司,股东一百名,每人只占一股,“以杜垄断,而利普遍”。公司还设有创办委员会和监事会。经理赵道生为北洋政府津浦铁路局长、交通部次长赵庆华之子,他的妹妹即张学良的如夫人赵四小姐。大华饭店的硬件设施令人羡慕,除公共餐厅外,还另设西式雅座,厅内陈列花草与金鱼缸等。墙壁上挂有无线电收音机,专门接收电台传来的音乐、戏曲。楼上有冬日花园,地面用纯大理石铺成,冬暖夏凉,异常适意。大华饭店的房顶设屋顶花园,夏日可以纳凉跳舞,乐队自哈尔滨聘来。西餐主厨为北京西山餐厅的吕大厨,曾在北京美国大使馆供职多年。做点心的师傅则是由正昌饭店挖来的西点师。名店、名人、名馔、名设施,颇为经理赵道生加分。

1928年《北洋画报》刊登的赵道生与梁君咏结婚照

赵道生为公子哥,早年为西湖饭店副经理,与天津名流多有交往。其专做名人的生意,大华饭店一开业,就举办了一场“黄马褂”聚会。饭店十分保密,颇让天津人一番猜想。“黄马褂”或预示着清朝没落的遗老遗少,或预示当朝和下野的官吏,总之是名人的聚会。

大华饭店是军政界、银行界指定的聚会之所。从报纸上可以看到，河北省署、天津市府经常在此举办公宴。北宁铁路局局长高纪毅邀请东北边防军第一军军长于学忠（后任河北省省长）、天津银行公会主席卞白眉邀宴各大银行经理、河北省政府高级职员欢送省长于树常皆在大华饭店举行。广州号、天津号飞机飞抵天津是当时的重大新闻，但话题里都离不开大华饭店。1928 年 12 月 1 日，国民政府航空处处长张惠长偕三名飞行员驾广州号开始长途飞行，在飞往汉口、南京、北平、沈阳后，抵达天津东局子飞机场降落，傅作义司令、崔廷献市长到机场迎接，当晚在大华饭店设宴招待。1931 年 3 月 5 日，中国航空公司监察兼机航组副主任聂开一等四人，乘天津号飞机，由济南抵达天津，在东局子机场降落。当晚市长臧启芳在大华饭店公宴。

大华饭店最火爆的时候，成为天津上流社会的主要交流场所。袁世凯二公子袁克文专门为大华饭店题写了“满足清净”四个大字，说明这里用餐和娱乐环境的高雅。当年，群一社、益友社、聊青社、仁社、中国工程师学会、岭南大学同学会、复旦大学同学会等团体也将大华饭店定为聚会的据点。而且“过往或居住津门之帝王总统总理总长，亦无不惟大华是趋”，可见大华声誉之高，绝非其他饭店可比。

大华饭店的广告

赵道生与新闻界关系密切，1929 年，《自由谈》主编赵君豪在《东北屐痕记》里介绍大华饭店，称“大华饭店地不甚广，然一切布置尚称华贵……”赵道生尤与《北洋画报》关系密切。1935 年 7 月《北洋画报》九周年，在大华饭店招待名流淑媛及新闻界同仁，在屋顶花园办酒会，极一时之盛。

大华饭店与工商界关系密切，开业伊始打出广告，特备商界午餐，每位八角五分。1930 年，大华饭店又与天津华商赛马会及天津万国赛马会签订合同，包办赛马会西餐茶点。

赵道生喜欢足球，曾在津沪球队当过干事。1929 年，大华饭店足球名宿李惠堂率华东足球队到津，多名球员与之为至交，当晚，赵道生在饭店招待华东足球队全体队员，亦为足球界盛会。

赵道生喜欢京剧，名伶常以大华为聚会场所，京剧名角梅兰芳、余叔岩、尚小云等频繁来此。1928 年 2 月 16 日，永兴洋行买办、京剧名票朝歌斋主叶庸方在大华宴请天津票友名伶，高朋满座，冠盖如云。联圣方地山即景作一联“大会似蟠桃，算我辈不分南北；中原无结果，看群儿颠倒乾坤”。当晚，大华饭店备“突厥大鸟”以飨嘉宾。

除此之外，大华饭店的屋顶花园晚会、舞会以及不时举办的画展也十分有名，但是皆不如名流给大华带来的声望。

1937 年 6 月，大华饭店倒闭，原地址进行招租。8 月 1 日，新大华饭店（仁记）承办开业，但已失去昔日的光环，不久即告歇业。

国民饭店因舞厅闻名

国民饭店由商人潘子欣与美丰洋行买办李正卿投资，于1923年建成。饭店开业后，潘子欣又以5.5万元的价格收购李正卿手里的股份，独自经营，从此在天津众多饭店中脱颖而出。国民饭店最初不是以舒适的住房、可口的饭菜赢得天津人关注，而是以梦不来兮舞厅吸引人们的眼球。

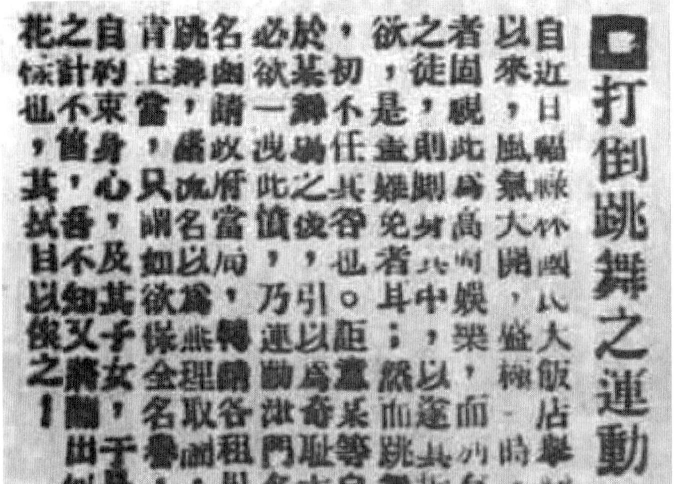
打倒跳舞之運動

1927年《北洋画报》刊载的《打倒跳舞之运动》

1927年，国民饭店的舞厅继福禄林饭店之后开设，是天津最早由华人饭店开设的舞厅。苏州文人林浩然撰文谈及天津舞厅，称："曩予旅居法京巴黎时，每夕十二时后必抛弃书卷作舞场之行。妖魔之舞女、浪漫之舞客于脂香烟雾迷离之中，拥抱而舞，如醉如痴，欲仙欲死，亦不知今夕是何年何月何日也。自归国而后，即浪迹津京间，虽亦作舞场之行，如天津之国民饭店、福禄林，北京之六国饭店等顾艺术气味之浓厚不逮巴黎远甚。余亦兴致索然不复再作巴黎狂欢之梦想矣。”由此可见，当年天津舞厅十分时尚。不久，潘守廉、严修等12位名流以伤风败俗为由，函请福禄林取消舞厅。时福禄林大股东、前财政部部长李思浩为了面子，被迫停止福禄林舞厅。12位名流又函请国民饭店，取消跳舞场。潘子欣却不以为然，认为法律无禁止之文，并不收敛。但不久，潘子欣将国民饭店跳舞场租给俄国人开设的梦不来兮舞厅。

梦不来兮舞厅是由旅津的俄国侨民开设的，地址原在特三区俄国花园旁，名为梦不来兮花园，英文为 Mon Plaisir Garden，意为“我的乐趣”，中国人按照译音，称之为梦不来兮。这是由席棚搭建的临时娱乐场所，播放露天电影、马戏及舞蹈演出，票价 5 角至 1 元。由于是露天，故多在夜里开放。每当华灯初上，这里灯火通明，颇受津门时尚人士欢迎。1928 年，梦不来兮租下国民饭店舞厅，此后在津门颇为风光。

梦不来兮舞厅不仅有交际舞及舞蹈表演，还经常举办新奇的活动。1928 年 9 月，梦不来兮舞厅举办服装模特表演，即华女西装大会。首先由四位俄国舞女表演“花梢舞”暖场，接着由华人妇女穿着各种有弹性色纸制作的服装，进行表演走秀。服装模特表演共分礼服、外衣、浴衣、女仆装、保姆装等，颇为新颖。服装由俄国设计师设计，表演者皆雇佣天津各个游艺场的女招待。这次服装模特表演虽然稍显粗糙，但却是津门的第一次，依然轰动。

1929 年 10 月 30 日，梦不来兮舞厅举办选美大赛，选举“密司天津”，即天津小姐。这一天，自晚上 10 点售票，12 点观众座满，共二百余人。12 点选美大会开始，率先由俄国舞女表演舞蹈和交际舞。2 点开始选美比赛，中外评委六七人，参加选美的八九人，其中有四名中国人，即周夫人、蔡二小姐、崔少华女士、张美如女士，皆为貌美体修者，身着华丽服装绕

国民饭店

俄国舞女表演“花梢舞”

场一周。大约 20 分钟后，由评委推选出三名，其中张美如荣膺天津小姐头衔，第二、三名为外国人。这一场选美比赛，引起媒体注意，也博得天津人的关注，此后“天津小姐”选美比赛持续了好几年。

为吸引天津人的眼球，1929 年 11 月，在西方万圣节之际，梦不来兮舞厅还举行了魔鬼舞表演，又让天津人为之震撼。入场即见一浑身红色、额前翘两角、屁股垂一尾巴、手持长叉的俄罗斯人。其引导游客进入一纸扎的巨魔之口。进入舞场后，四壁均挂红黑两色纸剪成的魔影。客人亦有扮作魔王者，额翘两角，穿红衣，披黑色外褂，面目狰狞。舞蹈表演多为女性，四肢裸露，带着羽毛，轻盈的舞姿，沉闷的音乐与全场闪烁的绿光，让客人大有身处地狱之感。此外，梦不来兮舞厅还举办蝴蝶舞会。凡来宾可得一支绸制小蝴蝶，以示纪念。

1930 年 1 月，梦不来兮舞厅邀请来自哈尔滨的俄罗斯少女莫丝金姐

夢不來兮活地獄游記
—座中賓客都作魔王 店裏僕歐拒裝小鬼—

國民飯店中之夢不來兮舞場、近來爲發展營業起見、往往花樣翻新、別開生面、前晚（星期六）又舉行魔鬼舞（The Devil's Ball）入場即見一渾身紅色、額際翹兩角、臀後垂一尾、手持長叉之西人、導客入一紙紮巨魔之口、入口即爲舞場、場中四壁、均懸紅黑二色紙、剪成之魔形、座客亦有扮作魔王者、亦額翹二角、衣作紅色、披黑色外褂、狀殊猙獰、該舞場在西報所登廣告、有「爲開地獄之神秘入口」一語（Mysterious Entrance to Hell）其Hell地獄一字、並特別放大、吾人見場中之奇形詭狀、以及舞時全場僅綠之燈光、與輕盈之舞態、眞使人有地獄幾相之感、而該場之異想天開、亦誠足引人注意、以故舞客頗甚、西人尤衆、舞女獨舞、亦有美妙可觀者、內有一女、四肢赤露、頸際腕邊、滿繞白色羽毛、大跳其「蕩思動」舞、全場爲之鼓掌、亦一時盛會也、

尙有一事可附帶報告者、即夢不來兮舞場經理俄人、爲舉行此種魔鬼舞、擬令舞場中之中國僕歐、亦扮作小鬼、衣紅色鬼衣、手持長叉、惟國民飯店之經理責任、對於此事、不肯允諾、並謂如舞場經理、必欲令飯店僕歐、裝扮小鬼、則飯店情願令舞場退租云云、舞場經理無法、乃令其俄人僕歐數人、裝扮小鬼、以爲場中之點綴、此亦近頃舞場中之趣聞也、

《大公报》刊登的《梦不来兮活地狱游记》

妹到津，还有玛丽娜独唱、脱宁氏夫妇化妆舞、千面孔白卓夫的鸡鸣狗叫。由于梦不来兮舞厅经常表演肉感舞蹈，日本艺妓、俄国舞女也在舞场大出风头，遂遭到社会知名人士的非议。国民饭店也因舞场举动离奇，来往人物复杂，担心名誉受到影响。1930 年 2 月 8 日到租期，国民饭店决定不再续租。但在梦不来兮舞厅的坚持下，又展期 10 天。1930 年 2 月 8 日，梦不来兮舞厅举办告别舞会，有托司克之胡拉舞，哈尔滨莫丝金姐妹的东方舞以及高尼拉与脱伦尼的犹太舞，这些都被拍摄成舞蹈影片留作纪念。

此后，梦不来兮舞厅又迁回到俄国花园，仍然举办天津小姐评比以及邀请外埠舞星表演等活动，依然轰动。1931 年遂引起特三区以及市政府的关注，要求予以停业。但此后梦不来兮舞厅仍时开时停，1933 年苏联驻津领事馆复馆，苏联副领事提出，梦不来兮舞场鼓乐喧耳，通宵不息，而且时有自舞场酗酒归来的俄罗斯青年，经过领事馆叫骂滋事，请求天津地方当局予以取缔。不久，梦不来兮舞厅遭到禁止。

意商的回力球与夜总会

提起回力球馆，老天津都清楚其位于意租界花园旁，即后来的第一工人文化宫。其实回力球馆是天津人的俗称，它的全名应为意商运动场。

回力球为西班牙巴斯克人玩的球戏，在三面围墙的球场上，选手的一只手臂戴柳条编织的长勺形手套，将硬橡皮球掷向前墙并接住从前墙弹回的球。球赛分单、双打、淘汰赛等。

民国时期，上海回力球比较盛行，1930 年建成法商中央运动场，获利

意商运动场

甚丰。1931 年意大利驻上海总领事齐亚诺赴北平办事,顺便访问天津。齐亚诺是意大利的贵族,有伯爵称号,还是意大利国家元首墨索里尼的女婿,后任意大利外交部长。齐亚诺到津后,与意大利驻津总领事查璧商量如何增加意租界的收入,齐亚诺提议仿效上海中央运动场的经验,在天津开设一家回力球馆。随后其请上海中央运动场的意大利人傅家烈和球王乔尔贵来津商议,向国内外富商发动集资,其中意大利商人占主要股份,为此称意商运动场。同时天津意租界工部局的翻译郭志卿让工部局咨议杨豹灵、孙俊卿二人出面,邀请一些下野军阀、官僚买办、富商巨贾入股集资。1933 年,国内外股东已集资 40 余万元,同年,回力球场招标兴建。

1934 年 9 月,意商运动场正式开业。该工程由达昌建筑公司兴建,建筑面积 6429 平方米,为五层钢筋混凝土大楼,有大看台、回力球场、宴舞厅、冬季屋顶花园等。1934 年 9 月 25 日,《北洋画报》报道《回力球开幕之夕》:"轰动已久之意商运动场回力球赛于上星期四晚八时开幕。记者于九时抵场,门前之汽车已鳞次栉比,士女络绎而至,其盛况为一般游艺场所未有。……场中之建筑,朴素而雄伟,进门之一列售券兑奖处,其形状殆如大车站之行李房。然击球场为一大长方形,三面皆壁,一面为铁丝网,靠近铁丝网一面则为观众之看台,台上置皮椅,观者坐其上,可以由铁丝网透视击球者无疑。看台后置楼上,亦有售券兑奖处。楼上有冬季花园之设置,惟仅陈鲜花数盆,誉之为冬季花园殊不称,或

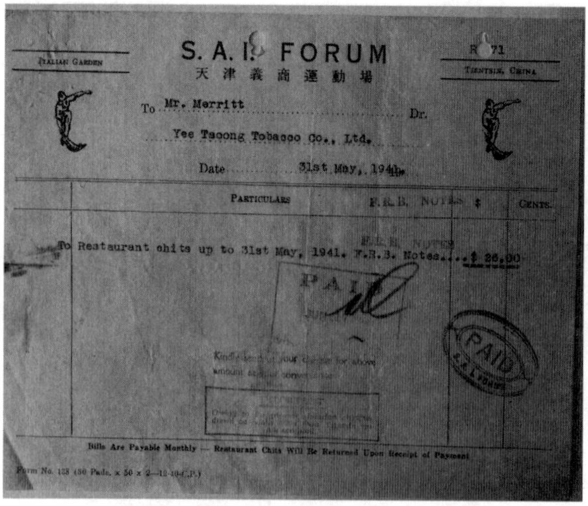
ITALIAN GARDEN

S. A. I. FORUM

天津義商運動場

TIENTSIN, CHINA

To Mr. Merritt Dr.

Yee Tsoong Tobacco Co., Ltd.

Date 31st May, 1941.

PARTICULARS	F.R.B. NOTES $	CENTS
To Restaurant chits up to 31st May, 1941. F.R.B. Notes....	$ 26	00

PAID

Bills Are Payable Monthly — Restaurant Chits Will Be Returned Upon Receipt of Payment

意商运动场发票

一时尚未布置完善也。”据称当时世界上的回力球场共有 25 处，大多数在西班牙，意大利有两处，其他多在南美洲，英国没有，而中国有两处，即上海中央运动场和天津意商运动场。

1936 年意商运动场夜总会广告

意商运动场开幕后，从上海聘请伊西多、李苏拉、欧里萨、奈法斯、拉尔雷及杜拉地等回力球选手，后来聘请古巴名将“铁人”阿悌亚。津沪两地还经常走马换将，1936 年 11 月，天津的“智多星”齐棣法派往上海，上海名将“铁宝塔”泰宝达来到天津。1937 年，来自西班牙巴斯克的世界名将杜仙乐来津比赛。“小诸葛”欧里萨、“通臂猿”猴阿蒙地还举办慈善比赛。

回力球被称为世界上最快的球赛，意商运动场还成立了回力球球会，许多中国人也喜欢这项运动，其中陆守城就是一位著名的业余选手。回力球场与赛马场一样，借运动经济之名，是公开设赌抽头的赌博场所。观众按照球员出场顺序买票，买到冠军即中奖。赌票有独赢、双独赢、位置票、联猜券等名目，赢了以后兑奖。

意商运动场仿效上海中央运动场，欲办成综合声光娱乐场所，随着回力球房走向正轨后，宴舞厅也成为一个盈利项目。宴舞厅可以一边用西餐，一边欣赏音乐，时间一般集中在晚上 6 点至 10 点。10 点以后至凌晨 3 点（周六至凌晨 5 点）举办舞会。

当时，中国盛行美国派拉蒙公司的滑稽影片《夜总会》，于是意商也把电影中的场景搬来。报载“回力球场宴舞厅现已改为夜总会，人多从银幕上振于香艳之事迹，以为内藏无限春色”。

1936 年 9 月 19 日，意商运动场将五楼屋顶花园与四层楼之宴舞厅

意商运动场的乐队

修葺一新，意大利商人不惜重金，采用最新时代化之方案布置会场，酒牌分置休息室与内厅之间，并划舞场由一而二，以最新式之电炬，放耀全厅。夜总会开幕之时，特举行盛大典礼，邀请名遍全球的两大舞蹈家保罗先生及玉娜女士来津表演。他们周游世界，久享盛名，刚刚参加上海百乐门大饭店开业，又风尘仆仆来到天津。据称两位舞蹈家“舞艺著绝，表演各种舞蹈，翩若惊鸿，宛如游龙，天魔掌上，与众不同”。正逢运动场原有之罗曼苏纳特乐队合同期满，离津他去，改由著名的奥尔斯丁乐队伴奏。运动场为避免拥挤起见，提前开始预定饭座，餐费每人 3 元（入座费包括在内），如不就餐，入座费单收 1 元。媒体报道意商运动场夜总会盛况空前，“三津仕女幸无失之交臂也”。

夜总会让意商运动场火了一回，但时间一长，人们感觉其实夜总会与以前的舞厅大同小异，而且豆腐干大的地方，华尔兹、探戈都无从下脚。1937 年七七事变后，掌管意商运动场股票的华义银行歇业，意商运动场勉强维持。1944 年，意商运动场转让给瑞士商人李亚溥，改名海莱运动场。1945 年抗战胜利后，因为美国兵经常在此闹事，海莱运动场被市政当局勒令关闭。

老字号

香馥百年正兴德

天津人爱喝茶，近人胡朴安在《天津之社会观察谈》一文中说："津人素有嗜茶之名，此可于茶园楼戏园书场中觇之。此等处待客之茶壶，巨大无伦，贮茗之盂，均用大号饭碗代之。一人一壶，顷刻立尽，茶房东奔西跑，应接不暇，饮量之大，颇足惊人。茶之销路既大，则业茶者之盛，不待言矣。"旧时天津茶叶铺遍布城乡，较为著名的有正兴德、成兴、泉祥鸿、广裕、永安，号称"五大茶庄"。但最为天津人知晓的还是正兴德茶庄，该店经营二百余年，久盛不衰。

正兴德茶庄是天津"八大家"之一的穆家兴办的。穆家祖籍浙江，明永乐年间北来，落户天津北郊穆庄子（后为天穆村）。初从事农业，后弃农经商，贩运粮食。清朝乾隆年间，穆兴永一家迁居西北角小伙巷，开设米面铺，随后又开设磨坊、钱铺、染坊、洋货店等，嘉庆年间开设正兴德茶庄，因经营得法，享有盛名。

正兴德的创办，还有一段故事。相传穆兴永三子穆文英去竹竿巷一家汉民开的茶叶铺买茶叶，看到一汉民顾客将装有猪肉的篮子放在柜台上，感到很别扭，就向该铺掌柜的建议，今后别让顾客把猪肉放在柜上，因为到这里买茶叶的回民很多。没想到掌柜的非但不听劝说，还反唇相讥："你们回民何不自己另开一间茶叶铺呢？"气得穆文英没买茶叶就走了。回到家，穆文英与家人一商量，决定另开一家回民茶叶铺。于是令其家所开的正兴号钱庄的走街暗自向这家茶叶铺放贷，不久，这家茶叶铺因周转不畅而倒闭。穆家遂以1000缗制钱(每串千文)收兑过来，更名为正兴茶叶铺。凡是回族各清真寺的阿訇前来购买茶叶，穆家均给以优惠，以扩大影响。

嘉庆二十一年(1816)穆兴永病故后，其四个儿子维持家业。随后长子穆文杰、二子穆文俊、四子穆文伟相继病故，仅年届80岁的穆文英领子侄辈维持现状。因家业太大，终于咸丰七年(1857)四门分家。穆文英一门独自经营茶叶铺，并将原名“正兴茶叶铺”更名为“正兴德记”。

正兴德茶庄在《益世报》上的广告

最初，正兴德只是经销湖南、湖北的绿茶及安徽六安大叶，兼售鼻烟。后来，因业务不断发展，正兴德便在南方产茶区设厂直接收购新茶，就地加工，然后返津销售。此时正兴德的经营方针是“大量生产，新法制造，直接采办，批发零售，货高秤足，薄利广销，装潢美观，包装坚固”，受到天津人的好评。

穆文英一门接管正兴德以后，由穆时荣(字竹轩)主持茶庄店务工作。穆时荣具有强烈的品牌意识，选用“绿竹”为正兴德的商标，图案为绿竹、行云、流水，商标含义为：“竹性坚节，中虚能容物，枝干不曲不折；而行云之高洁，流水之不息，均系象征为国产始终服务之原则。”为了美化产品，穆时荣将包装改为八角铁罐和纸袋包装，请著名美工师设计图案，印在铁罐上和包装纸上，结果名声大噪。1928 年，“绿竹”茶叶参加天津第一届国货展览会，获得优等奖章；1934 年，参加第三届铁道沿线出产展览会，获超等奖证；是年，参加美国芝加哥百年竞进展览会，受到美国人的欢迎，载誉归来，声誉大振。

正兴德茶庄内部

穆时荣去世后，其子穆云汉继任经理。穆云汉思想开明，吸收先进的经营意识。为避免家族式企业经营的弊端，他采取经理负责制，东家不过问柜事，只是年终由经理交代红账，店里的人事、财务全权由经理负责。随后穆云汉提拔茶叶栈看货工人穆雅田担任经理。穆雅田为北郊穆庄子人，为人殷实诚恳，聪明过人，在任几十年，把正兴德管理得井井有条。他本人有浮股 7.5%，每年分红一万元，并成为茶叶行业的巨头——天津茶叶同业公会会长。

民国以后，天津商业中心从北门外及东门外一带逐渐向租界转移，法租界的梨栈大街（今和平路）逐渐繁华。1926 年，穆云汉看中了梨栈大街与 24 号路（今大沽路以西的长春道）口上的一块地方，设立正兴德茶庄第一支店，生意十分红火。

东北角的正兴德茶庄

1934年，正兴德用4万银圆购买东北角的原天津常关，建造第二支店，随后投资12万银圆，第二支店于1934年动工，1935年落成。第二支店建筑面积1057平方米，中间正门，悬挂退职大总统徐世昌书写的“正兴德茶庄”匾额。两旁侧门，请逊清遗老华世奎题写“正兴德”三字。营业厅内，设环形大理石柜台，铜板镶面，为津门所罕见。厅内两侧，有茶叶陈列玻璃橱，上摆方形漏斗，每斗皆有茶叶名称。如洞庭碧螺、西湖龙井、黄山毛峰、竹岭大方、武夷岩茶、云南普洱等百余种。新楼建成后，定名为正兴德茶庄第二支店。由于地处繁华地段，影响较大，不久总店亦由竹竿巷迁此。此后，正兴德茶庄进入全盛时期，市内除三店以外，还有六处仓库，从业人员达500余人，平均年销茶叶330余万斤，每年利润可得20万元。

中华人民共和国成立后，1956年公私合营，正兴德茶庄一度归天津市茶叶总店管理，后来总店归属红桥区、一支店归属和平区、二支店归属南开区，从此三店各自独立经营。改革开放以后，老字号焕发生机，1987年成立天津市正兴德茶叶公司，1997年改制为有限责任公司，成为产供销一体化的专业公司。

谦祥益久负盛名

谦祥益是闻名的“祥”字号绸缎庄之一，在天津久负盛名。天津的谦祥益有两号，一号为“谦祥益保记”，在估衣街；一号为“谦祥益辰记”，在法租界。至今老天津人谈论起来，对它的经营作风仍称赞不已。

谦祥益是山东章丘县旧军镇孟家的“祥”字号老店之一。孟姓是大户，善于经商，据1992年《章丘县志》记载，其自清康熙末年开始创业，历经300多年，开设大小店铺103家，其中一半为绸缎庄。京津及山东各商埠的所谓“八大祥”，即瑞蚨祥、瑞生祥、瑞增祥、瑞林祥、益和祥、广盛祥、祥义号、谦祥益都是孟家的买卖，在社会上统称为山东孟家的“祥”字号。据考证，谦祥益于清道光年间创立于北京，创始人为进修堂孟传珠，到了他的孙子孟广宦（字养轩），谦祥益生意兴旺，在济南、周村、青岛、天津、汉口、上海、郑州等地皆有商号。

天津谦祥益保记的“保”字，是孟广宦之子孟昭斌的小名。谦祥益辰记的“辰”字，是孟昭斌的儿子孟宪麟、孟宪钺等小名（排行大辰、二辰至六辰）。孟家资本雄厚，开店皆为独资建房，这不是一般商家能办到的。这样不受租房东家的控制，而且可以根据自己需要的式样建造。

“谦祥益保记”位于估衣街，建筑气势宏伟，至今保存完好。说到这幢建筑，还有一段故事。相传民国初年，孟广宦打算在天津开设内局（批

天津谦祥益保记绸缎庄估衣街店

发），此事交给其岳父陈汝豫(字建侯)操办，地点选在针市街，开业后生意很好。大约在1915年前后，孟广宧的儿子孟昭斌在章丘出生，小名叫“保”，陈汝豫主张再给外孙孟昭斌开设一个零售兼批发的大商店。于是孟广宧汇钱到津，仍由陈汝豫一手操办，在估衣街买地皮盖房。陈汝豫为津海关道陈钦之三子，后在直隶工程局任职，曾主持北洋海军天津昭忠祠和李文忠公祠的建造工程，是营造方面的行家，对建筑质量要求严格。“谦祥益保记”三层三院，三进天井外廊式砖木结构，青瓦作顶，条石作墙，外面看不见门脸儿，临街是高墙大门，进门是大罩棚，门脸儿在罩棚之下，这样即便四周院墙高大，楼顶有“风火墙”，这样即便四周邻居起火，也不受牵连。“谦祥益保记”于1917年开业后，后来济南、北京的几个字号建筑式样大都如此。

海上文人何海鸣在《津沽杂记》中称南方人不乐意到估衣街绸缎庄购物，“因其有一缺点，就是所陈列的绸缎当前几尺都被风沙吹得光彩惨淡，客人去买却不肯从里面一头剪起，有谁花钱买旧料？此可见天津人生意手段的笨拙”。谦祥益保记开张时，一反其他绸缎庄的做法，“加大放尺”，即顾客买布料，先让出一尺。虽然亏本，反而给谦祥益做了宣传，当时社会上盛传“谦祥益加一放尺，让尺不让价”，因此生意越发兴旺。

1937年七七事变后，由于局势动荡，华北地区的富贾官僚纷纷迁往天津的各国租界，谦祥益也在当时的法租界26号路(今大沽路以西的滨江道)租了三间门脸儿，开设了一个“临时售货处”。由于谦祥益名声在

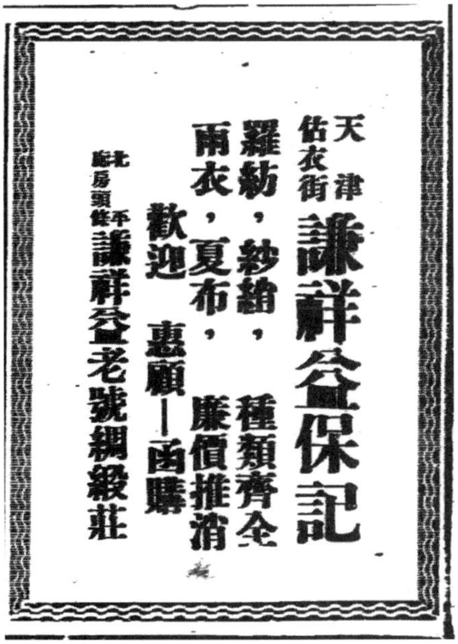

天津谦祥益保记的广告

外，因此临时售货处天天忙得不可开交，而其他布店生意清淡，由此引起孟家的关注。过了两三年，孟家又买下了“临时售货处”对过儿的良士里的地皮（今中原百货公司的西段），盖了良士里靠马路的一面，另一面旧房未动。当时是七间门脸儿，虽然不算太好，而在南北的谦祥益中算是新式的了，新楼落成后，正式改名为谦祥益辰记。

谦祥益经营的商品是四大类：棉布、绸缎、呢绒、皮货，其中棉布数量最多。俗话说“不怕不卖钱，就怕货不全”。要想卖钱，就得货全。比如大团花的缎子宁绸，到三四十年代时已属“老货”，销售极少，可是也要准备，以表示老字号货品齐全。再如皮货，水獭、海龙、貂皮、貉绒等谦祥益无所不有。这种商品动辄千元乃至数万元，占用资金多，一般商店难以做到。谦祥益采取敞架式售货，顾客一进门，售货员跟进接待。不论顾客买几样东西，都由一位售货员自始至终地跟随顾客到各个货架前去选商品，买东西多的顾客，售货员还要倒茶奉烟，陪着聊天。顾客走时，售货员必须一直送到门口，躬身道别。谦祥益服务周到、明码标价、货真价实，颇得天津人信赖。

中华人民共和国成立后，谦祥益曾取消原有的字号，直至改革开放后，老字号才得以恢复。随着估衣街改造，2009 年，“谦祥益保记”原址变身为相声茶馆，在华北地区颇有名气。2018 年，相声茶馆搬迁，作为全国文物保护单位的“谦祥益保记”，仍处于升级改造之中。

玉清池号称华北第一

老天津卫人称洗澡为“泡澡”，称浴池为“澡堂子”，早年以南市玉清池与法租界滨江道华清池最为有名。冯文洵《丙寅天津竹枝词》有一首吟咏之诗：“复阁重楼冬夏宜，华清名艳玉清池。温泉可似唐宫滑，神往杨妃出浴时。”从诗句中我们可以体会到两座浴池的名望，说明在此洗澡冬夏皆宜。

天津在清代就出现了公共浴池，那时浴池内有公共池塘，还有单间盆塘。池塘终日热水，洗浴者每天约一二百人，多为肩挑背负之人。1860年12月，英法联军的医官大卫·伦尼走进天津一家公共浴池。浴池呈椭圆形，墙上安装有为浴客存放衣物的箱子。这种浴池一次费用还不到四分之一便士。而单人间的盆塘，除了浴盆、热水外，还提供搓澡服务，价钱为铜钱100文（约合五便士）。浴客临走时，可将浴资投在门口的柜台投币口。伦尼非常感慨地称：“这些公共澡堂可以证明中国至少在一件事上超过了我们，我们只是这些年才开始认识到为穷人提供便宜的洗浴手段在卫生上的重要性。”

光绪年间，紫竹林租界有一家专设单间盆塘的浴池，内分客盆、官盆、官雅盆三等，房间雅洁，陈设华丽。盆即西式浴缸，汤水兰蕙飘香，烟茶香皂无不精良，还备理发、修脚等服务。浴池主人孙姓，通英语，能操吴音，慷慨好友，酬应周全，每日高朋满座。此外，竹竿巷的藤萝架浴室装饰新颖，屋角摆两个书架，“缥湘堆积，外罩玻璃，近视之，皆以纸条砌钉，绫绢包角，并非真树”。

南市由于拥有众多的剧场、影院、书馆、饭馆、旅店、妓院及其他游乐场，作为供人休闲的浴池也应运而生。1931 年，《天津志略》记载天津共有 29 家浴池，南市地区就有玉清池、中新池、瑞品香、全兴源塘、明园澡堂、新华园、卫生池等，约占全市的三分之一。

南市玉清池正门

玉清池的东家祁霈霖是鲜货业的翘楚，经营天津当时资本最雄厚、效益最好的祥顺和源顺两家大型鲜货铺，创建了义顺和干货店。1923 年，祁霈霖在南市荣吉街与永安街口购地 3 亩，投资 40 万元，建设玉清池澡堂。建设期间，为了保证工程质量，祁霈霖几乎每天都去工地。从挖槽、打桩、砌砖、抹灰、上梁、封顶到内部装修，祁霈霖严格要求，精益求精。玉清池于 1924 年竣工，开张纳客。这是当时华北地区规模最大、设备最好的浴池，号称“华北第一池”。这处砖混结构的五层楼房，属于欧式折中主义风格，共有南北两栋楼，彼此之间有天桥连接，工字形布局。楼内安装了德国最新的西门子电梯，大门设于转角处，上有内藏式阳台，顶部有突出的八角阁楼。楼内装修为传统的中式风格，豪华气派，冬有暖气，夏有电扇。玉清池一楼有四个大浴池，二楼有两个大浴池，每个大浴池可容纳 40 余人泡澡。大堂有木板隔成一个个床位，旁边有小茶几。小床上有枕头和白色毛巾被，人们洗完澡后在此可以休息、饮茶。三楼为包间盆塘，有14个单间，每个单间大约15平方米。开业初始，在四楼设西餐厅，聘请正宗的西餐厨师打理，但食客不多，后因经营不好而停业。早年间，到了午饭或晚饭前，南市附近的饭店会有伙计用提盒送饭，大多是到送三楼包间。玉清池的毛巾、浴巾、肥皂全部是自制自用。院内有深井专供自用水，还有发电机和蒸馏水厂，每天用煤量达4吨。祁霈霖聘请著名的修脚师傅孙振山为经理，有职工二三百余人，生意十分火爆。当时流传一段顺口溜："不来玉清池洗个澡，白来天津卫走一遭。"祁霈霖的儿子祁卜五，毕业于北京内务部高等警官学校，1925年任天津正昌烟草公司经理。随着祁霈霖年事渐高，其家业由儿子继承。祁卜五年轻有为，不仅将鲜货铺经营得井井有条，而且玉清池生意也很红火，祁卜五还出任了天津澡堂业同业公会会长，可见其在天津洗澡业举足轻重的地位。

玉清池全景

1937年七七事变后，南市商业萧条，波及澡堂业，玉清池的经营日益艰难。1945年后，国民党政府统治期间通货膨胀，洗澡业收入赶不上物价飞涨，只能勉强维持。1948年下半年，从东北溃退进关的国民党残兵败将涌进天津进行骚扰，混乱不堪，南市一带尤甚，玉清池的二楼被大批伤兵强行进驻，几乎无法营业，直到1949年1月天津解放后，玉清池才重新开业。

达仁堂长盛百年

乐达仁

看过电视连续剧《大宅门》后，观众们都对白七爷产生了很深的印象。其实剧中给清室供奉180多年御药的乐家老铺——北京同仁堂历史不假，而清末民初，乐家大宅门里也确有一位精明能干的七爷，他就是后来创办天津达仁堂的乐达仁。如果对《大宅门》白七爷的真实故事感兴趣，不妨了解一下天津达仁堂的故事。

乐家祖籍是浙江宁波府慈水镇。清康熙四十一年（1702）在北京前门外大栅栏路南开设同仁堂药铺，自雍正元年（1723）开始供奉清宫御药，历经清朝八代帝王，持续了188年。乐达仁的爷爷乐平泉，是晚清最成功的商人。他不但收回了北京同仁堂全部外股，偿清了全部债务，而且把北京同仁堂的事业推向鼎盛。

乐达仁5岁时，爷爷去世，精明能干的奶奶独立支撑，苦心经营了20多年，于1907年驾鹤西去。1911年辛亥革命以后，清廷退位，官药停办，生意失色，令乐达仁十分痛心。年轻的乐达仁曾随清政府驻德公使吕海寰到德国考察，有把西方经营商业的方法付诸实现的抱负，但苦于不得施展。由于乐氏家族四大房分家，1912年，乐达仁在北京创办京都达仁堂乐家老药铺，但由于受同仁堂影响，京都达仁堂经营并不顺利。当时天津是北方工商业大都会，社会风气进步，适于乐达仁这种开拓创新人士施展才华。1914年，乐达仁与弟弟乐达义、乐达明、乐达德四人筹集白银4万两，在天津估衣街开设达仁堂药铺总号。药铺门面在估衣街西口，店门悬“达仁堂”巨匾，两侧有对联“自选川广云贵道地药材；蜜制丸散膏丹汤剂饮片”。内堂挂“乐家老铺”软匾。药铺的木制柜台有四米长，上面放置一排不间断的长算盘。达仁堂采取前店后厂式的经营，店铺后面有制药的作坊。由于其继承了“家传秘方”，颇受人们欢迎。乐达仁有锐意求新的意识，很快摒弃了前店后厂的传统方式，开始着手建立近代化产销结合的工商一体化企业。

达仁堂广告

1914年，乐达仁买下原北洋政府内阁总理唐绍仪在河北大经路（今中山路）的私人花园，改建成拥有100多职工的达仁堂制药厂。随后又另购宙纬路东端南侧一所庭院为家属宿舍，还在大经路、日纬路东口建成新楼，作为药厂的营业办公楼。从1917年起，乐达仁先后在北京、青岛、西安、长沙、福州、长春、香港等18个重要商埠开设了达仁堂分号，销售药材1000余种。

达仁堂对名贵药材如牛黄、麝香、犀角、羚羊、人参、鹿茸的经销尤为重视，为了采购正宗的人参，还设立了“达仁参号”，聘请行家经营。对于鹿茸，达仁堂也自产自销，其出巨资自建鹿园，圈鹿取茸。乐达仁最初在天津北郊购地建鹿园，雇有技术的饲养员，栽草植树，圈养关东良种花马鹿700余头，后又在北京近郊增设鹿园三处。乐达仁对于养鹿事业倾注了极大的精力，经常到鹿园察看。到了配种和锯茸、烫茸的季节，乐达仁整日守在鹿园里，亲自指导。达仁堂一举成功，鹿茸产销两旺，在全国中药行业赢得了很高的信誉。据说当时中国传统的中药集散地祁州（今河北省安国市）每年春秋两季举办的庙会，如果没有达仁堂的人在场，鹿茸及人参两项贵重药材就不能开盘成交。

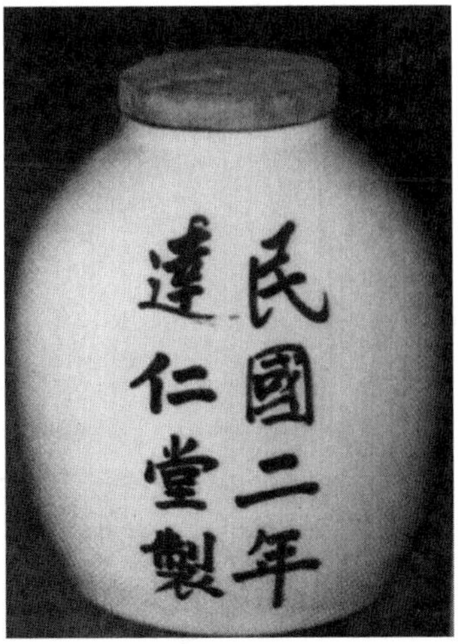

达仁堂药瓶

在药品生产上，乐达仁以北京同仁堂百年老店作为号召，对于丸散膏丹、汤剂饮片力求采用真材实料，工艺求精，保持老字号的特色，使达仁堂一开业就压倒天津同行，站稳脚跟，具有很高的知名度。同时乐达仁还不断地改进加工设备，初建药厂时基本是手工操作，即“石磨铁碾大铜锅，背拉抬抗砸碾搓”。后来乐肇基继任经理后，引进西方科学技术，采用电动石磨、电动箩筛；安装冷冻机，打深井建水塔，以为药用，在当时中药界开风气之先。1935年，达仁堂资产达100万元，在国内中药行业首屈一指。

乐达仁经营达仁堂成为巨富后，热心社会公益事业。1921年，他创办了达仁女子学校，聘请天津教育界名宿马千里为校长，自任校董，承担全部办学经费，学生入学实行免费，开创了女子求学的新风气。当时老一辈革命家邓颖超在此教书，并组织女星社，开展革命活动。乐达仁还开办了一所眼科诊疗所，请著名眼科专家黎宗尧义诊，为附近工厂作坊患眼疾的工人免费治疗。

1947年，乐达仁病故后，其子乐肇基任经理，其侄子乐松生任副经理，继续保持达仁堂的经营传统。历经百年的历史发展，达仁堂仍在天津中药行业占有重要地位，成为天津千百家老字号的楷模。

解放初期的达仁堂药品广告

显赫一时的隆昌海货店

天津人称海产品为海货,俗话说:“当当吃海货,不算不会过。”这说明人们对于海货的喜欢。说到海货,不能不提位于北大关的老字号隆昌海货店。

隆昌海货店创办于 1911 年, 由天津八大家之一的乡祠卞家的卞月庭、卞翊清二人开设。最初店名叫隆昌号,得益于水陆码头交通便利,往来顾客很多,再加上经营有方,适销对路,隆昌号几年时间就收回了投资,成为津门有名的海货庄。

1922 年,卞家又在北大关金华桥桥口路西,兴建了一座三层营业大楼,下面为存货地下室。据说这座大楼投资 18 万元,在当时天津商业门店中,可谓大手笔。该店为卞家各支入股,为卞家公有,故定名隆昌号公记。门店设计新颖别致,外墙贴黄色瓷砖,顶楼上装有大型时钟,打点时钟声响彻南运河两岸。店门两旁挂着卞翊清写的一副对联,上联“隆业有基珍罗山海”,下联“昌期即遇利取鱼盐”,当中横匾“隆昌号公记”。进店迎门为大柜台,西边有招待室,用于接待购买贵重海味的大客户。

卞家经营有方,开业之初,聘请有经营海货经验的周、王二人任经理。初期的进销渠道比较单纯,主要由上海来货,后来周、王二人年老退职,卞家又从店员中遴选董树桐、赵兰坡、杨崇山三人分任经理。董树桐

隆昌海货店

负责业务,赵兰坡掌管外庄采购,杨崇山负责财务。

隆昌号虽名为海货店,但经营品种由海货扩展到兼营山杂货、中药材、茶叶、砂糖等,甚至成为日本味之素(味精)在华北的总经销。其营业上不仅对内批发,同时还向国外出口土特产。

隆昌号总号在天津,分庄遍及上海、广州、汉口、张家口等地,还在大连、烟台等沿海地区设立收货专点,在中国香港、南洋一带以及日本神户、大阪皆驻专人采购,并从菲律宾、孟加拉湾等地进货。隆昌号货源充足,品种齐全,行销到北京、河北、山西、陕西、甘肃等地区。隆昌号由产地直接进货,减少中间环节,降低成本。如从日本进口海参、鱼翅、干贝、鲍鱼、鱿鱼、淡菜、紫菜、海带以及砂糖等,由中国香港、广州采购燕窝、鱼翅、鱼肚、西洋乌参、美国鲍鱼及犀牛角、木香、砂仁、肉桂以及中成药等,还从海南岛采购石花菜,从上海采购海产品、火腿、松花蛋、青梅、桂圆及茶叶,从汉口采购玉兰片、茶叶、桐油、纸张,从张家口采购口蘑、杏仁,从烟台、大连以及沿海地区采购海货、粉丝、洋粉、鱼粉、鱼干、虾酱等。隆昌号内部分工明确,各地分庄或专点随时汇报货源及行情,把握季节性,供销信息灵通。天津本地有专人跑各客店、货栈联系业务，研究市场动态，进货抢在同行前头。

隆昌号讲求货真价实，批发业务价格优惠、送货上门，还代办托运等。与外商竞争中，采取赊销、三大节结账办法，争取了资金不足的中小户。对于能提前付款的中间批发商，可以在节前再进一批应节货品，货款可推迟到下一个节前再结账。对现款购货的大客户则给予九八折优惠。当时三井、三菱、大仓、武斋等日本洋行购货手续烦琐，隆昌号与之竞争，往往占有优势。

隆昌号全盛时期，职工达到 250 余人，流动资金经常在百万元以上，多时达 200 万元，1936 年利润为 30 万元。

1937 年七七事变后，国内交通中断，造成隆昌号货物积压过多，一时难以出手。而市面银钱紧缺，购销两滞，周转失灵。隆昌号的经理赵兰坡、董树桐、杨崇山均一筹莫展，愁病交加，无法维持经营。于是由驻日采购员刘辅宸和驻上海分庄负责人张质斋二人升任经理，将业务收缩，维持经营。后来天津日伪当局成立“海货组合”，垄断海货资源，层层节制，把

中华人民共和国成立后，隆昌号改为北大关百货店

隆昌号的海外进货额削减了90%。隆昌号只能依靠国内近海口岸及塘沽、汉沽、黄骅等地来货，业务大受影响，勉强维持营业开支。后来东家派来卞祝吾到隆昌号当经理，导致一些老店员借机引退。抗战胜利后，新成立的福昌号海货店迅速发展，业务日增，几年间成为大户，挤占了隆昌号的大部分市场。随后福昌号海货店又增资改组为“万昌号海货庄”，替代了隆昌号的行业地位。

中华人民共和国成立后，卞祝吾将隆昌号大楼作价由政府收购，改为百货公司批发部，30多名职工由政府安排就业。至此经营43年、驰名华北的隆昌号海货庄结束他的使命。

狗不理包子闻名遐迩

狗不理包子与十八街麻花、耳朵眼炸糕号称“津门三绝”，是中华饮食文化的典范之作，中外游客到天津没吃上狗不理包子，就等于到北京没吃上烤鸭一样，实为一件憾事。

冯文洵《丙寅天津竹枝词》封面

包子是北方人的家常饮食，但是制作精良并不容易。清末民初，出名的天津包子有好几家，冯文洵《丙寅天津竹枝词》云：“包子调和小亦香，狗都不理反名扬。莫夸近日林风月，南阁张官久擅长。”

狗不理包子创始人高贵友为武清县（今武清区）杨村下朱庄人，乳名“狗子”。高贵友 14 岁来到天津，在南运河边上的刘家蒸食铺做小伙计。经过三年学徒，精通做包子的各种手艺。清咸丰八年（1858）独立出来，挂出“德聚号”的牌匾。由于高贵友手艺好，做事认真，制作的包子口

狗不理包子铺曾改为天津包子铺，
这是当时的宣传材料

感柔软，鲜香不腻，形似菊花，色香味形别具特色，引得十里八乡的人都来吃包子，生意十分兴隆。由于吃包子的人越来越多，高贵友忙得顾不上与顾客说话，遂想出了一个点子，让顾客先把零钱放进碗内，然后便照碗里的钱按价给包子。高贵友还在桌上放上几大箩洗干净的筷子，顾客随来随拿。顾客们吃完包子，放下碗筷离店，而高贵友忙得一言不发。于是街坊邻居取笑他说："狗子卖包子，一概不理睬。"久而久之，人们喊顺了嘴，都叫他"狗不理"，其所经营的包子被称作"狗不理包子"，原来的字号"德聚号"反而渐渐被人们淡忘。

通过高贵友刻苦钻研，改进技术，狗不理包子广受欢迎，有人总结了狗不理包子的三个特点："馅儿大油多，肥而不腻，清香可口。"狗不理包子在制馅儿、和面、揉肥、擀皮、捏包、上灶方面有自己独特的方法。其中馅儿的操作，要把握三个要点：投料标准：面粉 750 克，净猪肉 500 克，生姜 5 克，酱油 125 克，水 422 毫升，净葱 625 克，香油 60 克，味精少许，碱适量。绞肉方法：将猪肉软骨及渣剔净，按肥瘦 3∶7 匹配剁碎，使肉成大小不等的肉丁；绞刀使用大眼的篦子，可以出大小不同的肉丁。在搅肉过程中要加适量的生姜水，然后上酱油。每个包子在三钱左右，有固定的 18 个褶，褶花疏密一致，如白菊花形。

随着生意红火，高贵友的包子铺越做越大，他把手艺传给儿子高金铭。1918 年,高贵友去世,高金铭继承父业,潜心研究做包子的技术,狗不理包子的名声传播各地。1946 年,长沙一张报纸上刊登了一则冒牌“狗不理包子”广告,称“狗不理”为姓杨的乳名,襁褓时体弱多病,其父将其弃之郊野,成群的狗奔来,却不加伤害,后被邻居抱回家,遂取是名。长大后在包子铺学徒,“师满后即于天津侯家后以乳名为店名,开设狗不理包子铺,生意日隆,驰誉遐迩”。这个广告被一位笔名“急战斋主”的天津人发现,遂写了一篇《从狗不理说到狗不理》文章,讽刺其为狗不理包子铺徒子徒孙作的“先人行状”。随后对狗不理的成功做了总结:其一是天时,“在狗不理开包子铺时,天津没有其他许多包子铺”。其二是地利,侯家后正临御河,火车未通行时,河运繁盛,这里是码头,“过路的船停泊于此,自然下船以后,一眼看到的就是狗不理包子铺”。其三是人和,狗不理作字号新奇少见,舟夫旅客长期在船上贴饽饽就咸菜,“偶然吃到包子,有种尝到天厨口味”。这个总结还是比较客观的。作者还说“一般旅客将他的大名带到各地,至于天津人之重视狗不理,似乎还是受外来人的影响”。其实外来人影响不可小视,梁实秋先生的美食名著《雅舍谈吃》中就谈到狗不理包子。这篇文章写于 1985 年,吃包子是五十年前的事,作者远在海外念念不忘,反映了狗不理包子在人们心中的位置。民国时期,鼓楼东姚家门口包子、侯家后狗不理包子、南阁张官牛肉包子、日租界日商林风月堂羊肉包子都很有名,但是流

從狗不理說到狗不理

急战斋主《从狗不理说到狗不理》

传下来的仅有狗不理包子。

随着天津商业中心向租界转移。1937 年，抗日战争爆发，狗不理包子铺迁到法租界天祥市场后门附近，但生意并不景气。

1950 年，高金铭去世，次子高焕章管理包子铺业务，由于经营不善，两年后被迫停业。人们为失去这个传统的饮食感到惋惜。1956 年公私合营时，天津市市长李耕涛提出恢复狗不理包子。正巧位于山东路的丰泽园饭庄迁至北京，狗不理包子铺迁到这里，并于 1956 年 3 月 15 日正式营业，更名天津市公私合营和平饮食总店狗不理包子铺。新店位于闹市，又增添了炒菜，生意一天天兴旺起来。

狗不理包子铺迁到山东路时挂牌庆贺的场景

耳朵眼炸糕享誉三津

炸糕是天津人喜欢的小吃，清末天津《醒俗画报》连续刊载画家陈恭甫的《天津风俗图》，第一幅便是“炸糕”。这说明炸糕是天津人喜欢的传统吃食。要说到天津炸糕，人们第一个想到的是耳朵眼炸糕。耳朵眼炸糕的“耳朵眼”三字，并不是炸糕店的字号，而是由于其位于北门外大街耳朵眼胡同口，故俗称“耳朵眼炸糕”。

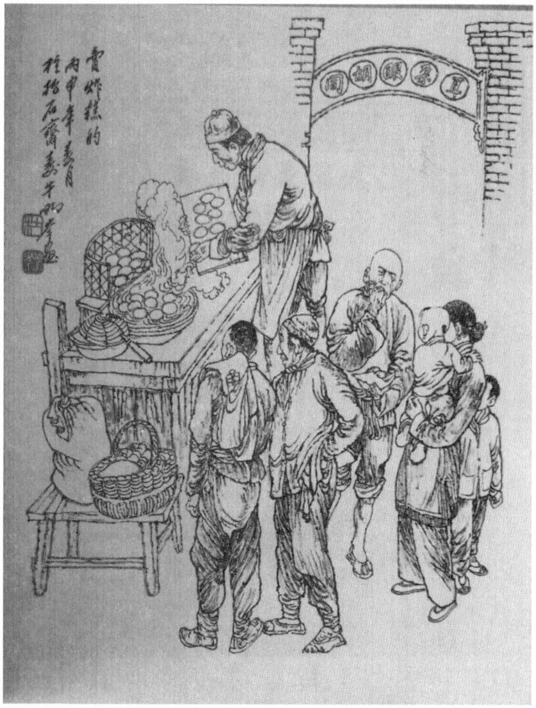

杜明岑绘制的《卖炸糕的》

耳朵眼炸糕的创始人是一位回民，名叫刘万春。旧社会回民从事“勤行”的为多，比如做切糕、烙烧饼、做发糕等，刘万春也是一样。他在清末光绪年间凑了些钱，购置一盘小石磨、一口锅和一辆小推车，作为制作炸糕的工具。老婆孩子一齐跟他干了起来，有的磨面、和面，有的做馅儿，然后推着小车到估衣街、南门外等处走街串巷，现炸现卖。刘万春小车上挂着一块小木牌，上书“回民刘记”四个字，作为标记。当时每天可卖二三十斤面的炸糕，一家人的生活还过得去。由于用料讲究，货真价实，逐步发展到每天炸到一百斤面，此时小车经营已经不适应需求了。

旧时回民食品的幌子

1892年，刘万春在北门外大街路东找到一间小门脸儿，后来扩充为两间，取名增盛成炸糕铺，代替原有的“回民刘记”。炸糕铺仍是刘万春带着老婆和三个儿子刘玉才、刘玉山、刘玉书一起干。一家人起早贪黑，生意蒸蒸日上。早年间，北门外大街是天津繁华之地，人来人往。增盛成炸糕铺位于北门外耳朵眼胡同西口，人们常说靠耳朵眼胡同口有个炸糕铺的炸糕好吃，一传十，十传百，知道的人日渐增多，以致后来有人便简单地称之为“耳朵眼炸糕”，把原来增盛成的字号淡忘了，从此“耳朵眼炸糕”不胫而走，享誉三津。

耳朵眼炸糕之所以受欢迎，是因为其选料严谨，制作精细。原料采用北河、西河产的二黄米，经水泡胀，用石磨磨成粥状，盛在布袋中，淋水发酵后兑入适量碱当作皮面。另选用上好的朱砂红小豆，煮开花后放一点食碱，捞出过箩、提沙、去皮，同时用熬好的糖汁兑入豆沙，调和均匀，温油下锅。下锅炒至不沾手时即成豆馅儿，更要掺入少许桂花提味。包炸糕时，注意要大小均匀，厚薄适度，绝不能在炸时露出馅儿来。所用生芝麻油，皆由源记或祥兴油坊提供，一般烧至130℃时才将生炸糕下锅，调整火力，勤翻勤转，油热到155℃出锅。所以耳朵眼炸糕个大松暄、皮酥、馅细、不粘牙，表面布满疙瘩刺。人们赞誉为“色金黄、香味浓、甜味厚”，闻之令人垂涎欲滴，引人食欲。

从1892年到1920年，增盛成炸糕铺一直由刘万春家人经营。1920年后，刘家又租用隔壁邻居的两间楼上，增设了客座，生意忙了起来，每日销售200斤面，不得不雇人负责送料。耳朵眼炸糕铺是亦店亦家，经过近十年奋斗，刘万春有了积蓄。1937年前后，他在同义庄穆家胡同买了一块地，盖起一所四合院瓦房。经过刘万春几十年辛勤劳动建立的耳朵眼炸糕铺，到20世纪30年代进入鼎盛时期。

中华人民共和国成立后，经历了1956年公私合营，耳朵眼炸糕铺由刘万春次子担任经理，继续发展这一传统事业。1963年，刘万春故去。之后，耳朵眼炸糕铺一度改称“文革炸糕铺”。在党的十一届三中全会以后，耳朵眼炸糕铺恢复了旧称，店堂修葺一新，门口高悬全国工商联主席胡子昂所题“耳朵眼炸糕铺”的金字匾额，业务蒸蒸日上，日产量1800斤。为便利群众，近年来，随着改革开放，行业重组，形成耳朵眼饮食集团，成为天津餐饮界的品牌，深受广大顾客欢迎。

民国时期的北门外大街

桂发祥麻花美名扬

桂发祥麻花又称什锦馅儿大麻花，由于其发祥地在原河西区东楼十八街一带，故俗称“十八街大麻花”。

桂发祥的创始人范桂林，河北省大城县西王香村人，1915年出生在一个贫农之家。其父亲早丧，大哥被抓壮丁，只留下母亲、范桂林及二哥范桂才。1924年，大城县遇到旱灾，母亲带着11岁的范桂才和9岁的范桂林背井离乡，来到天津南楼村一带谋生。

1928年，范桂林在东楼十八街（今利民道与大沽路交口处）一家河南李姓回民麻花铺当伙计。每天炸完麻花后，再提篮沿街叫卖。1933年，他和二哥经人介绍，又一起到南楼村（今大沽路与围堤道交口处东侧）一家河北沧县刘家麻花铺当伙计，仍然是炸完麻花后再提篮叫卖。由于范桂林聪明伶俐，手脚也勤快，很快就掌握了炸麻花的全套技艺，随后由干杂活转为技术活。两年后，因刘家麻花铺老板吃喝玩乐、不务正业，逐渐将本钱输光，刘家麻花铺因此倒闭。

1936年初，范桂林兄弟俩与朋友合伙在东郊杜庄子一带炸麻花。由于地方偏僻，买卖不景气，他们一个多月就散了伙，又回到南楼一带。此后，范桂林和朋友张文友带领着几个伙计帮工，在东楼忠厚里炸麻花。1945年初，范桂才与范桂林兄弟二人各挑一摊，单独经营。范桂林省吃俭用，买了一间茅草房，经过维修扩大了经营面积，并立字号为“桂发祥”。范桂才另立字号为“桂发成”，店铺坐落在海大道（今大沽路）。

范桂林的麻花最初与其他同行没有什么区别。自立字号单独经营之后，为了与同行竞争，提高自己所炸麻花的声誉，范桂林就千方百计地想办法使自己所炸麻花能有独到之处。经反复探索实践，范桂林终于在炸白条麻花的基础上，发明了在白条中间夹一根含桂花、糖、桃仁、青红丝、冰糖等多种小料的酥馅儿条。用这种方法制作的麻花，酥脆香甜，味美适口，而且存放在干燥处，多日仍能保持酥脆的口感。同时，因麻花内夹酥条，制作方法独特，所以能炸几斤重的大个麻花。而且麻花条上夹着瓜条、冰糖、桃仁、青梅、青红丝等小料，外形美观爽目，令人称绝。

麻花

什锦麻花的难点在于白条发面，范桂林经过反复试验，终于有了新的收获。有一天，因下大雨，顾客稀少，炸麻花用的面剩下不少。范桂林为防止面皮发干就放了些水，不料水放多了，将面搅成糊状后，转天糊状面也发酵了。于是范桂林又兑上干面粉和碱，合成了半发面，结果炸出来的麻花白条特别酥脆。之后又经过几次改进，范桂林最后总结出一套酵面与碱随季节变化而增减的配比方法。这样桂发祥的麻花一年四季质量稳定，进而得到顾客的认可。桂发祥能炸一两至二斤重的麻花，品种也有“花虎”“绳子头”“麻轴”等，还形成了具有独特风味的范桂林什锦大麻花。到 1945 年下半年，桂发祥的麻花已名扬四方，供不应求了。

中华人民共和国成立后，由于党和人民政府注重挖掘民间传统风味食品，公私合营后，在河西区饮食公司扶植下，范氏兄弟所经营的两处店铺合为一个麻花店,因范桂林技艺超群,声望也高,所以合并后仍沿用了范桂林经营的“桂发祥”字号。1956 年初,天津市人民政府在天祥市场内举办了一次食品展览会,会上展出了范桂林制作的什锦馅儿麻花,博得人们交口称赞,被顾客抢购一空。从此,范桂林炸的麻花名声越传越响。1959 年,范桂林制作的什锦麻花又参加了在郑州举办的全国商品展览会,同样载誉而归,从此驰名全国。党的十一届三中全会以后,范桂林与其门生景志刚创建了“天津市桂发祥麻花公司”,在原有品种的基础上不断研究,又增添了山楂、五仁、姜汁、松子仁、杏仁等新品种,使桂发祥成为津门美食名片,并作为中华传统经典美食走向世界各地。

河西东楼桂发祥麻花店

桂顺斋糕点名扬三北

桂顺斋糕点店是天津老字号，其以制作清真京式糕点闻名，在天津无人不知，无人不晓。其创办于1924年，距今已有近百年的历史了。

旧时糕点铺的幌子

天津糕点业早年皆为流动摊贩。最早的糕点店，即咸丰五年（1855）在老城户部街开设的祥德斋糕点店。回民糕点在桂顺斋之前，多为流动摊贩，叫卖自制有独特风味的回民食品。1924年，北京通州的农民刘珍（号星泉）来到天津，与内弟李焕章合作在日租界旭街芦庄子口开设一家专营京味甜食的小店，以前店后坊为经营特点，自制汤圆出售，兼售少量甜食。刘珍与通县经营糖火烧的大顺斋本是一家，故想借用“顺斋”二字给买卖起个字号，恰好喜得千斤，起名“淑桂”。刘珍灵机一动，用“桂”字加上这两个字，便产生了店铺字号“桂顺斋”，寓意淑桂顺当成长。李焕章对京味小吃颇有研究，不仅做工精细，讲究真材实料，擅长清真素果炸活。店里除制作汤圆，还兼营秫米饭、八宝粥、糖火烧、堆儿饽等甜食。当时桂顺斋临近南市“三不管”及裕德里、盛德里妓院集中地区，刘珍严格遵守穆斯林的风俗，对店员要求严格，不准抽烟喝酒，不准赌博冶游，不准欺骗顾客。那时桂顺斋门脸儿小、店员少，但内外整洁，井井有条，货真价实，薄利多销，所经营的甜食深受游客的喜爱，生意越做越红火。

由于获利较丰，1926 年，刘珍与李焕章扩大经营，从北京聘来制作甜食工艺的高手孟茂、安旺、吕春荣。三人制作出来的京式糕点有独特的风味，至此桂顺斋的小吃及糕点品种日益增多，有满汉饽饽、萨其马、蜜麻花、蜜供、排叉等多种。这些糕点做工精细，小巧玲珑，真材实料，色、香、味俱佳，颇受顾客赞誉。如宫廷萨其马采用蛋黄和面，切成细丝后先用清油小火炸熟，再用蜂蜜、砂糖熬制糖浆，堆积成块，上加青梅、京糕、葡萄干、瓜条等佐料制成，讲究“飞毛扎翅”“堆山起窝”，与市场上的紧压平板型大不相同。再如桂顺斋兴业起家的汤圆，采用自选优质江米，自己加工精碾，馅儿也仿效北京宫廷风味，以桃仁、芝麻、果仁、瓜仁、葡萄干加以各种鲜果、蜂蜜调制，除传统的橘子、香蕉、菠萝、红果、可可外，又增添麻酱、黄油、枣泥、奶油、豆沙等近 15 个品种，外观细白，入口滑爽，具有绵、粘、香、甜之独特风味，深受顾客欢迎。

桂顺斋发展初期，天津回民点心铺还有恩德昌、至美斋、春德涌、有光堂等，但这些回民点心铺规模都不大，且作坊条件简陋，技术力量薄弱，品种单一。1934 年，桂顺斋从北京请来糕点技师马庭香。马庭香 16 岁在北京学习糕点制作，此人技术精湛，风格独特，在北京糕点业颇有名气。自从马庭香等人来到桂顺斋后，可以说在天津兴起了糕点热。他不仅带来北京糕点的品种、风味、制作方法，还结合天津小吃特点进行创新，制作京八件、麻圆酥和细八件，深受天津人的欢迎。天津传统糕点中的“八件”，其中又有大八件和小八件之分。大八件儿指枣花、福字、禄字、寿字、喜字、卷酥、核桃酥、蜡饼。小八件指枣方子、杏仁酥、小柿子、小桃、小杏、小石榴、小苹果、小核桃等。桂顺斋的糕点颇受人们欢迎。京剧大师马连良来津时，总要到桂顺斋定制糕点，甚至带着去香港演出。相声大师马三立更是桂顺斋的常客，对桂顺斋的糕点赞不绝口。经过几年的努力，桂顺斋名声大振，独占鳌头，成为具有京津风味的糕点名店。

天津老糕点签

随着法租界梨栈大街的繁华，刘珍认为在此处设糕点铺必能畅销。而旭街经过 1931 年便衣队事变后，商家纷纷外迁。桂顺斋于 1937 年和 1944 年分别在天增里前面（今和平路哈尔滨道口）和日租界福岛街（今多伦道）开设分店，营业额不断上涨。正当生意走向繁荣之时，刘珍内弟李焕章与糕点技师马庭香离开桂顺斋，另起炉灶，开办“玉生香”糕点店，也

桂顺斋的老牌匾

生产经营清真糕点，与桂顺斋竞争。两家在品种、质量、特色、服务、宣传上都下了功夫，当年两家的“月饼大战”，至今仍让人记忆犹新。

中华人民共和国成立后，糕点业获得新生。1956 年糕点行业实行了公私合营，当时天津市以桂顺斋为清真糕点龙头，将玉生香等几家清真糕点店重新组合，建立全市唯一的桂顺斋清真食品厂，按照计划经济模式统购统销，负责供应全市回民糕点门市部。从此，桂顺斋糕点品牌主导津门，名扬三北地区。

天宝楼的金字招牌

由于实行连锁经营，在天津大街小巷上，经常能看到“天宝楼”黑底金字的招牌。天宝楼酱制品历史悠久，制作精良，因此受到了广大消费者的好评。

天津制作酱制品的老字号很多，冯文洵《丙寅天津竹枝词》云：“烂熟香腾肉出锅，玉华门外老馋多。更逢归贾归客来，一路提携裹绿荷。”旧时天津制作酱制品的字号以北门外归贾胡同的明顺昌、芦庄子的玉华斋、西门内的复有顺最为著名，酱制品出锅立即售完。自北京风味的酱制品铺天盛号和天宝楼在天津开办后，这些字号多转卖生肉了。天宝楼开业于1921年，至今已有百年历史了。天宝楼系北京三大名特风味酱制品老字号“天福斋”“宝华春”“德庆楼”合股投资，字号系从三家字号中各取一个字组成。其中天福斋相传开业于乾隆年间，以制作酱肘、酱肉闻名京城。近人崇彝《道咸以来朝野杂记》记载：“西单有

旧时酱肉的幌子

酱肘铺名天福斋者，至精。其肉既烂而味醇，其他肉食类毕备，与其他诸肆不同，历年盖百余矣。”天福斋在北京与制作酱牛羊肉的月盛斋、制售京味儿糕点的正明斋、制售糖葫芦和酸梅汤的九龙斋并称各具绝活的“四大斋”，而宝华春和德庆楼也十分著名。

随着天津的繁荣，北京这三家股东看上了天津梨栈大街这一带的繁华，于是合股在法租界25号路(今辽宁路)开设了天宝楼，并于1921年8月开业。当时由北京德庆楼的师傅、山东人戴成善与其表弟朱善堂为代理人。售货铺面只有14平方米，后面加工制作的作坊不足20平方米。制作工具为两口煮锅、一口熏锅、一只烤炉、一个木制冰箱、一个搅馅儿机等简单设施。著名书法家孙其昌为其书写了“天宝楼”三个黑底金字牌匾。

戴成善身怀绝技，其能制作各种传统风味的酱制品近二十余种。特别是青酱肉系宫廷食品，其距今已有一百多年的制作历史，相传清末德庆楼的青酱肉专门进献给宫廷，成为御膳食品。天宝楼开业后，戴成善培

天宝楼所在的天祥商场后门

养了大徒弟王凤藻。王凤藻虚心好学，精心制作，始终保持传统风味特色。天宝楼的风味特点为“酱香醇厚”，其做出的酱制品融南北技艺于一炉，醇香可口，很难用单一的口味来形容。天宝楼声名鹊起，适应了众多人的口味，天津的达官贵人、平民百姓及来津的外地客人无不争相购买。

酱制品在天津被称为酱货，也就是说制作中采用的调料、佐料以酱油和多种天然香料为主。天宝楼“酱”的过程，用料、火候、时间是非常讲究又颇费功夫的。每到下佐料时，戴成善亲自动手，这是铺子的规矩，为的是保证风味独特。

天宝楼以京式青酱肉最为著名，其用料讲究，制作精细，味道鲜美，是一种传统产品。主料选用香河产肉型猪后腿肉，肥三瘦七。调料用高级酱油、花椒、细盐，制作比较复杂。每年冬天进九后开始进料，将猪后腿剔骨去爪，整理成圆形块，每只六斤左右。然后放在缸里层层加入调料，腌制七天取出，再晾三天，入缸加注老汤，浸泡八天，叫作“腌七泡八”。取出后挂在通风处晾起来，一直到第二年夏天三伏以后，用清水洗干净，放在锅里水煮。此时肥瘦相间，香浓色好，嫩烂适口。而秋冬热卖的烤肉(老天津卫称之炉肉)，得用五花三层的带皮肉，切成长方形块，用料腌制十二个钟头后，以果木碳烤至肉皮呈米粒大金黄色的小泡才切片，烤肉酥、香、脆。天宝楼的烤鸭用果木炭烤成，做工精细，辅料齐全，风味浓郁。20世纪70年代，柬埔寨国家元首西哈努克亲王和夫人莫尼克公主访问天津时，曾在宴会上吃到天宝楼的烤鸭，赞不绝口。天宝楼的酱杂样，以心、肝、肺、肚、口条、肥肠等酱制品为主，火腿肠、腊肠、熏鸡蛋、烧鸡和味道可口的小酥鱼等十五样品种，按照一定比例切片、搭配，放在白瓷碟里拌匀。品尝起来，后味无穷。

1937年七七事变后，天宝楼的业务逐渐受到影响，每况愈下，到1941年太平洋战争爆发，自由选择货源的天宝楼受到很大限制，勉强维持开支。1945年日本投降后，天宝楼又受国内战争的影响，货源仍不充足。

中华人民共和国成立后，天宝楼经过公私合营后逐渐发展壮大。1958

年调整商业网点时，其又扩大了营业面积和加工场地。党的十一届三中全会以后，天宝楼走向了连锁经营的经营模式，成为家喻户晓的知名品牌。

天宝楼

参考文献

1.来新夏主编,《天津近代史》,南开大学出版社,1987 年 3 月。

2.天津社会科学院历史研究所《天津简史》编写组编著,《天津简史》,天津人民出版社,1987 年 8 月。

3.中国人民政治协商会议天津市委员会、南开区委员会文史资料委员会合编,《天津老城忆旧》,天津人民出版社,1997 年 12 月。

4.中国人民政治协商会议天津市委员会、天津市文史资料委员会编,《近代天津十大实业家》,天津人民出版社,1999 年 1 月。

5.天津市政协文史资料研究委员会编,《津门老字号》,百花文艺出版社,1992 年 8 月。

6.李正中、索玉华主编,《近代天津知名工商业》,天津人民出版社,2004 年 1 月。

7.侯振彤译,《二十世纪的天津概况》,天津地方志编修委员会总编室编,1986 年 4 月。

8.天津档案馆、南开大学分校档案系,《天津租界档案选编》,天津人民出版社,1992 年 4 月。

9.天津市档案馆编,《近代以来天津城市化进程实录》,天津人民出版社,2005 年 1 月。

10.雷穆森著，许逸凡、赵地译，刘海燕校订，《天津租界史(插图本)》，天津人民出版社，2009 年 1 月。

11.王守恂，《天津政俗沿革记》，《天津通志·旧志点校卷(下)》，南开大学出版社，2001 年 6 月。

12.宋蕴璞编《天津志略》，《天津通志·旧志点校卷(下)》，南开大学出版社，2001 年 6 月。

13.天津地方志编修委员会办公室、天津图书馆编《益世报天津资料点校汇编》，天津社会科学院出版社，2001 年 10 月。

14.天津社科院历史研究所编，《天津历史资料》。

15.天津市政协文史资料编辑委员会编，《天津文史资料选集》。

16.中国民主建国会天津市委员会编，《天津工商史料丛刊》。

17.天津市档案馆、天津社会科学院历史研究所、天津市工商业联合会编，《天津商会档案汇编》。

18.天津市和平区政协、天津市和平区档案馆编，《百年中国看天津系列丛书》。

19.天津市河西区政协编，《河西区文史资料选辑》。

20.天津市河东区政协编，《天津市河东区文史资料选辑》。

后　记

由天津市档案馆(天津市地方志编修委员会办公室)资助出版的《天津老商业》即将问世了,此时回顾成书过程,感慨良多!

本人出身于商人之家,自幼受到父辈经商故事的耳融目染,平素喜欢搜集商业资料素材,收藏了许多老发票、老商标及样本,并参与《津门老字号》《天津知名工商业》《天津老商标》《天津金街老字号》等图书的写作。2019年,我在韩玉霞老师的启发下,拟定了一个撰写提纲。起初这个提纲既涉及商业,也附带一些工业内容。韩老师建议,不如先写一部《天津老商业》,再写一部《天津老工厂》,于是我摈弃工业内容,形成了目前这部书稿。

历史上天津就是一个商业重镇,然而书写天津商业历史的专著相对较少,多数图书关注的是天津商业某一方面的内容。如不加以回避,势必导致重复。为此,在撰写过程中,我利用个人收藏和近代报纸数据库,搜寻与发掘一些有价值的新内容。初稿形成后,又反复进行了数次的修改。

《天津老商业》的出版,首先,要感谢天津市档案馆(天津市地方志编修委员会办公室)。他们不仅将书稿列入"天津地情资料丛书",还聘请三位专家进行认真审稿,提出了一些宝贵意见,确保了书稿的质量。其次,要感谢天津社会科学院出版社。他们对书稿进行了认真校对,并对图书插图进行了调整，使这部图书的质量得以进一步提升。此外，韩玉霞、韩鹏、王焱等先生为书稿的推荐给予了一定的支持，张诚先生无私地提供了一些珍贵图片，在此一并感谢！

曲振明